U0937504

高寒盐沼泽区桥梁桩基力学特性与工程技术

冯忠居　姚贤华　王富春　徐占慧　刘　宁　著

科学出版社

北　京

内 容 简 介

本书结合工程现场实际、现场模拟试验研究了高寒盐沼泽区桥梁桩基工程特性在不同龄期的变化规律，确定了高寒盐沼泽区桥梁桩基受损伤的主要范围；室内试验研究了高寒盐沼泽区桥梁桩基材料长龄期的损伤力学特性和微观变化机理；探明了高寒盐沼泽区桥梁桩基混凝土在长期浸泡、干湿循环、养护冻融、浸泡冻融、干湿-冻融等不同条件下的损伤规律；分析了高寒盐沼泽区桥梁桩基腐蚀前后的竖向与横轴向承载特性；构建了高寒盐沼泽区桥梁桩基安全评价体系；提出了高寒盐沼泽区桥梁桩基的设计计算参数与方法，完善了高寒盐沼泽区桥梁桩基工程技术。

本书可为公路、铁路、工业与民用建筑等行业的基础工程设计和高等院校、科研院所的科研人员提供参考。

图书在版编目(CIP)数据

高寒盐沼泽区桥梁桩基力学特性与工程技术/冯忠居等著. —北京：科学出版社，2021.1

ISBN 978-7-03-067444-9

Ⅰ. ①高…　Ⅱ. ①冯…　Ⅲ. ①寒冷地区-盐沼泽-桥梁基础-桩基础-研究　Ⅳ. ①U443.15

中国版本图书馆 CIP 数据核字（2020）第 256091 号

责任编辑：王杰琼 / 责任校对：王　颖
责任印制：吕春珉 / 封面设计：耕者设计工作室

科学出版社出版
北京东黄城根北街 16 号
邮政编码：100717
http://www.sciencep.com

三河市骏杰印刷有限公司印刷
科学出版社发行　各地新华书店经销
*
2021 年 1 月第　一　版　开本：B5（720×1000）
2021 年 1 月第一次印刷　印张：14
字数：282 000

定价：112.00 元

（如有印装质量问题，我社负责调换〈骏杰〉）
销售部电话 010-62136230　编辑部电话 010-62135319-2031

前　言

高寒盐沼泽区具有明显区别于其他地区的环境特性，腐蚀性离子成分复杂、冻融循环与干湿循环显著等共同构成了特殊的环境条件。位于高寒盐沼泽区的桥梁桩基，受盐度、水分、温度等因素耦合作用，桩身混凝土与钢筋受到不同程度的损伤，使桥梁桩基抵抗外荷载的能力大大降低，甚至会造成桥梁结构整体功能丧失。

桩基础属于隐蔽性工程，对高寒盐沼泽区桥梁桩基损伤过程力学特性的现场试验及室内模拟试验少有人涉及，位于高寒盐沼泽区桥梁桩基的设计计算理论较少有结合现场实际及室内模拟特点指导工程设计，大多感性的、粗放的设计对在役桥梁的承载特性影响如何，至今仍是工程技术人员期望探明的问题。

本书在总结和借鉴国内外相关研究成果的基础上，基于现场模拟试验、室内模拟试验、数值模拟及理论分析，分析盐度、水分、温度等因素耦合作用下桥梁桩基损伤过程的力学特性及微观腐蚀机理，分析高寒盐沼泽区桥梁桩基腐蚀前后的承载特性，构建高寒盐沼泽区桥梁桩基安全评价体系，提出适用于高寒盐沼泽区桥梁桩基的工程技术。

全书共分八章，第一章以青海高寒盐沼泽区为例，从气候特点、地质地貌特征、水文条件、土质条件四个方面阐述高寒盐沼泽区的环境特点，分析了典型的高寒盐沼泽区干湿循环区域结构混凝土材料的腐蚀病害现象、程度及成因。第二章调查分析德香高速公路桥址盐沼泽区域气候特征、地形地貌特征、岩土体类型，分析桥涵区域水体腐蚀特性，为研究盐沼泽对桥梁基础产生的腐蚀机理分析及腐蚀防治措施的提出奠定基础。第三章针对高寒盐沼泽区桥梁桩基地面以下不同深度处遭受干湿循环和冻融循环时的损伤问题，通过现场试验，着重研究桩基在地面以下不同深度、不同混凝土配合比、不同龄期、不同防护措施等条件下公路桥梁桩基的力学性能及其微观腐蚀机理。第四章采用室内模拟试验，研究高寒盐沼泽区桥梁桩基在长期浸泡、干湿循环、养护冻融、浸泡冻融、干湿-冻融循环等不同条件下的长期力学性能变化规律，并对其微观机理进行分析。第五章在采用粗糙集理论评价桥梁桩基混凝土力学性能影响因素的基础上，基于高寒盐沼泽区桥梁桩基混凝土损伤机理及损伤力学理论，采用回归分析的方法，建立桥梁桩基混凝土在长期浸泡、干湿循环、养护冻融、浸泡冻融、干湿-冻融和复合盐浓度等外部环境作用下的腐蚀规律的经验公式。第六章采用数值模拟方法，研究桩基腐蚀深度及剥落厚度变化对桩基竖向与横轴向承载特性的影响，探究高寒盐沼泽腐蚀造成的桥梁桩基工作性能变化特征。第七章基于模糊层次综合评价法，建立盐沼泽区桥梁桩基的腐蚀损伤模型，提出盐沼泽区桥梁桩基的损伤指标体系，提出盐沼泽区桥梁桩基损伤评价等级，构建盐沼泽区桥梁桩基工程安全评价体系。第八章对高寒盐沼泽区独特的腐蚀环境，从耐腐蚀混凝土技术、钢筋阻锈技术、隔离防腐技术等几个方面，提出适于高寒盐沼泽区桥梁桩基的设计技术。

在本书脱稿之际，作者对青海省交通运输厅、青海省高等级公路建设管理局、青海省公路科研勘测设计院及其相关专家与技术人员给予的支持表示感谢，对郑扬、蔺亚敏、胡海波、杜海丽、黄涛等在现场试验、室内试验、数值模拟、资料整理过程中的付出表示感谢。

由于时间紧促、水平有限，书中不足之处在所难免，敬请读者指正。

著　者

2020 年 4 月

目　　录

第一章 绪 论

1.1 高寒盐沼泽区环境特点

盐沼泽主要分布在我国西北地区[1]，青海高寒盐沼泽是我国较为典型的盐沼泽之一。本章以青海高寒盐沼泽区为例，从气候特点、地质地貌特征、水文条件、土质条件四个方面来阐述高寒盐沼泽区的环境特点。

1.1.1 青海高寒盐沼泽区气候特点

青海气候属高原大陆性气候，干燥、少雨、多风、寒冷、含氧量低、日温差大、冬长夏短、四季不分明，气候区差异大、垂直变化明显。全省年平均气温-5.1～9℃，1月（最冷月）平均气温-17.4～-4.7℃，7月（最热月）平均气温5.8～20.2℃。黄河、湟水谷地（东部农业区）无霜期为3～5个月，其他地区仅1～2个月，三江源部分地区无绝对无霜期。随着生态建设和退耕还林、退牧还草工程的大力推行，局部地区环境得以改善，降雨量逐年增加，在全省8个州地市中，只有3个地区年降水量超过500mm，属干旱型气候[2]。青海省海拔高，空气稀薄，气压低，含氧量少，日照时间长，辐射量大。省内年总辐射量仅次于西藏高原，平均年辐射总量可达5860～7400MJ/m^2，日照时数2336～3341h，日照率达51%～85%。

青海省内盐沼泽分布最为广泛的柴达木盆地属于高原大陆性气候[3]。年降水量17～182mm，自东南部向西北部递减，年平均相对湿度为30%～40%，最小可低于5%，蒸发量远大于降水量，毛细水作用强烈。盆地年平均气温均在5℃以下，气温变化剧烈，绝对年温差可达60℃以上，日温差也常在30℃左右，夏季夜间可降至0℃以下。风力强盛，年8级以上大风日数可达25～75天，西部甚至可出现40m/s的强风。

综上所述，青海地处高原大陆性气候区，干旱多风，降雨稀少，蒸发强烈，蒸发量为降雨量的5～10倍，是我国十分干旱的地区之一[4]。这类气候条件为本地区土体可溶性盐分的积累创造了先决条件，加之区域复杂的水文地质条件，促成了特殊工程环境条件——盐沼泽的形成。

1.1.2 青海高寒盐沼泽区地质地貌特征

青海省全省处于青藏高原范围之内，全省地势总体呈西高东低，南北高中部低的态势。东部地区为青藏高原向黄土高原过渡地带，地形复杂，地貌多样。西部海拔高，向东呈梯形下降。山脉纵横，峰峦重叠，湖泊众多，峡谷、盆地遍布[5]。东北部为阿尔金山、祁连山数条平行山脉和山间谷地，平均海拔4000m以上，蕴藏着丰富的冰雪资源；位于达坂山和拉脊山之间的湟水谷地，海拔在2300m左右，地表为深厚的黄土层；拥有我国最大的内陆咸水湖——青海湖。

青海省在地貌上多以断陷盆地和高原为主，盆地周边被高山、高地围限，而盆内则是宏阔、平坦的冲积平原。山区降水和冰雪融水约有35%～45%入渗地下，并与地表径流一起流入盆内补给地下水。盆地低洼地区为地表、地下径流的汇水聚盐区。从盆地周边至盆内中部土壤含盐量、含盐土层厚度和地下水溶解固体量均渐次增高，这种规律性在柴达木盆地尤为明显。特殊的地形地貌特征使盆地内部形成系列盐沼泽和广布的盐渍土以及盐湖[6]。

柴达木盆地是一个被阿尔金山、祁连山和昆仑山环绕的大型盆地，海拔2600～3000m，东西长800km，南北宽200～300km，面积25.5万km^2，盆地南部多为湖泊、沼泽，并以盐湖为主。在总面积中，平原占30.1%，丘陵占18.7%，山地占51.2%；海拔高度在3000m以上的地域面积占26.3%，3000～5000m的地域面积占67.0%，5000m以上地域面积占5.0%，水域面积占1.7%。柴达木盆地分布着大量的盐沼泽[7]、盐渍土[8]及盐湖[9]等腐蚀环境区域，柴达木盆地基底为前寒武纪结晶变质岩系。地貌呈同心环状分布，自边缘至中心，洪积砾石扇形地（戈壁）、冲积-洪积粉砂质平原、湖积-冲积粉砂黏土质平原、湖积淤泥盐土平原有规律地依次递变。地势低洼处盐湖与沼泽广布[10]。盆地西北部戈壁带内缘。盆地东南沉降剧烈，冲积与湖积平原广阔[11]。

1.1.3 青海高寒盐沼泽区水文条件

1. 地表水文特征

青海地处青藏高原北部的干旱、半干旱地区，年平均降水量小，蒸发量大，气候条件恶劣，水资源短缺。特殊的气候与地质条件促进了盐沼泽的形成[12]。

1）湖泊

青海省内湖泊星罗棋布，湖泊率达2.00%，仅次于西藏的2.04%，占全国湖泊面积的19.22%。湖泊主要分布在内陆河流域和长江、黄河源头。全省湖水面积在1km^{2}以上的湖泊共242个，总湖水面积13 098.04km^2，约占全省面积的1.80%。其中，主要湖泊如南、北霍鲁逊湖和达布逊湖等都分布于青海省柴达木盆地。柴达木河、素林郭勒河与格尔木河等下游沿岸及湖泊周围分布有大片沼泽。柴达木盆地东北部因有一系列变质岩系低山断块隆起，在盆地与祁连山脉间形成小型山间盆地，自西而东有花海子，大、小柴旦，德令哈与乌兰等盆地，这些盆地中的河流分别注入其低洼中心的湖泊中。河流大部为间歇性，总计100条河流中常流河仅10余条，主要分布于盆地东部，西部水网极为稀疏。盆地内湖泊水质多已咸化，共有大小盐湖20余个[13]。

在湖泊分布较多或长江、黄河源头地区内地下水位接近于地表层，部分低洼地区积水现象严重，当地形较低、积水较多加之土体含盐量丰富时，形成了盐沼泽[14]。

2）*沼泽*

青海省内沼泽主要分布在长江、黄河的源头区，柴达木盆地、青海湖盆地、祁连山地区和泽库一带也有分布。全省沼泽地总面积 15 763.40km^2，占全省面积的2.20%。长江源头区沼泽是世界上海拔最高的沼泽湿地，海拔可达5350m。

青海省内沼泽湿地是典型的高原湿地，总体具有三类特点：分布于河流源头高海拔区或高原平缓滩地的沼泽，具有厚度不均的泥炭层或潜育层；沿湖滨边缘分布的沼泽，部分形成明显的环带状，其带宽幅度受湖泊水文特征及地形地貌的影响而有较大的差异；沿河流两侧河漫滩或低洼潮湿积水地段呈带状分布。

分布在柴达木地区的沼泽、湿地，由于水体与土体中的大量易溶盐致使沼泽地表盐分积聚，盐生植物发育，随时间的推移而形成特殊的盐沼泽环境[15]。

2. 水文地质特征

青海盐沼泽区地下水可概括划分为四种类型：山地裂隙水；山前洪积平原低矿化的潜水及自流水；洪积、冲积或湖积平原矿化程度复杂的潜水；构造洼地重盐渍化地带以盐卤水为主的潜水和风积平原沙漠型潜水[16]。

上述四种类型的地下水中，洪积、冲积或湖积平原矿化程度复杂的潜水、构造洼地重盐渍化地带以盐卤水为主的潜水、风积平原沙漠型潜水成为形成盐沼的主要因素[17]。

1）山地裂隙水

围绕盆地四周主要由变质岩和花岗岩构成的山岳地带，河谷割切剧烈，形成地表径流排泄的有利条件。山岳地带的大气降水远比盆地内的多，山地成为盆地地下水的主要补给区。在祁连山或昆仑山区，岩石中常有间歇性的重碳酸盐型泉水流出[18]。

2）山前洪积平原低矿化的潜水及自流水

山前洪积平原主要由山前洪积扇群组成，一般称为“戈壁滩”，其宽度达20～40km，沉积物自扇顶至扇缘由粗逐渐变细，其地下水以潜水为主，埋藏深度在洪积扇顶端约20～30m，而前缘逐渐变为2.0～6.0m。洪积层以碎石、角砾及粗砂等为主，形成极厚的含水层，地下水坡降很大。因此，不仅具有丰硕的静储量，同时也具有巨大的动储量。

3）洪积、冲积或湖积平原矿化程度复杂的潜水

山前洪积带一般逐渐过渡到洪积冲积带，或洪积湖积带，沉积物也逐渐变细，主要以粉砂、细砂为主，常夹有盐层，水力坡度减小，而地下水位升高，因此，地下水自强烈交选带而逐渐趋于迟缓。因强烈蒸发作用，矿化度大大增高，地下水化学类型由重碳酸-硫酸盐型过渡到硫酸盐-氯化物型，而地表则表现为盐沼泽化[19]。

4）构造洼地重盐渍化地带以盐卤水为主的潜水和风积平原沙漠型潜水

构造洼地可分为两种类型：一类是新近系和古近系地层经喜马拉雅造山运动造成褶曲以后，在向斜构造部分继续下降而形成的封闭或半封闭的洼地；另一类是盆地东南部分第四系强烈深陷区，其北缘形成洼地，也就是地表径流与地下径流的停滞地带。

不论何种类型的洼地，都具有重盐渍化现象[20]。由于地下水和地表水的相互作用，地表形成巨大的波浪状起伏，比高平均为0.5～1.0m，局部高达2.0～3.0m，组成成分为结晶状、夹有泥沙的硬盐壳，其厚度为0.5～3.0m。

青海盐沼泽区内的水文地质特征是形成盐沼泽环境重要的影响因素之一。在一般情况下，地下水位为1.0～3.0m，在一定地形条件下形成盐沼泽[21]。由于地下水几乎处于停滞状态，在强烈蒸发作用下，形成矿化度极高的盐卤水，固形物含量为100～200g/L，最高可达700g/L，其化学成分以氯化物为主。

综上所述，青海省内盐沼泽区的水文地质特征为[22]：地下水埋藏较浅，富含较高的可溶盐分。在地下径流滞缓带，地下水溶解固体量最高，当地下水位升高，蒸发作用强烈，则迁移至土体中的盐分相对较多。

1.1.4　青海高寒盐沼泽区土质条件

青海盐沼泽区土体中盐渍土广泛分布，盐渍土一般指地表以下1.0m深的土层

内易溶盐平均含量大于 0.5%（质量分数）的土[23]。青海盐沼泽区盐渍土类型包括氯盐渍土和硫酸盐渍土两种，其中氯盐渍土占主要部分[24]。以国道 215 线察格高速公路（察尔汗盐湖至格尔木高速公路）为例[25]，该路线总里程共计约 79km，其中氯盐渍土路段约 67km，约占总里程的 84.8%；硫酸盐渍土路段共 12km，约占总里程的 15.2%[26]。表 1-1 是察格高速公路不同桩号附近盐渍土表土的化学成分，由表 1-1 可知，盐渍土表层（0～5cm）最高含盐量可达 79.01%。由于盐分长期积累，含盐量较高的盐渍土上方往往覆盖着一层盐晶，含盐量最高可达 90.0%以上，以氯盐为主，厚度可达 1.0m。

表 1-1 察格高速公路附近盐渍土表土（0～5cm）化学成分 单位：%

桩号	Cl^-	SO_4^{2-}	Ca^{2+}	Mg^{2+}	总含盐量	盐渍土类型
K589+000	42.32	0.76	0.37	1.07	74.16	氯盐
K591+940 左侧 25m	43.97	1.79	0.71	0.98	76.18	氯盐
K596+100 左侧 25m	44.96	0.76	0.42	0.33	79.01	氯盐
K617+500	1.42	1.07	0.45	0.07	3.56	亚氯盐

图 1-1 是察格高速公路附近盐渍土盐霜，经人工清除后的残留盐晶。该处为氯盐盐渍土，硫酸根离子含量较少，盐渍土中氯离子含量和各种盐类的总含盐量随着土层深度的增加而大幅下降[27]。在土层 9.0～10m 深度处，盐渍土含盐量出现小幅度上升，这与该点处的地层结构有关：该处属于湖相、化学沉积区，该深度为上层有机质黏土（揭示深度 9.30m）与下层砂砾状盐晶层（揭示深度 2.50m）的结合处，含盐量在该深度处产生小幅突变[28]。盐渍土最上层表土的含盐量最高[29]，随着土层深度的增加，盐渍土的含盐量逐渐降低，但在相邻的土层交会处盐渍土的含盐量变化并不一定随土层深度的增加而降低。

图 1-1 察格高速公路附近盐渍土盐霜

1.2　高寒盐沼泽区结构腐蚀病害

1.2.1　腐蚀病害程度

青海盐沼泽区工程结构常用的建筑材料有混凝土、石料、砖、木材等，其中钢筋混凝土材料的腐蚀破坏最为严重[30]。盐沼泽区桥梁墩台与基础均出现不同程度的腐蚀破坏，常见的病害有混凝土裂缝、混凝土缺失、钢筋锈蚀等，破坏最严重的位置为位于地表附近墩台与基础局部的混凝土吸附区内[31]。

图 1-2 为盐沼泽区桥梁墩台与基础的腐蚀，从中可以看出，墩台与基础局部范围混凝土表面严重脱落，钢筋外露甚至完全被锈蚀[32]。桥梁墩台与基础的有效设计断面损伤严重，有的损伤面积达到原设计断面的一半，使墩台与基础基本丧失承载能力，桥梁结构整体成为危桥[33]。

图 1-2　盐沼泽区桥梁墩台与基础的腐蚀

图 1-3 为盐沼泽区电线杆的腐蚀，其开裂显著，裂缝宽度达到 1～2mm，钢筋保护层空鼓严重，部分保护层脱落，钢筋外露、锈蚀，部分箍筋已锈断。

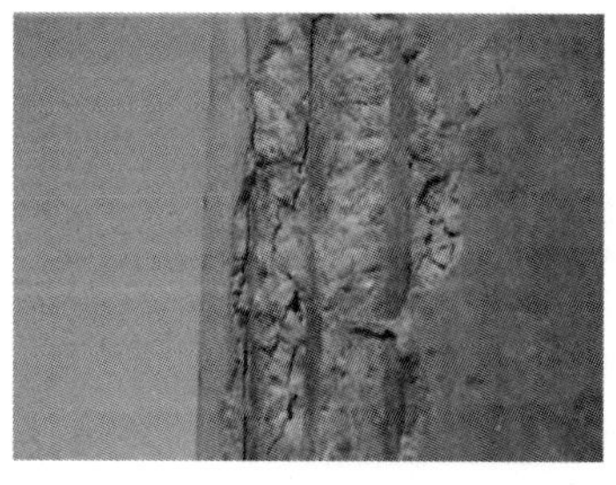

图 1-3　盐沼泽区电线杆的腐蚀

图 1-4 为盐沼泽区界碑的腐蚀，盐沼泽区界碑混凝土外层剥落，钢筋裸露，几乎被彻底腐蚀。

图 1-4 盐沼泽区界碑的腐蚀

图 1-5 为盐沼泽区涵洞的腐蚀，在盐沼泽的侵蚀下，涵洞表面被侵蚀，形成黄褐色的腐蚀产物，混凝土表面起皮，棱角处混凝土脱落，局部形成裂缝。

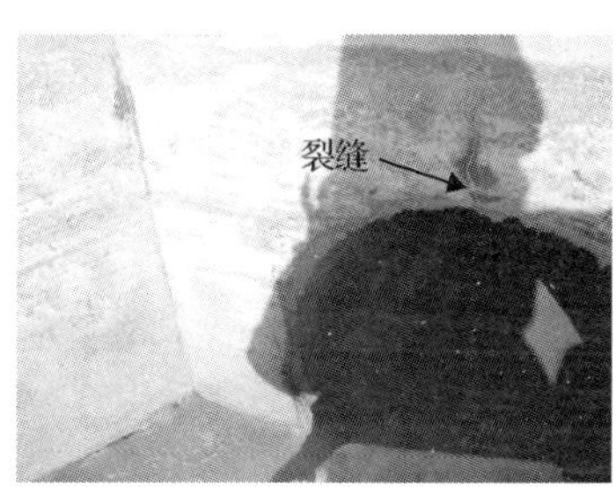

图 1-5 盐沼泽区涵洞的腐蚀

上述现象表明，在干湿循环、冻融循环和复合盐类侵蚀共同作用下的混凝土结构构件腐蚀最严重。与盐沼泽紧密接触的混凝土结构构件，腐蚀程度较高。而未与盐沼泽接触部分，受地面上风中携盐的腐蚀，腐蚀程度较轻。

青海省盐沼泽区桥梁桩基下部结构的腐蚀程度与其所处环境的盐渍化程度有关[34]。非盐渍化土对基础基本无盐渍侵蚀[35]；轻盐渍化土矿化度有所增高，地表有反盐现象，对基础有较轻微的腐蚀[36]；中盐渍化土矿化度明显增高，地表反盐现象严重，对基础具有较强的腐蚀[37]；重盐渍化土（超盐渍化土）矿化度极高[38-40]，土质多黏重，而且较紧密，地表结皮及盐壳较厚，对基础腐蚀严重[41]。除了上述盐渍土对基础有严重的腐蚀外，靠近盐湖的盐沼地段，其含盐量为 10%～30%（质量分数），水高度矿化[42]。土大多为粉砂及淤泥质的粉土。地表壳盐结皮较厚，低洼地区汇集盐卤水[43]。

1.2.2 腐蚀病害成因

1）裂缝成因

桥梁墩台及桩基置于恶劣的盐沼泽区腐蚀环境中，盐溶液会对墩台下部及桩基产生复杂的化学作用[44]，物理结晶膨胀和化学反应产物的生成引起的混凝土内部膨胀压力，促进了混凝土内部微裂缝的发生与发展[45-49]，当膨胀压力大于混凝土的抗拉强度极限时，混凝土表面裂缝产生[50]。

盐沼泽区的硫酸盐和氯盐是引起混凝土膨胀性腐蚀的因素，也是裂缝出现的根本盐类因素[51-57]。主要表现为以下几点。

（1）盐沼泽富含氯盐[58]，在氯盐腐蚀的初期，氯盐富积于混凝土结构毛细孔隙中，当达到一定温度时，部分含氯化合物会发生吸水结晶而膨胀，膨胀物将填充混凝土内部孔隙，随着膨胀作用的进一步发展，膨胀物产生的压力越来越大，超过混凝土所能承受的抗拉强度极限，促使混凝土内部微裂缝的发生与发展[59]。

（2）硫酸盐腐蚀后产物钙矾石、石膏和碳酸盐腐蚀产物硅灰石膏等产生体积膨胀，会导致水泥基材料因内应力过大，超过其临界值而发生膨胀、开裂破坏[60]。

（3）碱金属硫酸盐吸水结晶，产生结晶压力，会使水泥基材料膨胀开裂[61]。

2）混凝土缺失成因

桥梁墩台及桩基混凝土缺失的原因为化学溶蚀或结晶膨胀[62]。混凝土的缺失是腐蚀盐类与桥梁桩基所处外部环境共同作用的结果。其主要原因可归结为以下几点。

（1）氯盐的溶蚀分解型腐蚀是造成结构物混凝土缺失的成因之一，氯盐中的氯离子与水泥浆体 C_3A 等发生化学反应，生成单氯铝酸钙等氯铝酸盐化合物，对水泥水化产物造成溶蚀，从而引起混凝土的缺失[63]。

（2）碳酸盐类会对混凝土造成溶蚀分解类腐蚀[64]。水体或土体中的 CO_3^{2-}、HCO_3^- 与水泥石中的 $Ca(OH)_2$ 反应生成 $CaCO_3$ 造成溶蚀，也导致水泥石中碱度降低，引起 C-S-H 凝胶体的分解，继而导致混凝土剥落。

（3）冻融作用下，毛细孔中的自由水会导致结构物表层混凝土的剥落缺失[65]。水遇冷结冰产生的体积膨胀产生膨胀压力，当压力超过混凝土抗拉强度时，混凝土就会开裂。在反复冻融循环作用后，混凝土中的损伤会不断扩大，裂缝会相互贯通，导致混凝土缺失[66]。

3）桥梁墩台与桩基钢筋锈蚀成因

钢筋的腐蚀直接影响工程的安全与使用[67]。钢筋锈蚀病害分为结构物内部钢筋的锈蚀与钢筋外露后的钢筋锈蚀，混凝土内部钢筋的锈蚀主要与氯离子渗透多少有关。

（1）混凝土内部钢筋的锈蚀主要是氯盐化合物中氯离子渗入结构物内部，对钢筋表面钝化膜产生破坏作用，导致锈蚀反应的发生[68]。

（2）外露钢筋的锈蚀是由于混凝土保护层的剥落，从而导致结构物钢筋外露，盐沼泽区盐、水、温度等因素耦合作用加剧钢筋的锈蚀，降低结构物的承载力，威胁其运营安全[69]。

1.3 本书主要目标

高寒盐沼泽区桥梁墩台与桩基受地下水位变化及温度变化的影响，在一定范围内墩身及桩基会受盐碱腐蚀、干湿循环和冻融循环等共同作用，导致桩基混凝土的力学性能劣化，降低桩基础的承载能力，甚至会导致桥梁结构整体功能丧失。本书在总结和借鉴国内外相关研究成果的基础上，基于现场模拟试验、室内模拟试验、数值模拟及理论方法，分析盐、水、温度等因素耦合作用下桥梁桩基损伤过程的力学特性及微观腐蚀机理，分析高寒盐沼泽区桥梁桩基腐蚀前后的承载特性，构建高寒盐沼泽区桥梁桩基安全评价体系，开发适用于高寒盐沼泽区桥梁桩基的工程技术。

第二章 德香高速公路桥址盐沼泽分布信息调查与分析

2.1 概 述

德香高速公路（德令哈至香日德高速公路）位于我国具有“聚宝盆”美誉的柴达木盆地东部边缘。柴达木是青海盐沼泽地貌分布最为广泛的地区，德香高速公路需穿越柴达木东部无人区地带，由于其所处气候环境恶劣，工程拟建桥涵基础下部结构必然受到盐沼泽区腐蚀环境的影响。因此，有必要对沿线盐沼泽区域气候特征、地形地貌特征、岩土体类型和水体腐蚀特性进行调查分析，总结出具体桥涵基础的结构形式等相关技术信息，为研究盐沼泽对桥梁基础产生腐蚀的机理及提出腐蚀防治措施奠定基础。

2.2 德香高速公路盐沼泽区自然环境资料调查与分析[70]

2.2.1 沿线盐沼泽分布

德香高速公路主线设计全长 165.359km，共分 8 个合同段，DXTJ-01 合同段起始桩号 K12+500，终止桩号 K26+400；DXTJ-02 合同段起始桩号 K43+000，终止桩号 K43+800；DXTJ-03 合同段起始桩号 K62+100，终止桩号 K67+500；DXTJ-04 合同段起始桩号 K67+500，终止桩号 K87+294；DXTJ-05 合同段起始桩号 K88+560，终止桩号 K93+875；DXTJ-06 合同段起始桩号 K127+218，终止桩号 K128+000；DXTJ-07 合同段起始桩号 K128+000，终止桩号 K129+135；DXTJ-08 合同段起始桩号 K149+715，终止桩号 K157+110。对德香高速公路各标段内取样进行土化学试验并统计沿线盐渍土与盐沼泽分布的结果表明：各标段土质类型多为中氯盐渍土、弱氯盐渍土、强氯盐渍土、中亚氯盐渍土、弱硫酸盐渍土、中亚硫酸盐渍土，盐碱沼泽、水草地也普遍存在，具体盐沼泽分布见表 2-1。

表 2-1　德香高速公路沿线盐沼泽分布

合同段	起讫桩号	长度/m	土质类型	盐类型
DXTJ-01	K12+500～K12+850	350	中氯盐渍土	中氯盐
	K12+850～K13+700	850	中氯盐渍土	中氯盐
	K13+700～K14+350	650	弱氯盐渍土	弱氯盐
	K14+350～K14+740	390	盐碱沼泽、水草地、中氯盐渍土	中氯盐
	K14+740～K15+000	260	盐碱沼泽、中氯盐渍土	中氯盐
	K15+000～K15+350	350	盐碱沼泽、水草地、中氯盐渍土	中氯盐
	K15+350～K15+500	150	盐碱沼泽、中氯盐渍土	中氯盐
	K15+500～K15+720	220	中氯盐渍土	中氯盐
	K16+840～K17+140	300	弱氯盐渍土	弱氯盐
	K19+100～K19+400	300	强氯盐渍土	强氯盐
	K24+760～K24+800	40	弱氯盐渍土	弱氯盐
	K24+800～K25+010	210	弱氯盐渍土	弱氯盐
	K26+220～K26+400	180	中氯盐渍土	中氯盐
DXTJ-02	K43+000～K43+800	800	中氯盐渍土	中氯盐
DXTJ-03	K62+100～K65+309	3209	盐碱沼泽、水草地、中氯盐渍土	中氯盐
	K65+309～K66+500	1191	盐碱沼泽、水草地、中亚硫酸盐渍土	中亚硫酸盐
	K66+500～K66+720	220	盐碱沼泽、中氯盐渍土	中氯盐
	K66+720～K67+500	780	中亚硫酸盐渍土（盐碱）	中亚硫酸盐
DXTJ-04	K67+500～K67+560	60	中亚硫酸盐渍土（盐碱）	中亚硫酸盐
	K75+432～K75+650	218	中亚硫酸盐渍土（盐碱）	中亚硫酸盐
	K75+825～K76+250	425	盐碱沼泽、中亚硫酸盐渍土	中亚硫酸盐
	K76+250～K77+033	783	盐碱沼泽、水草地、中亚硫酸盐渍土	中亚硫酸盐
	K86+800～K87+294	494	弱氯盐渍土	弱氯盐
DXTJ-05	K88+560～K88+750	190	弱氯盐渍土	弱氯盐
	K90+000～K90+080	80	中氯盐渍土	中氯盐
	K90+120～K91+940	1820	中氯盐渍土	中氯盐
	K91+940～K92+350	410	弱亚氯盐渍土	弱亚氯盐
	K92+350～K93+215	865	盐碱沼泽、弱亚氯盐渍土	弱亚氯盐
	K93+245～K93+875	630	盐碱沼泽、弱氯盐渍土	弱氯盐

续表

合同段	起讫桩号	长度/m	土质类型	盐类型
DXTJ-06	K127+218～K128+000	782	盐碱沼泽、中氯盐渍土	中氯盐
DXTJ-07	K128+000～K128+240	240	盐碱沼泽、中氯盐渍土	中氯盐
	K128+240～K128+280	40	中氯盐渍土	中氯盐
	K128+280～K128+593	313	盐碱沼泽、中氯盐渍土	中氯盐
	K128+888～K129+135	247	盐碱沼泽、中氯盐渍土	中氯盐
DXTJ-08	K149+715～K150+300	585	弱亚硫酸盐渍土	弱亚硫酸盐
	K150+300～K150+500	200	中硫酸盐渍土	中硫酸盐
	K152+740～K152+825	85	中硫酸盐渍土	中硫酸盐
	K153+850～K154+050	200	弱亚硫酸盐渍土	弱亚硫酸盐
	K154+900～K154+950	50	中硫酸盐渍土	中硫酸盐
	K156+200～K156+530	330	中硫酸盐渍土	中硫酸盐
	K156+530～K156+630	100	弱硫酸盐渍土	弱硫酸盐
	K156+890～K156+950	60	中亚硫酸盐渍土	中亚硫酸盐
	K157+040～K157+110	70	中亚氯盐渍土	中亚氯盐

从表 2-1 统计可以看出，德香高速公路全线含盐路段共计 19 727m，占路线总长的 11.93%。其中强氯盐路段 300m，占路线总长的 0.18%；中氯盐与中硫酸盐路段 11 166m，分布较广，占路线总长的 6.75%；中亚硫酸盐与中亚氯盐路段 3587m，占路线总长的 2.17%；弱氯盐与弱硫酸盐路段 2614m，占路线总长的 1.58%；弱亚氯盐与弱亚硫酸盐路段 2060m，占路线总长的 1.25%，含盐路段分布如图 2-1 所示。

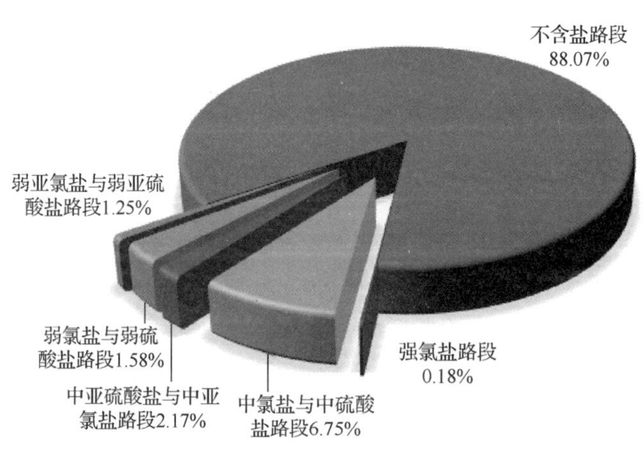

图 2-1　德香高速公路含盐路段分布

2.2.2　沿线气象资料

项目区域深居欧亚大陆的腹地，青藏高原东北部，青海省境内西北部柴达木盆地东部边缘，公路自然区划可分为2个区域：Ⅶ1区（祁连昆仑山地中干区），仅在项目区起点段德令哈市；Ⅶ2（青藏高原寒区-柴达木荒漠过渡区），是中亚荒漠的一个组成部分，项目沿线大部分区域均属该区。受周围山脉的阻挡，印度洋暖湿气流难以进入柴达木盆地，水量稀少，气候干燥，形成大陆性干旱向荒漠过渡的气候类型，其特点：海拔由东向西递增，降雨量由东向西递减（年降水量86～182.1mm），年蒸发量由东向西递增，形成多风少雨、风沙盛行、冬寒漫长、夏凉短暂、日照时间长、昼夜温差大、降雨在时间和空间上分配不均衡，夏季多发生阵雨性暴雨，降水量远小于蒸发量。沿线气象资料见表2-2。

表2-2　沿线气象资料

地点名称	年平均气温/℃	年平均最高气温/℃	年平均最低气温/℃	极端最高气温/℃	极端最低气温/℃	多年平均降水量/mm	多年平均蒸发量/mm	最大积雪深度/cm	最大冻结深度/m	平均风速/（m/s）	最大风速/（m/s）	最多风向
海西州	5.8	12.6	−6.9	35.0	−33.6	141.7	—	—	—	1.7	—	NWW
德令哈	3.7	10.0	−3.0	30.5	−27.2	176.1	2448.6	12	1.96	1.8	20.0	NW
香日德	3.7	15.8	−9.8	33.2	−26.6	166.9	2285	17	1.66	3.5	24.7	NWW

2.2.3　沿线地形地貌特征

项目位于柴达木盆地东部边缘，呈现低山微丘与波状沙丘、平原水草、沼泽地相间的地貌景观，现代地貌景观的形成受地质构造、岩性、气候、古地理等因素长期综合作用的结果。其中地质构造起决定性作用，而气候对微地貌的形成起了重要作用。沿线地形、地貌如图2-2所示。

图2-2　沿线地形、地貌

根据区段内主要地形特征，组成物质及地貌成因，可将该路线带地形地貌类型划分为六个地貌单元。

1）盐沼泽盆地

主要分布于路线起点段，盆地内部由低山丘陵、山前（山间）平原和盐湖沼等组成，风成沙丘亦很发育。低山丘陵属构造剥蚀地形，其上间歇性冲沟密布，湖沼、风成沙丘属剥蚀堆积或堆积地形，如图 2-3 所示。

2）低山微丘山地

丘陵主要呈北西西-南东东向展布，海拔高程 2900～3065m，为南山、牦牛山、德令哈旺尕秀山、巴音山等中高山余脉或坡麓，山势平缓，相对高差较小。坡脚及下部坡度在 15°～30°，大部分为坡积、坡洪积覆盖，植被相对发育，中部和顶部风化剥蚀作用强烈，山体坡度在 30°～40°，植被稀少，地貌情况如图 2-4 所示。

图 2-3　盐沼泽盆地地貌

图 2-4　低山微丘山地地貌

3）河谷带状冲洪积平原

主要分布于线路区三岔口下游香日德河谷两岸，沿河谷呈带状展布，河床宽浅，宽约 200～300m，坡降一般为 2.0%～5.0%，心滩及岔河发育，具有分叉性河道和游荡性河道的特点。冲积平原以宽阔的河漫滩和河流Ⅰ、Ⅱ阶地组成，地形平坦：Ⅰ阶地宽约 100～200m，高约 1～2m；Ⅱ阶地宽约 50～160m，高约 7～10m。两岸山麓为坡洪积堆积物、冲沟沟口为洪积扇高台地，河漫滩低洼处分布有少量沼泽化水草地，河谷地带地貌如图 2-5 所示。

4）侵蚀堆积河谷地貌区

主要分布为沿线大小河流域，灶火河、素棱郭勒河、铁卜奎河等及其他小型河沟。河谷由河床，河漫滩，Ⅰ、Ⅱ、Ⅲ级阶地，山前洪积，坡洪积带及冲洪积层组成。流域内大部分区间没有Ⅱ、Ⅲ级阶地，河谷呈宽浅箱形或 U 形宽谷，河谷宽度一般为 200～700m，河床宽 20～80m，小的约 15m 宽，河流多呈蛇曲状发育，侵蚀堆积河谷地貌如图 2-6 所示。

图 2-5　河谷带状冲洪积平原地貌

图 2-6　侵蚀堆积河谷地貌

5）湖沼堆积平原

主要分布于盆地湖边地带，地表平坦，第四系松散、堆积物较厚，沼泽及水草发育，地下水埋藏较浅，大部分路段盐渍化严重，湖沼堆积平原地貌如图 2-7 所示。

6）堆积地形-波状沙地

主要分布于长山独立自然区等区域及路线其他湖沼和沙丘地交接分界处。其中尤以长山独立自然区最为严重，且多为移动性沙丘，其余段落内多为固定、半固定沙丘，堆积地形-波状沙地地貌如图 2-8 所示。

图 2-7　湖沼堆积平原地貌

图 2-8　堆积地形-波状沙地地貌

2.2.4　沿线盐碱沼泽、盐渍土

1）水草盐碱沼泽地

工程所处盐沼泽区，水质与土质含大量氯盐、硫酸盐、碳酸盐等复合盐腐蚀盐类。工程沿线山间盆地之间与河流两岸滩地广泛分布有水草、盐碱沼泽。地下水埋藏浅或溢出地表，地表结白色盐霜，松软，含盐量高，多为强-过硫酸盐渍土。地表多生长芦苇，植被覆盖率高。地层岩性以粉细砂为主，淤泥质含量高，并有泥炭层存在，力学性能差。沿线盐碱沼泽地如图 2-9 所示。

图 2-9　沿线盐碱沼泽地

2）盐渍土

项目区沿线普遍存在不同程度的盐渍土，主要分布于山间谷地及山前冲洪积扇前缘地势稍高处，地下水埋藏较深，径流滞缓，土质颗粒细，受区域干旱气候的影响，地表蒸发量远大于降雨量，土内盐分富集于地表，盐渍化现象强烈，地表常成斑状潮湿、盐霜、盐壳等。地层以粉细砂为主，多为中亚氯-亚硫酸盐渍土和中-强硫酸盐渍土。沿线盐渍土如图 2-10 所示。

图 2-10　沿线盐渍土

2.2.5　沿线桥涵区段盐沼泽水质成分

全线特大桥 1 座、大桥 8 座、中桥 11 座、小桥 25 座、涵洞 116 座。对代表性的桥涵基础区域内水体进行取样，进行水化学试验，测试其水体中盐的化学成分及含量。分析发现无论是基坑开挖还是原地面取样得到的样品中，均含有腐蚀性离子：除 03 标段内灶火河水质中含有中腐蚀性离子外，其余所取样品中均为微腐蚀性离子。由此可见 03 标段内的水体对桥涵基础的腐蚀性比工程其他标段的更强，更具典型性，因此现场试验选取 03 标段进行，测试结果见表 2-3～表 2-26，表中试验数据参考《岩土工程勘察规范（2019 年版）》（GB 50021—2001）。

表 2-3 K113+800 涵洞基坑水质成分

序号	样品编号	试验项目	单位	试验结果	规范规定值或允许值	评定结果
1	N-S-1392	pH 值		7.0	>6.5	微腐蚀
2		Ca^{2+}	mg/L	3.8	—	—
3		Mg^{2+}	mg/L	6.0	<1000	微腐蚀
4		$Na^{+}+K^{+}$	mg/L	6.3	—	—
5		CO_3^{2-}	mg/L	0.6	—	—
6		HCO_3^{-}	mmol/L	2900.0	>1.0	微腐蚀
7		Cl^{-}	mg/L	7.6	<100	微腐蚀
8		SO_4^{2-}	mg/L	5.0	<200	微腐蚀
9		不溶物	mg/L	1174.0	—	—
10		可溶物	mg/L	528.0	—	—
11		总碱度	mol/L	2.9	—	—
12		总硬度	mol/L	9.8	—	—
13			dH	27.4	—	—

注：dH 为德国度，1L 水中含有相当于 10mg 的 CaO，即为 1dH。下同。

表 2-4 k135+000 特大桥桩基坑水质成分

序号	样品编号	试验项目	单位	试验结果	规范规定值或允许值	评定结果
1	N-S-1393	pH 值		7.0	>6.5	微腐蚀
2		Ca^{2+}	mg/L	3.4	—	—
3		Mg^{2+}	mg/L	5.4	<1000	微腐蚀
4		$Na^{+}+K^{+}$	mg/L	3.7	—	—
5		CO_3^{2-}	mg/L	1.7	—	—
6		HCO_3^{-}	mmol/L	1200.0	>1.0	微腐蚀
7		Cl^{-}	mg/L	5.2	<100	微腐蚀
8		SO_4^{2-}	mg/L	4.4	<200	微腐蚀
9		不溶物	mg/L	926.0	—	—
10		可溶物	mg/L	748.0	—	—
11		总碱度	mol/L	1.7	—	—
12		总硬度	mol/L	8.8	—	—
13			dH	24.6	—	—

表 2-5　K127+292 涵洞基坑水质成分

序号	样品编号	试验项目	单位	试验结果	规范规定值或允许值	评定结果
1	N-S-1394	pH 值		7.1	>6.5	微腐蚀
2		Ca^{2+}	mg/L	6.0	—	—
3		Mg^{2+}	mg/L	10.0	<1000	微腐蚀
4		$Na^{+}+K^{+}$	mg/L	15.5	—	—
5		CO_3^{2-}	mg/L	1.7	—	—
6		HCO_3^{-}	mmol/L	6400.0	>1.0	微腐蚀
7		Cl^{-}	mg/L	15.4	<100	微腐蚀
8		SO_4^{2-}	mg/L	8.0	<200	微腐蚀
9		不溶物	mg/L	112.0	—	—
10		可溶物	mg/L	1806.0	—	—
11		总碱度	mol/L	6.4	—	—
12		总硬度	mol/L	16.0	—	—
13			dH	44.8	—	—

表 2-6　K133+920 小桥基坑水质成分

序号	样品编号	试验项目	单位	试验结果	规范规定值或允许值	评定结果
1	N-S-1395	pH 值		8.3	>6.5	微腐蚀
2		Ca^{2+}	mg/L	2.4	—	—
3		Mg^{2+}	mg/L	1.0	<1000	微腐蚀
4		$Na^{+}+K^{+}$	mg/L	24.6	—	—
5		CO_3^{2-}	mg/L	4.4	—	—
6		HCO_3^{-}	mmol/L	3000.0	>1.0	微腐蚀
7		Cl^{-}	mg/L	15.8	<100	微腐蚀
8		SO_4^{2-}	mg/L	4.8	<200	微腐蚀
9		不溶物	mg/L	354.0	—	—
10		可溶物	mg/L	1130.0	—	—
11		总碱度	mol/L	4.4	—	—
12		总硬度	mol/L	3.4	—	—
13			dH	9.5	—	—

表 2-7　K130+577 巴颜山 2 号大桥基坑水质成分

序号	样品编号	试验项目	单位	试验结果	规范规定值或允许值	评定结果
1	N-S-1396	pH 值		7.2	>6.5	微腐蚀
2		Ca^{2+}	mg/L	4.4	—	—
3		Mg^{2+}	mg/L	2.6	<1000	微腐蚀
4		$Na^{+}+K^{+}$	mg/L	7.1	—	—
5		CO_3^{2-}	mg/L	0.6	—	—
6		HCO_3^{-}	mmol/L	4900.0	>1.0	微腐蚀
7		Cl^{-}	mg/L	4.8	<100	微腐蚀
8		SO_4^{2-}	mg/L	3.8	<200	微腐蚀
9		不溶物	mg/L	550.0	—	—
10		可溶物	mg/L	186.0	—	—
11		总碱度	mol/L	4.9	—	—
12		总硬度	mol/L	7.0	—	—
13			dH	19.6	—	—

表 2-8　K121+995 小桥基坑水质成分

序号	样品编号	试验项目	单位	试验结果	规范规定值或允许值	评定结果
1	N-S-1397	pH 值		7.1	>6.5	微腐蚀
2		Ca^{2+}	mg/L	3.8	—	—
3		Mg^{2+}	mg/L	10.2	<1000	微腐蚀
4		$Na^{+}+K^{+}$	mg/L	34.4	—	—
5		CO_3^{2-}	mg/L	2.3	—	—
6		HCO_3^{-}	mmol/L	3500.0	>1.0	微腐蚀
7		Cl^{-}	mg/L	30.8	<100	微腐蚀
8		SO_4^{2-}	mg/L	11.8	<200	微腐蚀
9		不溶物	mg/L	1946.0	—	—
10		可溶物	mg/L	724.0	—	—
11		总碱度	mol/L	3.5	—	—
12		总硬度	mol/L	14.0	—	—
13			dH	39.2	—	—

表 2-9　K95+590 涵洞基坑水质成分

序号	样品编号	试验项目	单位	试验结果	规范规定值或允许值	评定结果
1	N-S-1398	pH 值		7.2	>6.5	微腐蚀
2		Ca^{2+}	mg/L	4.8	—	—
3		Mg^{2+}	mg/L	4.4	<1000	微腐蚀
4		$Na^{+}+K^{+}$	mg/L	21.3	—	—
5		CO_3^{2-}	mg/L	1.2	—	—
6		HCO_3^{-}	mmol/L	2900.0	>1.0	微腐蚀
7		Cl^{-}	mg/L	23.6	<100	微腐蚀
8		SO_4^{2-}	mg/L	2.8	<200	微腐蚀
9		不溶物	mg/L	236.0	—	—
10		可溶物	mg/L	3350.0	—	—
11		总碱度	mol/L	2.9	—	—
12		总硬度	mol/L	9.2	—	—
13			dH	25.8	—	—

表 2-10　K109+480 涵洞基坑水质成分

序号	样品编号	试验项目	单位	试验结果	规范规定值或允许值	评定结果
1	N-S-1399	pH 值		6.8	>6.5	微腐蚀
2		Ca^{2+}	mg/L	9.6	—	—
3		Mg^{2+}	mg/L	5.8	<1000	微腐蚀
4		$Na^{+}+K^{+}$	mg/L	36.6	—	—
5		CO_3^{2-}	mg/L	0.9	—	—
6		HCO_3^{-}	mmol/L	100.0	>1.0	微腐蚀
7		Cl^{-}	mg/L	32.4	<100	微腐蚀
8		SO_4^{2-}	mg/L	18.6	<200	微腐蚀
9		不溶物	mg/L	236.0	—	—
10		可溶物	mg/L	3350.0	—	—
11		总碱度	mol/L	0.9	—	—
12		总硬度	mol/L	15.4	—	—
13			dH	43.1	—	—

表 2-11　K86+650 素棱郭勒河 1 号大桥水质成分

序号	样品编号	试验项目	单位	试验结果	规范规定值或允许值	评定结果
1	N-S-1400	pH 值		11.3	>6.5	微腐蚀
2		Ca^{2+}	mg/L	0.8	—	—
3		Mg^{2+}	mg/L	0.2	<1000	微腐蚀
4		$Na^{+}+K^{+}$	mg/L	76.8	—	—
5		CO_3^{2-}	mg/L	2.9	—	—
6		HCO_3^{-}	mmol/L	300.0	>1.0	微腐蚀
7		Cl^{-}	mg/L	69.2	<100	微腐蚀
8		SO_4^{2-}	mg/L	5.4	<200	微腐蚀
9		不溶物	mg/L	1688.0	—	—
10		可溶物	mg/L	3572.0	—	—
11		总碱度	mol/L	0.3	—	—
12		总硬度	mol/L	1.0	—	—
13			dH	2.8	—	—

表 2-12　K64+583 灶火 5 号桥基坑水质成分

序号	样品编号	试验项目	单位	试验结果	规范规定值或允许值	评定结果
1	N-S-1401	pH 值		7.1	>6.5	微腐蚀
2		Ca^{2+}	mg/L	68.2	—	—
3		Mg^{2+}	mg/L	28.2	<1000	微腐蚀
4		$Na^{+}+K^{+}$	mg/L	2455.1	—	—
5		CO_3^{2-}	mg/L	1.2	—	—
6		HCO_3^{-}	mmol/L	2300.0	>1.0	微腐蚀
7		Cl^{-}	mg/L	2510.0	500～5000	中腐蚀
8		SO_4^{2-}	mg/L	38.4	<200	微腐蚀
9		不溶物	mg/L	2989.0	—	—
10		可溶物	mg/L	2066.0	—	—
11		总碱度	mol/L	2.3	—	—
12		总硬度	mol/L	96.8	—	—
13			dH	271.0	—	—

表 2-13　K87+080 小桥基坑水质成分

序号	样品编号	试验项目	单位	试验结果	规范规定值或允许值	评定结果
1	N-S-1402	pH 值		7.5	>6.5	微腐蚀
2		Ca^{2+}	mg/L	8.6	—	—
3		Mg^{2+}	mg/L	1.0	<1 000	微腐蚀
4		$Na^{+}+K^{+}$	mg/L	25.2	—	—
5		CO_3^{2-}	mg/L	3.5	—	—
6		HCO_3^{-}	mmol/L	15 100.0	>1.0	微腐蚀
7		Cl^{-}	mg/L	15.8	<100	微腐蚀
8		SO_4^{2-}	mg/L	0.4	<200	微腐蚀
9		不溶物	mg/L	6.0	—	—
10		可溶物	mg/L	1 768.0	—	—
11		总碱度	mol/L	15.1	—	—
12		总硬度	mol/L	9.6	—	—
13			dH	26.9	—	—

表 2-14　K66+100 灶火七号桥小桥基坑水质成分

序号	样品编号	试验项目	单位	试验结果	规范规定值或允许值	评定结果
1	N-S-1403	pH 值		7.0	>6.5	微腐蚀
2		Ca^{2+}	mg/L	24.8	—	—
3		Mg^{2+}	mg/L	38.6	<1000	微腐蚀
4		$Na^{+}+K^{+}$	mg/L	500.3	—	—
5		CO_3^{2-}	mg/L	2.3	—	—
6		HCO_3^{-}	mmol/L	6400.0	>1.0	微腐蚀
7		Cl^{-}	mg/L	530.0	500～5000	中腐蚀
8		SO_4^{2-}	mg/L	25.0	<200	微腐蚀
9		不溶物	mg/L	1528.0	—	—
10		可溶物	mg/L	1202.0	—	—
11		总碱度	mol/L	6.4	—	—
12		总硬度	mol/L	63.4	—	—
13			dH	177.5	—	—

表 2-15　K112+400 涵洞基坑水质成分

序号	样品编号	试验项目	单位	试验结果	规范规定值或允许值	评定结果
1	N-S-1404	pH 值		7.1	>6.5	微腐蚀
2		Ca^{2+}	mg/L	5.0	—	—
3		Mg^{2+}	mg/L	8.8	<1000	微腐蚀
4		$Na^{+}+K^{+}$	mg/L	31.5	—	—
5		CO_3^{2-}	mg/L	2.3	—	—
6		HCO_3^{-}	mmol/L	4900.0	>1.0	微腐蚀
7		Cl^{-}	mg/L	28.8	<100	微腐蚀
8		SO_4^{2-}	mg/L	9.2	<200	微腐蚀
9		不溶物	mg/L	1314.0	—	—
10		可溶物	mg/L	1200.0	—	—
11		总碱度	mol/L	4.9	—	—
12		总硬度	mol/L	13.8	—	—
13			dH	38.6	—	—

表 2-16　K103+670 涵洞基坑水质成分

序号	样品编号	试验项目	单位	试验结果	规范规定值或允许值	评定结果
1	N-S-1405	pH 值		7.2	>6.5	微腐蚀
2		Ca^{2+}	mg/L	3.8	—	—
3		Mg^{2+}	mg/L	6.4	<1000	微腐蚀
4		$Na^{+}+K^{+}$	mg/L	8.6	—	—
5		CO_3^{2-}	mg/L	2.3	—	—
6		HCO_3^{-}	mmol/L	2000.0	>1.0	微腐蚀
7		Cl^{-}	mg/L	9.2	<100	微腐蚀
8		SO_4^{2-}	mg/L	5.2	<200	微腐蚀
9		不溶物	mg/L	214.0	—	—
10		可溶物	mg/L	856.0	—	—
11		总碱度	mol/L	2.3	—	—
12		总硬度	mol/L	10.2	—	—
13			dH	28.6	—	—

表 2-17　K106+580 小桥基坑水质成分

序号	样品编号	试验项目	单位	试验结果	规范规定值或允许值	评定结果
1	N-S-1406	pH 值		7.6	>6.5	微腐蚀
2		Ca^{2+}	mg/L	13.0	—	—
3		Mg^{2+}	mg/L	57.0	<1 000	微腐蚀
4		$Na^{+}+K^{+}$	mg/L	387.8	—	—
5		CO_3^{2-}	mg/L	4.1	—	—
6		HCO_3^{-}	mmol/L	6 100.0	>1.0	微腐蚀
7		Cl^{-}	mg/L	425.0	100～500	弱腐蚀
8		SO_4^{2-}	mg/L	22.6	<200	微腐蚀
9		不溶物	mg/L	576.0	—	—
10		可溶物	mg/L	14 900.0	—	—
11		总碱度	mol/L	6.1	—	—
12		总硬度	mol/L	70.0	—	—
13			dH	196.0	—	—

表 2-18　K125+450 小桥地表水水质成分

序号	样品编号	试验项目	单位	试验结果	规范规定值或允许值	评定结果
1	N-S-1407	pH 值		7.8	>6.5	微腐蚀
2		Ca^{2+}	mg/L	5.8	—	—
3		Mg^{2+}	mg/L	18.8	<1 000	微腐蚀
4		$Na^{+}+K^{+}$	mg/L	67.3	—	—
5		CO_3^{2-}	mg/L	5.2	—	—
6		HCO_3^{-}	mmol/L	13 100.0	>1.0	微腐蚀
7		Cl^{-}	mg/L	60.0	<100	微腐蚀
8		SO_4^{2-}	mg/L	13.6	<200	微腐蚀
9		不溶物	mg/L	1 752.0	—	—
10		可溶物	mg/L	610.0	—	—
11		总碱度	mol/L	13.1	—	—
12		总硬度	mol/L	24.6	—	—
13			dH	68.9	—	—

表 2-19　K87+910 素棱郭勒河 2 号大桥水质成分

序号	样品编号	试验项目	单位	试验结果	规范规定值或允许值	评定结果
1	N-S-1408	pH 值		7.7	>6.5	微腐蚀
2		Ca^{2+}	mg/L	2.8	—	—
3		Mg^{2+}	mg/L	6.4	<1000	微腐蚀
4		$Na^{+}+K^{+}$	mg/L	27.0	—	—
5		CO_3^{2-}	mg/L	1.2	—	—
6		HCO_3^{-}	mmol/L	4700.0	>1.0	微腐蚀
7		Cl^{-}	mg/L	21.0	<100	微腐蚀
8		SO_4^{2-}	mg/L	9.4	<200	微腐蚀
9		不溶物	mg/L	974.0	—	—
10		可溶物	mg/L	1026.0	—	—
11		总碱度	mol/L	4.7	—	—
12		总硬度	mol/L	9.2	—	—
13			dH	25.8	—	—

表 2-20　K92+200 涵洞基坑水质成分

序号	样品编号	试验项目	单位	试验结果	规范规定值或允许值	评定结果
1	N-S-1409	pH 值		7.0	>6.5	微腐蚀
2		Ca^{2+}	mg/L	5.0	—	—
3		Mg^{2+}	mg/L	5.9	<1000	微腐蚀
4		$Na^{+}+K^{+}$	mg/L	21.4	—	—
5		CO_3^{2-}	mg/L	2.3	—	—
6		HCO_3^{-}	mmol/L	2900.0	>1.0	微腐蚀
7		Cl^{-}	mg/L	20.0	<100	微腐蚀
8		SO_4^{2-}	mg/L	7.1	<200	微腐蚀
9		不溶物	mg/L	96.0	—	—
10		可溶物	mg/L	1336.0	—	—
11		总碱度	mol/L	2.9	—	—
12		总硬度	mol/L	10.9	—	—
13			dH	30.5	—	—

表 2-21　K63+690 灶火 4 号桥基坑水质成分

序号	样品编号	试验项目	单位	试验结果	规范规定值或允许值	评定结果
1	N-S-1410	pH 值		7.3	>6.5	微腐蚀
2		Ca^{2+}	mg/L	29.6	—	—
3		Mg^{2+}	mg/L	15.0	<1 000	微腐蚀
4		$Na^{+}+K^{+}$	mg/L	339.3	—	—
5		CO_3^{2-}	mg/L	1.2	—	—
6		HCO_3^{-}	mmol/L	300.0	>1.0	微腐蚀
7		Cl^{-}	mg/L	360.0	100～500	弱腐蚀
8		SO_4^{2-}	mg/L	22.4	<200	微腐蚀
9		不溶物	mg/L	1 056.0	—	—
10		可溶物	mg/L	15 828.0	—	—
11		总碱度	mol/L	1.2	—	—
12		总硬度	mol/L	44.6	—	—
13			dH	124.9	—	—

表 2-22　K112+940 涵洞基坑水质成分

序号	样品编号	试验项目	单位	试验结果	规范规定值或允许值	评定结果
1	N-S-1411	pH 值		7.4	>6.5	微腐蚀
2		Ca^{2+}	mg/L	4.2	—	—
3		Mg^{2+}	mg/L	7.2	<1000	微腐蚀
4		$Na^{+}+K^{+}$	mg/L	15.1	—	—
5		CO_3^{2-}	mg/L	2.9	—	—
6		HCO_3^{-}	mmol/L	2600.0	>1.0	微腐蚀
7		Cl^{-}	mg/L	14.0	<100	微腐蚀
8		SO_4^{2-}	mg/L	7.0	<200	微腐蚀
9		不溶物	mg/L	1142.0	—	—
10		可溶物	mg/L	348.0	—	—
11		总碱度	mol/L	2.6	—	—
12		总硬度	mol/L	11.4	—	—
13			dH	31.9	—	—

表 2-23　K128+400 原地面水水质成分

序号	样品编号	试验项目	单位	试验结果	规范规定值或允许值	评定结果
1	N-S-1412	pH 值		7.6	>6.5	微腐蚀
2		Ca^{2+}	mg/L	2.6	—	—
3		Mg^{2+}	mg/L	7.4	<1000	微腐蚀
4		$Na^{+}+K^{+}$	mg/L	9.2	—	—
5		CO_3^{2-}	mg/L	1.7	—	—
6		HCO_3^{-}	mmol/L	4100.0	>1.0	微腐蚀
7		Cl^{-}	mg/L	7.6	<100	微腐蚀
8		SO_4^{2-}	mg/L	5.8	<200	微腐蚀
9		不溶物	mg/L	94.0	—	—
10		可溶物	mg/L	754.0	—	—
11		总碱度	mol/L	4.1	—	—
12		总硬度	mol/L	10.0	—	—
13			dH	28.0	—	—

表 2-24　K118+900 小桥基坑水质成分

序号	样品编号	试验项目	单位	试验结果	规范规定值或允许值	评定结果
1	N-S-1413	pH 值		7.0	>6.5	微腐蚀
2		Ca^{2+}	mg/L	4.8	—	—
3		Mg^{2+}	mg/L	7.8	<1000	微腐蚀
4		$Na^{+}+K^{+}$	mg/L	30.6	—	—
5		CO_3^{2-}	mg/L	1.7	—	—
6		HCO_3^{-}	mmol/L	2900.0	>1.0	微腐蚀
7		Cl^{-}	mg/L	33.8	<100	微腐蚀
8		SO_4^{2-}	mg/L	4.7	<200	微腐蚀
9		不溶物	mg/L	30.0	—	—
10		可溶物	mg/L	1654.0	—	—
11		总碱度	mol/L	2.9	—	—
12		总硬度	mol/L	12.6	—	—
13			dH	35.3	—	—

表 2-25 K15+774 涵洞基坑水质成分

序号	样品编号	试验项目	单位	试验结果	规范规定值或允许值	评定结果
1	N-S-1414	pH 值		7.3	>6.5	微腐蚀
2		Ca^{2+}	mg/L	3.0	—	—
3		Mg^{2+}	mg/L	3.4	<1000	微腐蚀
4		$Na^{+}+K^{+}$	mg/L	2.3	—	—
5		CO_3^{2-}	mg/L	0.6	—	—
6		HCO_3^{-}	mmol/L	2900.0	>1.0	微腐蚀
7		Cl^{-}	mg/L	4.4	<100	微腐蚀
8		SO_4^{2-}	mg/L	0.8	<200	微腐蚀
9		不溶物	mg/L	522.0	—	—
10		可溶物	mg/L	1320.0	—	—
11		总碱度	mol/L	2.9	—	—
12		总硬度	mol/L	6.4	—	—
13			dH	17.9	—	—

表 2-26 K15+020 巴音郭勒河中桥原地面水质成分

序号	样品编号	试验项目	单位	试验结果	规范规定值或允许值	评定结果
1	N-S-1415	pH 值		7.1	>6.5	微腐蚀
2		Ca^{2+}	mg/L	20.2	—	—
3		Mg^{2+}	mg/L	46.1	<1000	微腐蚀
4		$Na^{+}+K^{+}$	mg/L	250.9	—	—
5		CO_3^{2-}	mg/L	0.8	—	—
6		HCO_3^{-}	mmol/L	9500.0	>1.0	微腐蚀
7		Cl^{-}	mg/L	294.8	100～500	弱腐蚀
8		SO_4^{2-}	mg/L	12.1	<200	微腐蚀
9		不溶物	mg/L	3514.0	—	—
10		可溶物	mg/L	6342.0	—	—
11		总碱度	mol/L	9.5	—	—
12		总硬度	mol/L	66.3	—	—
13			dH	185.6	—	—

从表 2-3～表 2-26 统计可以看出，在沿线盐沼泽区总共取得 24 组水质样品，

水样中有 2 组样品检出中腐蚀性离子，占水样总数的 8.33%；有 3 组样品检出弱腐蚀性离子，占水样总数的 12.50%；其他样品则只检出微腐蚀性离子。沿线盐沼泽区水体腐蚀性分析如图 2-11 所示。

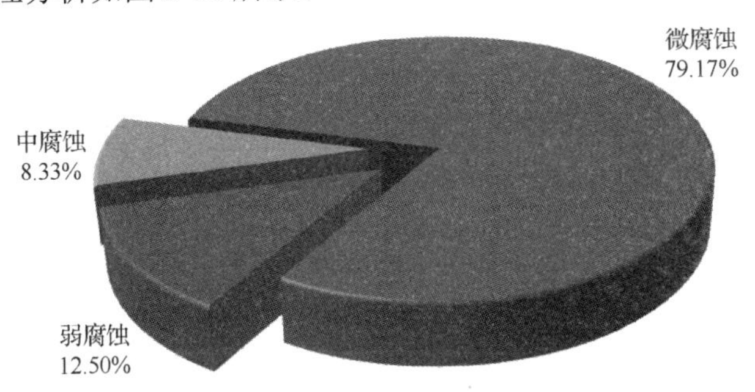

图 2-11　沿线盐沼泽区水体腐蚀性分析

2.3　小　　结

德香高速公路项目所在柴达木盆地东部边缘，其所处地域特殊的干旱多风、降雨稀少及蒸发强烈的气候特征，富含盆地、山地、平原、谷地和沙地的地形地貌情况，风积沙、盐渍土不良的岩土体类型和一系列富含中、微腐蚀离子水体的盐沼泽的存在，形成了德香高速公路工程特殊的腐蚀环境。全线盐碱沼泽路段占路线总长的 6.08%，特大桥 1 座、大桥 8 座、中桥 11 座、小桥 25 座、涵洞 116 座，这些桥涵大多跨越或直接在盐沼泽区，故依托本工程研究盐沼泽区桥涵基础的腐蚀防治技术，具有代表性。

第三章　高寒盐沼泽区桥梁桩基损伤现场试验

3.1　概　　述

高寒盐沼泽区公路桥梁桩基地面以下部分，受地下水位变化及温度变化的影响，在一定范围内桩身会受盐碱腐蚀、干湿循环和冻融循环等共同作用，进而使桩身混凝土材料的力学性能受到不同程度的影响，而高寒盐沼泽区公路桥梁桩基受腐蚀程度如何，关乎公路桥梁桩基在公路运营期间的安全性。为摸清高寒盐沼泽区公路桥梁桩基地面以下不同深度处遭受干湿循环和冻融循环时的损伤状况，本章通过现场试验，着重研究桩体不同深度、不同混凝土配合比、不同龄期、不同防护措施等条件对公路桥梁桩基的力学性能产生的影响，并对其微观机理进行研究。

3.2　现场试验设计

3.2.1　现场试验环境条件及模拟试验思路

现场试验依托青海德香高速公路灶火 6 号特大桥的环境实际，现场地下水毛细作用显著，地表蒸发强烈，干湿循环作用明显；昼夜温差大、冬长夏短、四季分明，气候垂直变化明显。年平均气温 0.4～7.4℃，1 月最低平均气温-5.0～10.3℃，最低极端气温-27℃。试验区段盐碱沼泽矿化度极高的盐卤水，固形物可达 100～200g/L，最高可达 700g/L，其化学性质以氯化物为主，含有中亚硫酸盐渍土。试件的干湿循环区如图 3-1～图 3-4 所示。

试验思路是将选取具有代表性的盐沼泽环境，确定干湿循环区域、温度变化情况，取不同工况桩身混凝土材料，制备试样后分别埋设于盐沼泽区不同深度部位，模拟实际桩不同位置、不同龄期、不同温度条件下桩身腐蚀变化情况。现场将桩基混凝土试件沿桩身方向设置4种位置如图3-1～图3-4所示。

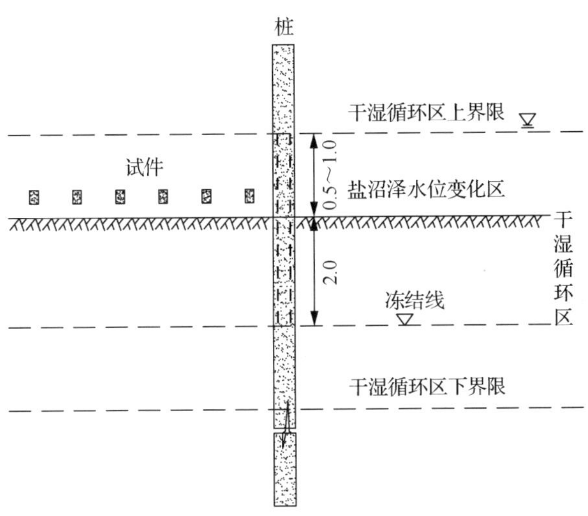

图3-1　水中试件（单位：m）

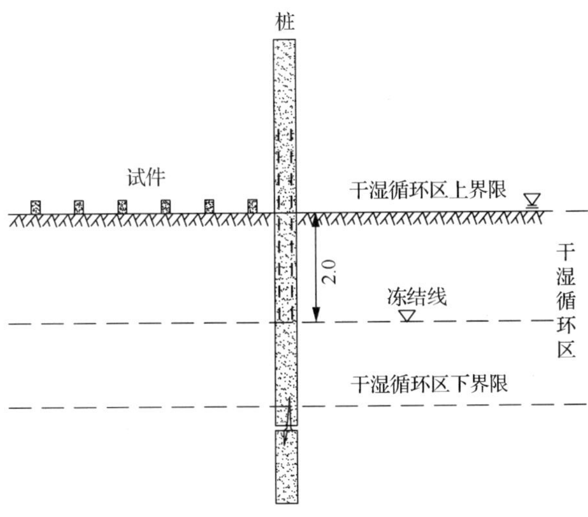

图3-2　地表试件（单位：m）

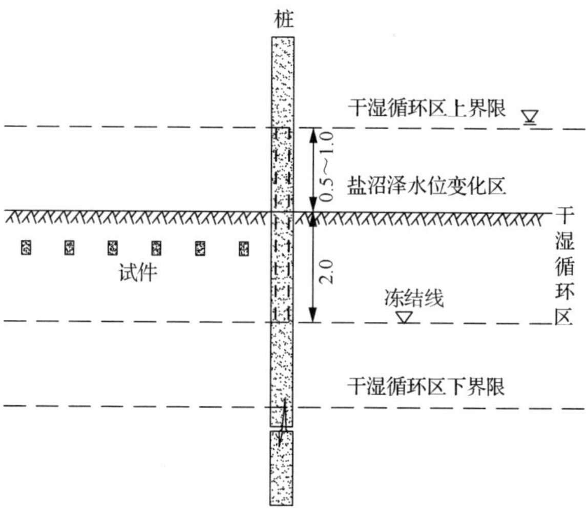

图 3-3　地面以下 0.25m 深处试件（单位：m）

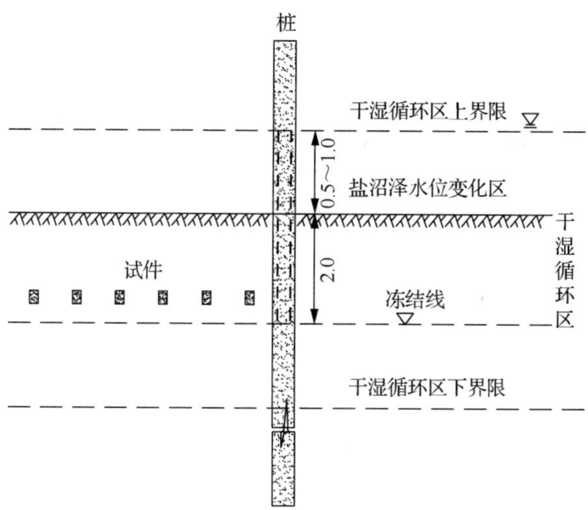

图 3-4　地面以下 1.25m 深处试件（单位：m）

3.2.2　现场试验工况与材料参数选取

不同的桩基混凝土组成材料对盐沼泽区公路桥梁桩基受腐蚀后的承载特性产生不同的影响。因此，现场公路桥梁桩基混凝土采用 13 个配合比（表 3-1），水泥采用 P·O42.5 普通硅酸盐水泥，3 天龄期的无侧限抗压强度为 24.1MPa，28 天龄期的无侧限抗压强度为 49.3MPa；碎石粒径范围为 5～20mm；中砂细度模数为 2.6，含泥量为 0.8%（质量分数），颗粒级配良好。矿物掺合料为粉煤灰、硅灰和矿渣等 3 种，粉煤灰需水量比为 101.0%；硅灰平均粒径 0.2μm；矿渣粉活性指数 7 天为 76，28 天为 103。矿物掺合料均采用等量替代。缓凝高效引气型减水剂减水率为 25.0%；拌和用水为饮用水。

表 3-1 桩基混凝土配合比设计 单位：kg/m^3

配比编号	水泥	砂子	碎石	水	减水剂	阻锈剂	粉煤灰	硅灰	矿渣	膨胀剂	水泥基自愈合防水材料
CMP1	348.7	767	1103	170	5.23	8.75	87.25			43.5	
CMP2	414.2	767	1103	170	5.23	8.75		21.8		43.5	
CMP3	348.7	767	1103	170	5.23	8.75			87.25	43.5	
CMP4	348.7	767	1103	170	5.23	8.75	87.25				6.55
CMP5	436.0	767	1103	170	5.23	8.75					6.55
CMP6	326.9	767	1103	170	5.23	8.75	87.25	21.8			
CMP7	327.0	767	1103	170	5.23		87.25	21.8			
CMP8	348.7	767	1103	170	5.23		87.25				6.55
CMP9	414.2	767	1103	170	5.23			21.8			6.55
CMP10	327.0	767	1103	170	5.23		87.25	21.8			6.55
CMP11	436.0	767	1103	170	5.23						
CMP12	436.0	767	1103	170	5.23						
CMP13	436.0	767	1103	170	5.23						

注：CMP11 为基准混凝土，水泥为抗硫酸盐水泥；CMP12 为基准混凝土，埋置时外包裹两毡三油油毡；CMP13 为基准混凝土，外包裹钢护筒。

3.2.3 测试方法

桩基混凝土试件在现场成型（图 3-5），混凝土坍落度控制在 180～220mm，含气量控制在 3%～5%（质量分数）。成型桩基混凝土试件（150mm×150mm×150mm）共计 675 块，其中 99 块放置现场标准试验室养护（图 3-6）；576 块分别预埋于水中（图 3-7）、地表（图 3-8）、地面以下 0.25m、地面以下 1.25m，并分 3 个龄期（3 个月、9 个月和 12 个月）将试件取出称量试件质量。桩基混凝土试件从土中或水中取出（图 3-9）后，先用水清洗（图 3-10），等表面晾干，随即在 2000kN 电液伺服压力试验机上进行单轴抗压强度试验。

图 3-5 成型试件

图 3-6 养护试件

图 3-7 水中试件

图 3-8 地表试件

图 3-9 试件取出

图 3-10 试件清洗

为了测定现场盐沼泽环境对桩基混凝土中钢筋的锈蚀程度，在桩基混凝土中按照保护层厚度的要求预埋钢筋（图 3-11）。钢筋分 3 种，ϕ10 光圆钢筋；Φ25 螺纹钢筋；表面涂抹环氧树脂的 Φ25 螺纹钢筋。钢筋在预埋前要进行除锈处理，方可预埋进桩基混凝土试件中。预埋有钢筋的试件与立方体试件到一定的龄期（3 个月、9 个月和 12 个月）一并取出（图 3-12），取出后进行除锈处理。

图 3-11　预埋钢筋

图 3-12　预处理钢筋

钢筋锈蚀率测定采用两种方法：面积锈蚀率和质量锈蚀率。

面积锈蚀率测定：①将钢筋中的锈蚀物剥离并用透明玻璃纸粘贴；②将粘有锈蚀物的透明玻璃纸放在方格纸上；③用笔描绘锈蚀物的轮廓并按方格的大小计算锈蚀面积（图 3-13），根据式（3-1）即可求出钢筋面积锈蚀率 δ。

$$\delta = (S_0 - S_1) / S_0 \tag{3-1}$$

式中，S_0 为钢筋表面积，不包括钢筋两端头面积；S_1 为锈蚀后钢筋的表面积。

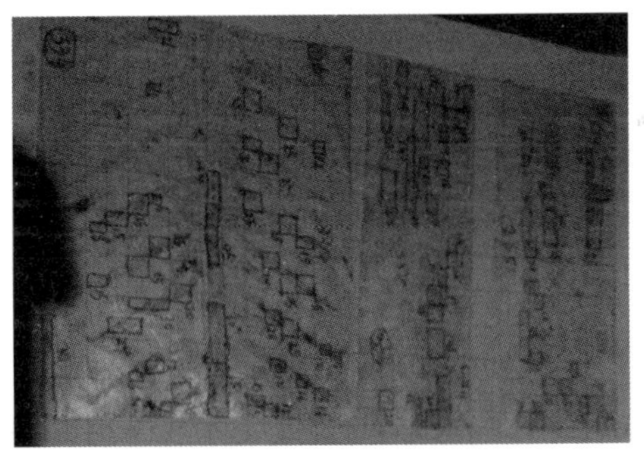

图 3-13　面积锈蚀率测定

质量锈蚀率测定：测定锈蚀前的钢筋质量，再将钢筋预埋到一定龄期取出后测定锈蚀后钢筋质量，根据式（3-2）即可求出钢筋质量锈蚀率 λ 为

$$\lambda = (m_0 - m_1) / m_0 \tag{3-2}$$

式中，m_0、m_1 分别为钢筋锈蚀前后的质量。

预埋前后除锈处理方法是：将锈蚀钢筋浸泡在除锈剂原液内，30min 后取出并用水清洗干净，用布擦拭后放进干燥箱中烘 1h，待钢筋冷却后，再用毛刷将表面锈蚀物去除，然后按顺序进行编号，称取锈蚀前后的质量。

3.3 试验结果分析

3.3.1 不同深度处桥梁桩基混凝土质量变化规律

图 3-14 为桩身不同位置混凝土质量变化规律，从中可以看出，随着腐蚀龄期的增长，360d 龄期内不同配比桩基混凝土试件的质量有增有减，其中多数试件质量增加，但增幅不大。原因可能是：对于在硫酸盐、氯盐和碳酸盐复合侵蚀的环境中，一方面氯盐的剥蚀作用使桩基混凝土试件质量减少，另一方面硫酸盐和碳酸盐生成的腐蚀产物短期内会使桩基混凝土试件质量增加，故 360d 龄期内，腐蚀对桩基混凝土试件质量变化的影响不敏感。

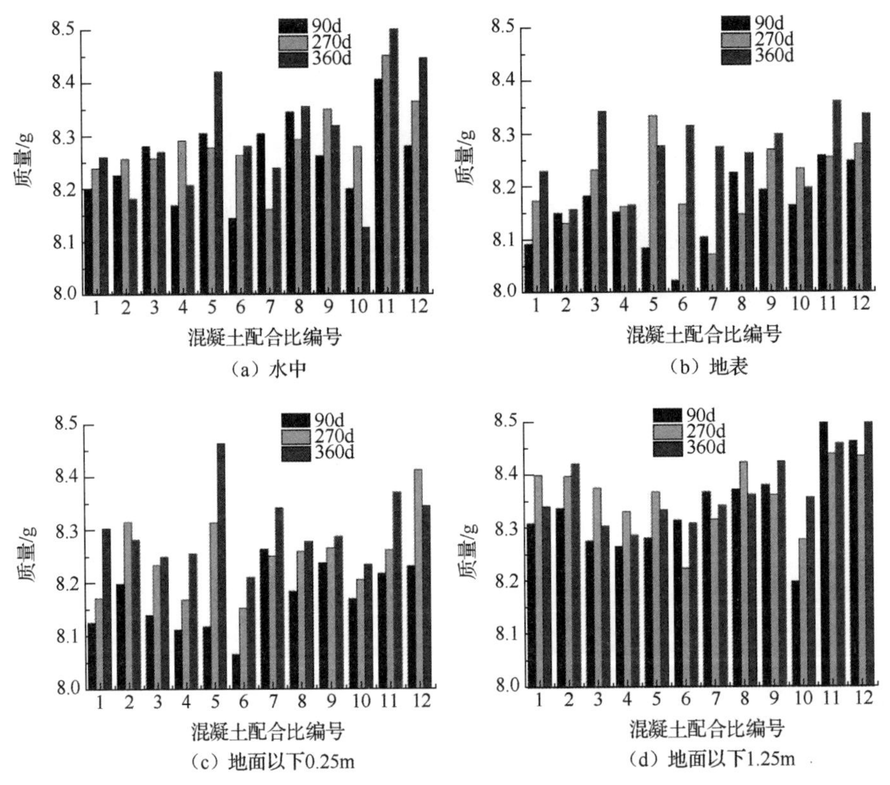

图 3-14　桩身不同位置混凝土质量变化规律

3.3.2　不同深度处桥梁桩基桩身抗压强度变化规律

桩身抗压强度损失率计算公式为

$$P_c = \frac{R_s - R_c}{R_s} \tag{3-3}$$

式中，P_c 为桩身抗压强度损失率；R_c 为桩基混凝土试件浸泡在侵蚀溶液中一定龄期后的抗压强度；R_s 为桩基混凝土试件浸泡在水中相同龄期后的抗压强度。

图 3-15 为干湿循环和冻融循环作用下桩身抗压强度损失率变化规律，从中可以看出，随着龄期的增加，桩身抗压强度损失率整体呈增大趋势，说明在高寒盐沼泽环境下，由于干湿循环、冻融循环以及腐蚀性离子的侵蚀，桩基承载力逐渐降低，特别是在干湿和冻融循环区内更加明显。但不同龄期时桩身抗压强度损失率随着桩身深度的增加并不相同：90d 龄期时，桩身抗压强度损失率随着桩身深度的增加而增加；270d 龄期时，桩身抗压强度损失率随着桩身深度的增加先增加后减小随之再增加；360d 龄期时，桩身抗压强度损失率变化趋势与 270d 龄期时一致。此外，桩基混凝土的组成材料不同，桩身抗压强度损失率也不相同。例如，CMP8 配比的试件在 90d 龄期时，其抗压强度损失率就达到了 35%左右。而 CMP9 配比的试件在 360d 龄期时，其抗压强度损失率仍为负值，说明其强度还在增加。

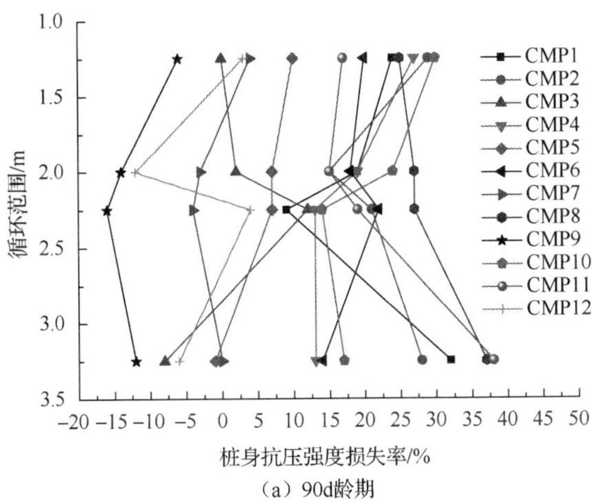

（a）90d龄期

图 3-15　干湿循环和冻融循环作用下桩身抗压强度损失率变化曲线

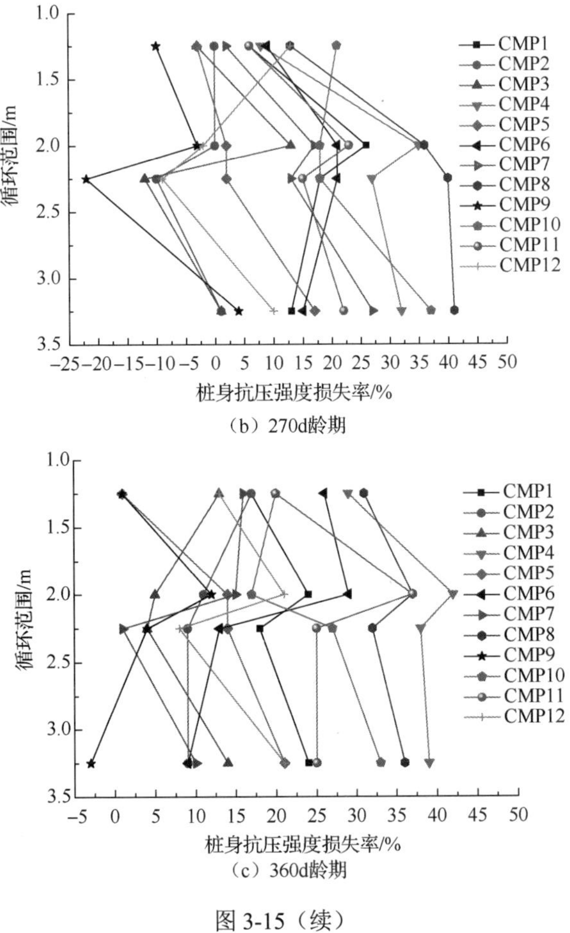

（b）270d龄期

（c）360d龄期

图 3-15（续）

3.3.3 不同掺合料和防护措施下桥梁桩基混凝土抗侵蚀系数

桩身抗侵蚀的好坏用混凝土抗压侵蚀系数 K_c（以下简称抗侵蚀系数）表示，其计算公式为

$$K_c = \frac{R_c}{R_s} \tag{3-4}$$

式中，R_c 为桩基混凝土试件浸泡在侵蚀溶液中一定龄期后的抗压强度；R_s 为桩基混凝土试件浸泡在水中相同龄期后的抗压强度。

1）矿物掺合料

图 3-16～图 3-19 为桩基混凝土抗侵蚀系数随龄期变化规律，从中可看出，CMP1、CMP2、CMP3 配比试件在不同埋置条件下，随着龄期的增大，除埋置在

地表上的桩基混凝土外，其余位置的桩基混凝土抗侵蚀系数基本上是先增大后减小，增大的原因可能是随着龄期的增长，桩基混凝土内部仍然存在水化，或者是桩基混凝土侵蚀产物的填充密实作用。龄期 270d 后，桩基混凝土强度开始减小，说明内部腐蚀产物膨胀，桩基混凝土强度劣化。从 4 种埋置条件 360d 龄期的桩基混凝土抗侵蚀系数可知，CMP3（矿渣混凝土试件）抗侵蚀系数最大、抗侵蚀能力最高，其次是 CMP2（硅灰混凝土试件），最弱的是 CMP1（粉煤灰混凝土试件）。CMP4 和 CMP8 在粉煤灰的掺入下，抗侵蚀系数较小，360d 龄期的最小抗侵蚀系数为 0.6（平均值），损伤相当严重。其原因可能是粉煤灰的掺入使桩基混凝土的早期强度和密实度减弱，桩基混凝土中存在较多的孔隙，在现场干湿、冻融和侵蚀离子等复杂恶劣的环境条件下，较多孔隙的桩基混凝土遭受侵蚀。而硅灰和矿渣均能使桩基混凝土的早期强度和密实度增长较大，较密实的桩基混凝土能够阻止侵蚀离子的侵入速度，减少桩基混凝土的损伤。

4 种埋置条件下，CMP9（掺入硅灰与水泥基自愈合防水材料）抗侵蚀系数均较高，抗侵蚀系数最小的是 CMP8（掺入粉煤灰和水泥基自愈合防水材料），CMP10（掺入粉煤灰、硅灰和水泥基自愈合防水材料）处于二者之间，说明硅灰和水泥基自愈合防水材料可增强桩基混凝土的抗侵蚀能力，再加入粉煤灰不但不能增强桩基混凝土的抗侵蚀能力，还会对桩基混凝土的抗侵蚀能力产生不利影响。从埋置条件上看，360d 龄期时，CMP9 埋置在 1.25m 深处的桩基混凝土抗侵蚀系数（平均值 1.07）最大，埋置在地表中的桩基混凝土抗侵蚀系数（平均值 0.88）最小，前者比后者高出 17.8%，说明侵蚀环境对桩基混凝土抗侵蚀能力影响较显著。

360d 龄期时，CMP3（掺入矿渣和膨胀剂）、CMP7（掺入粉煤灰和硅灰）和 CMP9（掺入硅灰与水泥基自愈合防水材料）在 4 种埋置条件下的桩基混凝土抗侵蚀系数基本在 0.84～1.03；而 CMP4（掺入阻锈剂、粉煤灰和水泥基自愈合防水材料）和 CMP8（掺入粉煤灰和水泥基自愈合防水材料）在 3 种埋置条件（地表、地面以下 0.25m 和地面以下 1.25m）下的桩基混凝土抗侵蚀系数为 0.59～0.74。CMP3、CMP7 和 CMP9 比 CMP4 和 CMP8 的抗侵蚀系数大 11.9%～42.7%。CMP3、CMP7 和 CMP9 的抗侵蚀系数比基准混凝土（CMP11）的高出 21.0%～43.0%。因此，CMP3、CMP7 和 CMP9 抗侵蚀能力提高显著。

2）阻锈剂

亚硝酸钙是研究应用最早的一种无机钢筋阻锈剂，由于它具有较好的阻锈能力，并且经济、高效、简单易操作，作为掺入型阻锈剂的主流产品在工程上大量应用。从本书的试验结果看，亚硝酸钙对混凝土强度是不利的。将 CMP4 与 CMP8、CMP6 与 CMP7 分别进行比较（图 3-16～图 3-19）可得：掺入阻锈剂会降低桩基混凝土的抗侵蚀系数，并且不同埋置条件影响不同，其中埋置在 0.25m 深和放置在地表处的桩基混凝土试件影响较大，抗侵蚀系数与没有掺阻锈剂的桩基混凝土试件相比，最大降低率分别为 8%和 16%。原因可能是这两处的侵蚀离子浓度较大，亚硝酸钙使桩基混凝土产生较多的孔隙，导致侵蚀离子更易侵入，对桩基混凝土产生侵蚀。

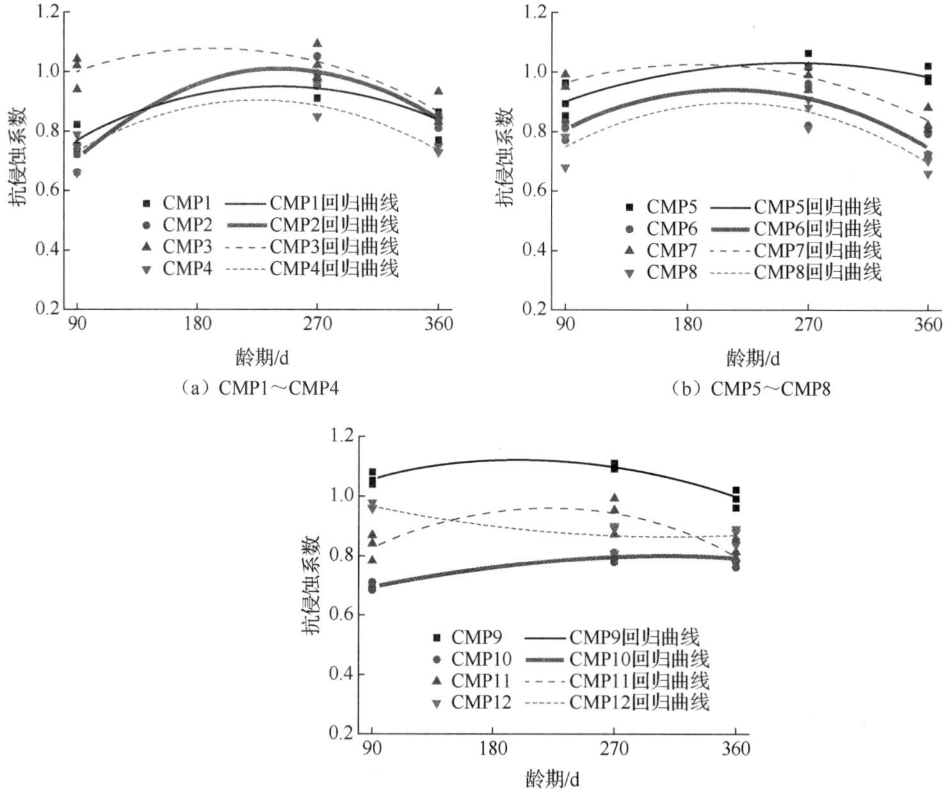

（a）CMP1～CMP4　（b）CMP5～CMP8　（c）CMP9～CMP12

图 3-16　埋置在水中桩基混凝土抗侵蚀系数随龄期变化规律

（a）CMP1～CMP4　（b）CMP5～CMP8

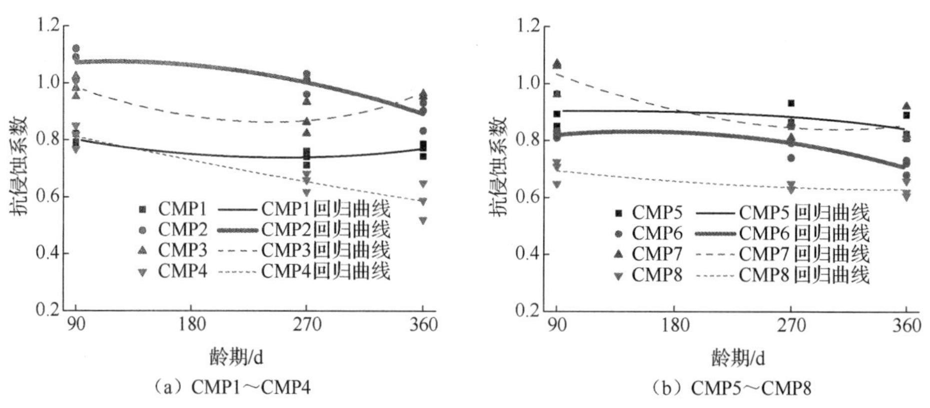

图 3-17　放置在地表桩基混凝土抗侵蚀系数随龄期变化规律

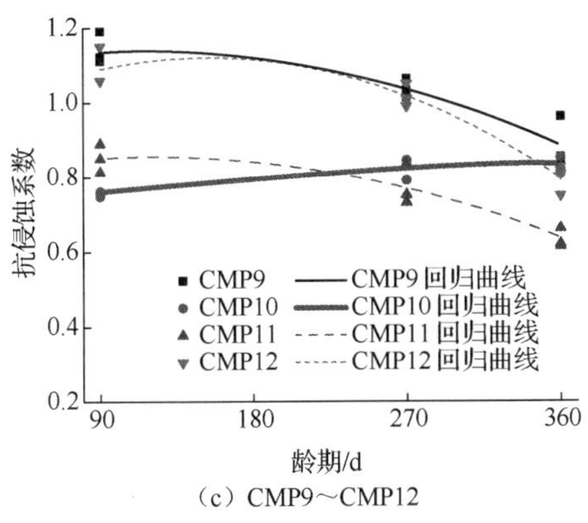

（c）CMP9～CMP12

图 3-17（续）

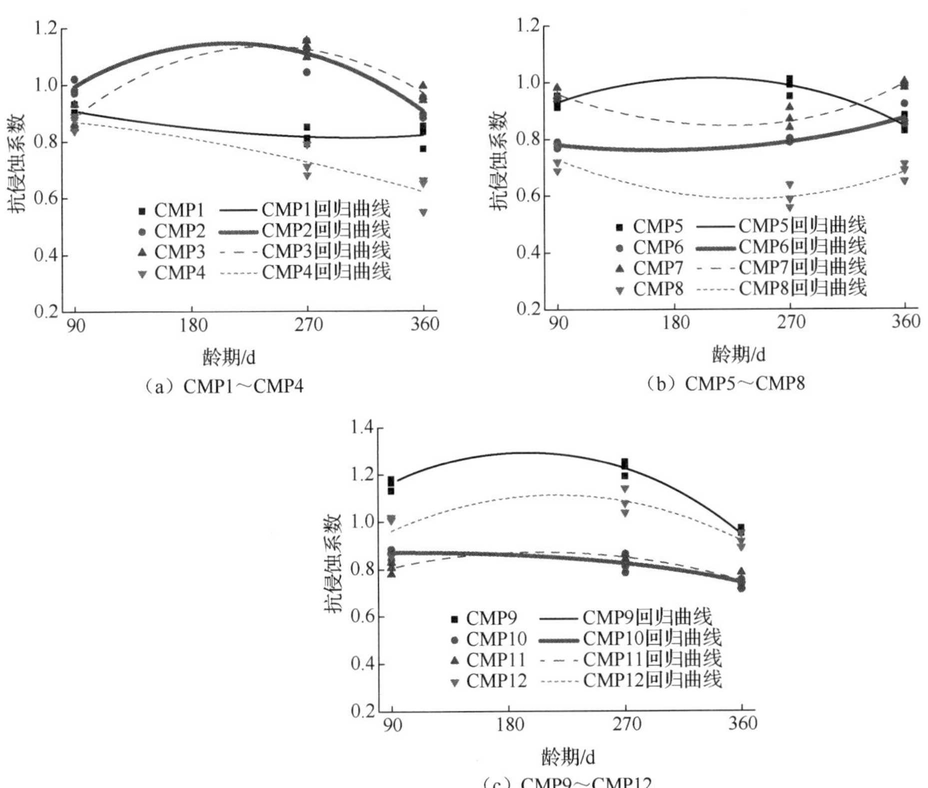

（c）CMP9～CMP12

图 3-18　埋置在 0.25m 深处桩基混凝土抗侵蚀系数随龄期变化规律

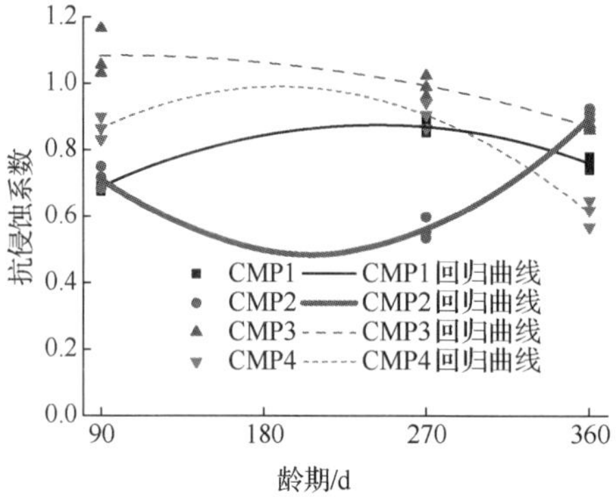

（a）CMP1～CMP4

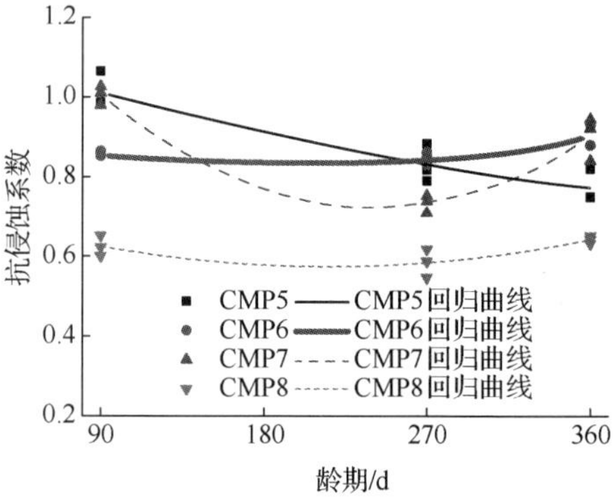

（b）CMP5～CMP8

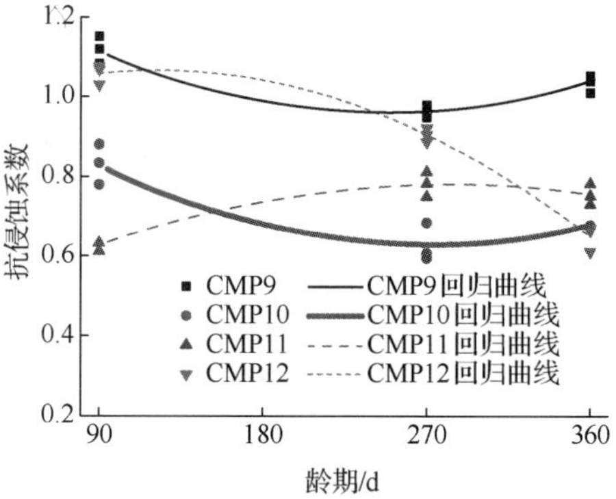

（c）CMP9～CMP12

图 3-19　埋置在 1.25m 深处桩基混凝土抗侵蚀系数随龄期变化规律

3）外防护措施与抗硫酸盐水泥混凝土

从图 3-16～图 3-19 中看出，12 个配比抗侵蚀系数变化，抗硫酸盐水泥和两毡三油外防护措施对桩基混凝土的抗侵蚀能力没有其他掺合料效果好，特别是抗硫酸盐水泥混凝土放置在地表处的桩基混凝土试件，抗侵蚀能力最低，360d 时桩基混凝土抗侵蚀系数降低到了 0.63。随着龄期的增长，CMP11 和 CMP12 的桩基混凝土抗侵蚀系数基本上在减小，说明桩基混凝土一直处于劣化趋势。比较抗硫酸盐水泥混凝土和两毡三油外防护，两毡三油外防护效果相对较好。钢护筒外防护措施在短期内能够起到保护桩基混凝土的作用；而从 360d 时钢护筒的外观来看（图 3-20），钢护筒大面积遭受腐蚀，厚度已被腐蚀掉了大约一半，局部腐蚀深度甚至已超过厚度的一半。据估计，钢护筒的保护作用最大期限约为 2～3 年。

图 3-20　埋置在土中钢护筒

3.3.4　不同深度处桥梁桩基混凝土抗侵蚀系数

对现场实测抗压强度整理并根据式（3-4）计算出桩基混凝土的抗侵蚀系数，采用多项式回归得出桩基混凝土抗侵蚀系数（K_c）随龄期（d）变化的回归公式见表 3-2 和表 3-3。

表 3-2　水中和地表桩基混凝土抗侵蚀系数回归公式

配比编号	位置	
	水中	地表
CMP1	$K_c=-8\times10^{-6}d^2+0.0039d+0.476$ $R^2=0.7983$	$K_c=3\times10^{-6}d^2-0.0013d+0.91$ $R^2=0.7515$
CMP2	$K_c=1\times10^{-5}d^2+0.0062d+0.2533$ $R^2=0.931$	$K_c=-3\times10^{-6}d^2+0.0007d+1.03$ $R^2=0.7873$
CMP3	$K_c=-7\times10^{-6}d^2+0.0028d+0.81$ $R^2=0.7138$	$K_c=6\times10^{-6}d^2-0.0027d+1.18$ $R^2=0.7032$
CMP4	$K_c=-1\times10^{-5}d^2+0.0056d+0.333$ $R^2=0.7902$	$K_c=5\times10^{-7}d^2-0.0011d+0.907$ $R^2=0.8569$
CMP5	$K_c=-5\times10^{-6}d^2+0.0024d+0.723$ $R^2=0.7621$	$K_c=5\times10^{-7}d^2+0.0007d+1.047$ $R^2=0.8027$
CMP6	$K_c=-9\times10^{-6}d^2+0.0039d+0.527$ $R^2=0.7125$	$K_c=-3\times10^{-6}d^2+0.0009d+0.763$ $R^2=0.72$
CMP7	$K_c=-6\times10^{-6}d^2+0.0024d+0.797$ $R^2=0.8406$	$K_c=5\times10^{-6}d^2-0.003d+1.2567$ $R^2=0.8186$
CMP8	$K_c=-1\times10^{-5}d^2+0.0041d+0.453$ $R^2=0.7741$	$K_c=5\times10^{-7}d^2-0.0005d+0.734$ $R^2=0.5948$
CMP9	$K_c=-5\times10^{-6}d^2+0.002d+0.911$ $R^2=0.8609$	$K_c=-4\times10^{-6}d^2+0.0008d+1.097$ $R^2=0.877$
CMP10	$K_c=-2\times10^{-6}d^2+0.0012d+0.603$ $R^2=0.7882$	$K_c=1\times10^{-6}d^2+0.0007d+0.7$ $R^2=0.7933$
CMP11	$K_c=-8\times10^{-6}d^2+0.0034d+0.59$ $R^2=0.7145$	$K_c=-4\times10^{-6}d^2+0.001d+0.792$ $R^2=0.8828$
CMP12	$K_c=2\times10^{-6}d^2-0.0013d+1.07$ $R^2=0.7476$	$K_c=-7\times10^{-6}d^2+0.0019d+1.003$ $R^2=0.938$

表 3-3　地面以下 0.25m 和 1.25m 深处桩基混凝土抗侵蚀系数回归公式

配比编号	位置	
	地面以下 0.25m	地面以下 1.25m
CMP1	$K_c=2\times10^{-6}d^2-0.0012d+0.9967$ $R^2=0.7232$	$K_c=-8\times10^{-6}d^2+0.004d+0.389$ $R^2=0.9673$
CMP2	$K_c=-1\times10^{-5}d^2-0.0044d+0.68$ $R^2=0.8449$	$K_c=2\times10^{-5}d^2-0.0072d+1.220$ $R^2=0.9744$
CMP3	$K_c=-1\times10^{-5}d^2+0.0056d+0.473$ $R^2=0.928$	$K_c=-3\times10^{-6}d^2+0.0006d+1.051$ $R^2=0.8503$
CMP4	$K_c=-1\times10^{-6}d^2-0.0003d+0.906$ $R^2=0.861$	$K_c=1\times10^{-5}d^2+0.0048d+0.5384$ $R^2=0.9459$
CMP5	$K_c=-6\times10^{-6}d^2+0.0025d+0.75$ $R^2=0.8309$	$K_c=-2\times10^{-6}d^2-0.0018d+1.153$ $R^2=0.8642$
CMP6	$K_c=3\times10^{-6}d^2-0.0011d+0.85$ $R^2=0.8401$	$K_c=3\times10^{-6}d^2-0.0011d+0.9379$ $R^2=0.7785$
CMP7	$K_c=7\times10^{-6}d^2-0.0028d+1.1567$ $R^2=0.8598$	$K_c=1\times10^{-5}d^2-0.006d+1.4461$ $R^2=0.9367$
CMP8	$K_c=6\times10^{-6}d^2-0.003d+0.95$ $R^2=0.7464$	$K_c=3\times10^{-6}d^2-0.0013d+0.722$ $R^2=0.5702$
CMP9	$K_c=-1\times10^{-5}d^2+0.0048d+0.826$ $R^2=0.971$	$K_c=6\times10^{-6}d^2-0.003d+1.3376$ $R^2=0.9016$
CMP10	$K_c=-3\times10^{-6}d^2+0.0007d+0.823$ $R^2=0.847$	$K_c=6\times10^{-6}d^2-0.0033d+1.081$ $R^2=0.8751$
CMP11	$K_c=-5\times10^{-6}d^2+0.0021d+0.656$ $R^2=0.828$	$K_c=4\times10^{-6}d^2+0.0025d+0.4269$ $R^2=0.9307$
CMP12	$K_c=-9\times10^{-6}d^2+0.0041d+0.673$ $R^2=0.662$	$K_c=-7\times10^{-6}d^2+0.0018d+0.955$ $R^2=0.9856$

由表 3-2、表 3-3 可知，相关系数 R^2 的值大部分在 0.7 以上，最高为 0.9856，相关性显著。因此，由回归公式可推算的不同龄期、不同深度的桩基混凝土抗侵蚀系数，可为评定现场桩基混凝土的耐久性提供参考。此外，由图 3-16～图 3-19 可知，桩基混凝土在 360d 龄期内已经呈现了劣化趋势。但是，也有部分配比的桩基混凝土抗侵蚀系数先减后增（埋置在地表上的 CMP3、埋置在 1.25m 深处的 CMP10 等），说明桩基混凝土的强度在 360d 龄期内呈现出先降低再增加的趋势，分析其原因为：桩基混凝土中粉煤灰的加入使早期桩基混凝土中水泥水化缓慢，随着龄期的增加，水泥水化产物 $Ca(OH)_2$ 与粉煤灰中的活性成分反应，促使水泥二次水化，使桩基混凝土强度进一步增强。

由于现场试验周期长、难度大和工期紧等原因，获取的数据有限。如果能够增加试验周期并取得更多的试验数据，对寻找桩基混凝土抗侵蚀系数与龄期的关系会更加准确、科学。

3.3.5　不同深度处桥梁桩基钢筋锈蚀状态

由表 3-4 可知，埋置深度对桥梁桩基混凝土中钢筋锈蚀的影响较大，沿桩身方向从上到下（水中、地表、地面以下 0.25m 和地面以下 1.25m）埋置混凝土中的钢筋，钢筋面积锈蚀率变化规律为先减小再增大。以 CMP11 基准混凝土为例，从水中、地表、地面以下 0.25m 和地面以下 1.25m 依次埋置的混凝土，钢筋面积锈蚀率分别是 76%、91%、66%和 65%。

3.3.6　不同掺合料下桥梁桩基钢筋锈蚀状态

1）亚硝酸钙（阻锈剂）

由表 3-4 中 CMP6 和 CMP7 可知，270d 龄期内，钢筋锈蚀面积变化均不是很大，原因可能是一方面混凝土保护层较大（80mm），氯离子要达到钢筋表面需要一定的时间；另一方面，试件是在 8 月份左右埋入现场，10 月份左右即进入结冰期，桩基混凝土在结冰期，孔道封闭，氯离子很难传输进入桩基混凝土内部，阻碍钢筋的锈蚀。360d 龄期时，在 4 种埋置条件下，掺有阻锈剂的直径为 25mm 的钢筋锈蚀率比不掺阻锈剂的钢筋锈蚀率低了 26%～30%，阻锈效果明显。

表 3-4　不同埋置条件下 360d 龄期内钢筋面积锈蚀率　　单位：%

配比编号	钢筋型号	水中			地表			地面以下 0.25m			地面以下 1.25m		
		90d	270d	360d	90d	270d	360d	90d	270d	360d	90d	270d	360d
CMP1	ϕ12	5.4	6.2	11.0	3.1	6.9	32.0	3.5	5.4	15.0	4.5	6.1	18.0
	Φ25	4.5	5.8	10.0	3.5	7.6	29.0	3.3	6.2	9.0	4.1	4.9	23.0
	Φ25′	0	0	0.5	0	0	0	0	0	1.1	0	0	0
CMP2	ϕ12	4.7	6.1	21.0	2.9	7.5	28.0	3.7	5.6	16.0	4.7	6.5	14.0
	Φ25	4.4	6.5	19.0	3.1	7.0	31.0	4.2	6.3	18.0	4.1	6.1	13.0
	Φ25′	0	0.5	3.9	0	0	1.7	0	0.4	2.1	0	0	0.8
CMP3	ϕ12	5.8	5.7	8.0	4.1	5.4	32.0	4.4	6.4	12.0	4.3	6.8	7.0
	Φ25	6.0	5.2	9.0	3.6	5.5	35.0	4.2	5.6	9.0	4.2	5.9	9.0
	Φ25′	0	1.2	1.5	0	0	0	0	0	0	0	0	0

续表

配比编号	钢筋型号	水中			地表			地面以下 0.25m			地面以下 1.25m		
		90d	270d	360d	90d	270d	360d	90d	270d	360d	90d	270d	360d
CMP4	Φ12	4.8	5.3	6.4	2.8	6.1	27.0	4.3	6.7	8.4	4.8	5.8	7.3
	Φ25	4.7	5.6	6.8	3.1	5.9	23.0	3.9	6.5	7.4	4.7	6.1	6.2
	Φ25′	0	0	0	0	0	0	0	0	0	0	0	0
CMP5	Φ12	5.4	5.3	8.8	3.2	6.3	65.0	3.8	6.5	15.6	3.9	3.4	14.5
	Φ25	4.8	5.6	7.5	4.1	6.1	63.0	4.1	6.5	13.8	4.0	5.5	13.5
	Φ25′	0	0	0	0	1.4	2.7	0	0	0	0	0	0
CMP6	Φ12	6.1	5.7	23.0	2.7	6.1	27.0	4.3	4.6	17.0	4.4	5.6	8.0
	Φ25	5.7	5.9	27.0	3.1	5.5	33.0	3.8	5.1	19.0	3.8	4.7	6.0
	Φ25′	0	0	0	0	0	0	0	0	0	0	0	0
CMP7	Φ12	4.6	5.6	48.0	3.6	6.5	44.0	5.1	4.3	46.0	4.1	5.4	34.0
	Φ25	4.8	6.3	51.0	3.3	5.8	49.0	4.5	5.2	52.0	3.8	4.9	32.0
	Φ25′	0	1.2	4.2	0	1.2	3.1	0	1.5	3.2	0	1.1	1.3
CMP8	Φ12	3.8	6.7	10.5	4.2	5.8	53.0	4.3	5.4	40.9	4.9	4.9	9.3
	Φ25	4.1	5.8	9.6	3.9	6.7	48.0	4.1	4.7	35.5	4.1	5.4	7.8
	Φ25′	0	4.3	4.5	0	1.1	3.2	0	0.9	1.8	0	0	0
CMP9	Φ12′	4.3	5.8	10.8	3.1	6.4	41.0	3.4	5.6	12.3	3.8	6.5	8.2
	Φ25	4.1	5.7	8.9	3.3	5.8	38.0	4.1	5.5	10.2	3.9	6.4	6.9
	Φ25′	0	0	0	0	0	0	0	0	0	0	0.9	1.1
CMP10	Φ12	5.3	5.5	11.0	3.8	5.7	35.0	4.1	4.5	11.4	4.3	4.5	8.8
	Φ25	3.1	5.9	9.0	3.7	6.4	31.0	4.0	4.3	9.8	4.7	4.1	7.9
	Φ25′	0	0	0	0	0	0	0	1.1	1.4	0	0	0
CMP11	Φ12	7.1	7.8	81.0	6.1	6.8	89.0	3.9	5.5	75.0	4.7	5.6	59.0
	Φ25	7.5	7.4	76.0	5.8	6.5	91.0	3.9	5.2	66.0	4.6	5.3	65.0
	Φ25′	0	2.1	5.3	0	1.7	4.5	0	0.9	4.2	0	1.2	2.6
CMP12	Φ12	4.3	5.7	66.0	3.4	6.0	65.0	4.2	4.1	87.0	4.1	5.1	55.0
	Φ25	4.5	6.4	67.0	3.1	5.5	58.0	3.8	4.6	81.0	3.9	4.9	49.0
	Φ25′	0	0.8	1.2	0	0	0	0	1.0	1.3	0	0	0

注：Φ25′ 表示涂抹环氧树脂的钢筋。

2）矿物掺合料

在 360d 龄期内，掺矿物掺合料比不掺要好。以表 3-4 中埋置在 0.25m 深的桩基混凝土试件 CMP10 与 CMP12 为例，360d 龄期钢筋面积锈蚀率（直径 25mm 未涂环氧树脂）分别为 9.8%和 81.0%，两者相差 71.2%，可见矿物掺合料的阻锈效果明显。但对于单掺和复掺矿物掺合料，钢筋锈蚀率没有太大的变化，如表 3-4 中 CMP9 和 CMP10，两者最大差值在 10.0%以内。

3）环氧树脂

环氧树脂分为粉末环氧树脂与液体环氧树脂 2 种，其主要原料包括环氧树脂、增塑剂、固化剂等。试验采用湖南岳阳生产的双酚 A 型液体环氧树脂 CYD-128。钢筋在涂抹之前要先清洗钢筋表面的锈蚀、污点和毛刺等，清洗完后在空气中晾干后即可涂抹环氧树脂（图 3-21）。

由表 3-4 可知，在盐沼泽环境下，360d 龄期内 4 种埋置条件下，环氧树脂对钢筋的阻锈效果表现都很好，特别是在桩基混凝土中添加亚硝酸钙阻锈剂时，钢筋基本上没有腐蚀，钢筋表面光滑如初，而没有涂抹环氧树脂的钢筋锈蚀面积较大（图 3-22），但是锈蚀的钢筋没有发生坑蚀（图 3-23），锈蚀相对均匀。

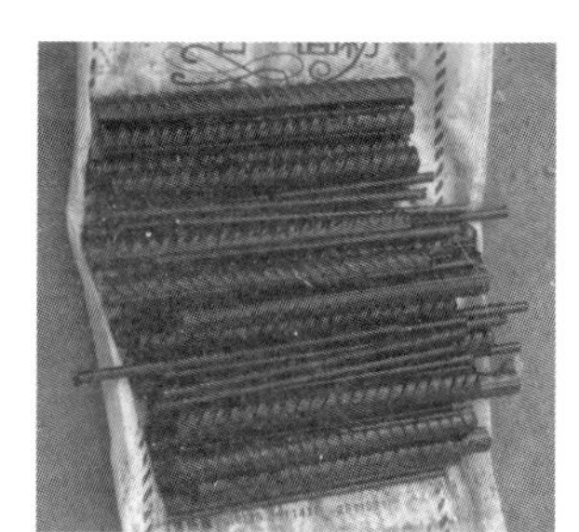
图 3-21　涂抹环氧树脂的钢筋

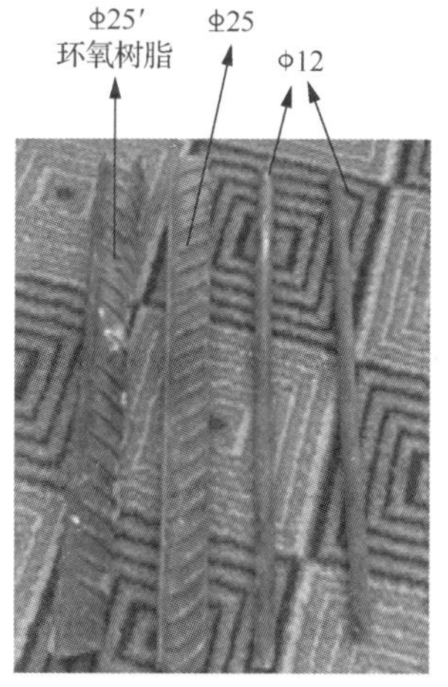

图 3-22　从桩基混凝土中取出的钢筋

图 3-23　锈蚀的钢筋

4）质量损失率

为了减小工作量，仅选取部分面积锈蚀率较大的钢筋进行质量损失率测定，测试结果见表 3-5。可以看出，当钢筋面积锈蚀率在 90%左右时，质量损失率基本在 0.5%，对钢筋的力学性能基本没有影响。

表 3-5　部分钢筋质量损失率

配比编号	钢筋埋置位置	钢筋直径/mm	面积锈蚀率/%	质量损失率/%
CMP7	水中	12	48	0.2
		25	51	0.2
CMP11	地面以下 1.25m	12	59	0.3
		25	65	0.3
CMP11	地表	12	89	0.5
		25	91	0.5
CMP12	水中	12	81	0.5
		25	76	0.5

3.3.7　桥梁桩基混凝土微观结构损伤机理

采用场发射扫描电镜(图 3-24)，试验前先将试件破碎，再进行镀金(图 3-25)。

为了深入研究现场盐沼泽环境下桩基混凝土的劣化问题，选取 4 种埋置条件下 90d 和 360d 龄期的桩基混凝土试件共计 8 个样品分别进行扫描电子显微镜(scanning electron microscope，SEM)、能量色散谱（energy dispersive spectroscopy，EDS）分析和化学成分分析，选取距离桩基混凝土试件表面 2cm 处的混凝土作为样品，样品用切割机进行切割处理。

图 3-24　FEG 场发射扫描电子显微镜

图 3-25 桩基混凝土试件镀金

图 3-26 为 CMP3 埋置在 1.25m 深处桩基混凝土电镜扫描结果。90d 龄期时，桩基混凝土内部还未受到盐碱的侵蚀，水泥水化良好，桩基混凝土呈絮凝状结构[图 3-26（a）]，结构致密。对图 3-26（a）中方框区域进行能谱与化学成分分析，结果见表 3-6，桩基混凝土中含有 O 、Si 、Ca 等常见化学元素，说明絮凝状结构为硅酸凝胶。360d 龄期时，桩基混凝土试件内部不再是凝胶体状的致密结构，而是针状和棒状乱象分布的松散结构，且桩基混凝土内部出现了宽而深的裂缝。对图 3-26（b）中方框区域进行能谱与化学成分分析，结果见表 3-7。桩基混凝土中除 O 、Si 、Ca 等比较常见的化学元素外，还有 C 、Al 、S 等化学元素。说明桩基混凝土内部明显受到了盐溶液的腐蚀。针状和棒状物可能是桩基混凝土受侵蚀后的产物钙矾石（分子式 $3CaO \cdot Al_2O_3 \cdot 3CaSO_4 \cdot 32H_2O$ ）。化学成分中 O 、Ca 和 C 元素含量较大，并且方框中有块状物质，其为桩基混凝土水化产物之一 $Ca(OH)_2$ 和侵蚀溶液中 HCO_3^- 离子反应产生的方解石 $CaCO_3$ ，方解石的产生在一定程度上能提高桩基混凝土的强度。

（a）90d龄期

（b）360d龄期

图 3-26 CMP3 埋置在 1.25m 深处桩基混凝土 SEM 图

表 3-6　CMP3 埋置在 1.25m 深处 90d 龄期桩基混凝土 EDS 分析和元素分析

能谱图	元素	摩尔分数/%
Ca O Si Ca Ca 1 2 3 4 5 keV	O	74.58
	Si	3.71
	Ca	21.71
	合计	100

表 3-7　CMP3 埋置在 1.25m 深处 360d 龄期桩基混凝土 EDS 分析和元素分析

能谱图	元素	摩尔分数/%
O Si Ca Al C Ca S 1 2 3 4 5 keV	C	12.98
	O	64.64
	Al	1.81
	Si	5.53
	S	2.07
	Ca	12.97
	合计	100

图 3-27 为 CMP5 埋置在地表处桩基混凝土电镜扫描结果，从中可以看出，90d 龄期的桩基混凝土内部不是絮凝状结构，也没有出现溃散，而是呈现“伞状”[图 3-27（a）]结构，其间夹杂着针状和棒状物质，伞状物质表面分布较多的针状物质。对图 3-27（a）中方框区域进行能谱与化学成分分析，结果见表 3-8。桩基混凝土中不但含有 O、Al、Si、Ca 等常见化学元素，而且含有 S 和 Cl 元素，说明桩基混凝土内部已经受到盐类的侵蚀，根据 O 和 Ca 含量，可以判断出“伞状”结构为水泥水化产物之一 $Ca(OH)_2$，针状和棒状物可能是桩基混凝土受侵蚀后的产物钙矾石（分子式 $3CaO \cdot Al_2O_3 \cdot 3CaSO_4 \cdot 32H_2O$），白色块状物可能是 Friedel 盐。90d 龄期时，虽然桩基混凝土受到盐类侵蚀，但是还不严重，桩基混凝土没有溃散，也没有出现裂缝。360d 龄期时，桩基混凝土内部的“伞状”结构消失，而是针状和棒状物深入到桩基混凝土空隙内部，导致桩基混凝土结构松散。对图 3-27（b）中方框区域进行分析，结果见表 3-9，发现了 C、O、Ca、Si、Al、S、Cl 等化学元素，再次证明了桩基混凝土受到了盐溶液的腐蚀。

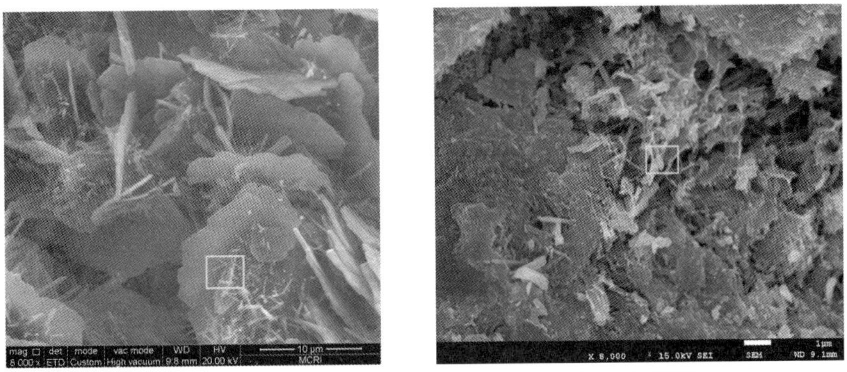

（a）90d 龄期　（b）360d 龄期

图 3-27　CMP5 埋置在地表处桩基混凝土 SEM 图

表 3-8　CMP5 埋置在地表处 90d 龄期桩基混凝土 EDS 分析和元素分析

能谱图	元素	摩尔分数/%
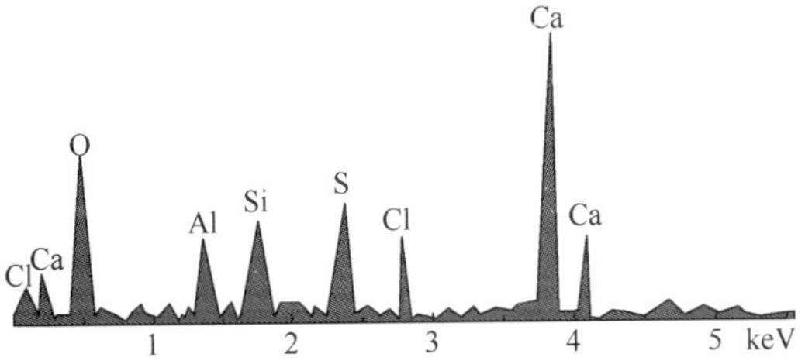	O	74.08
	Al	1.73
	Si	1.75
	S	1.54
	Cl	0.78
	Ca	20.12
	合计	100

表 3-9　CMP5 埋置在地表处 360d 龄期桩基混凝土 EDS 分析和元素分析

能谱图	元素	摩尔分数/%
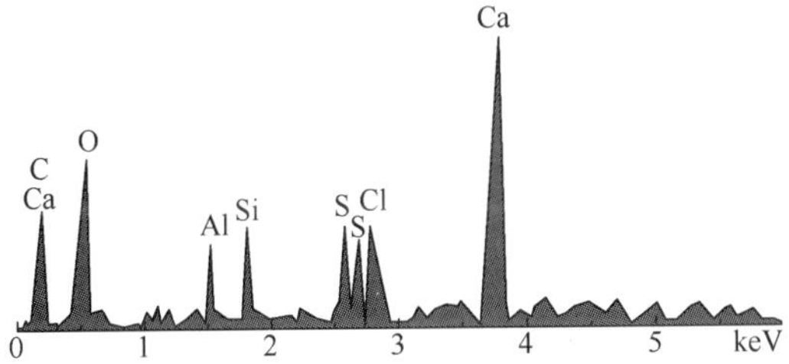	C	18.00
	O	51.11
	Al	1.04
	Si	0.47
	S	0.16
	Cl	0.62
	Ca	28.60
	合计	100

图 3-28 为 CMP9 埋置在 0.25m 深处桩基混凝土电镜扫描结果。90d 龄期时，桩基混凝土内部为絮凝状，结构致密，水化良好。没有针状或棒状物出现，也没有出现溃散和裂缝[图 3-28（a）]。对图 3-28（a）中方框区域进行能谱与化学成分分析，结果见表 3-10，桩基混凝土中主要含有O 、Si 、Ca 等常见化学元素，可以判断絮凝状物为水泥水化产物 C-S-H。360d 龄期时，桩基混凝土内部虽然没有较多的针状腐蚀产物，但是内部出现有较大的裂缝[图 3-28（b）]，部分桩基混凝土出现溃散。对图 3-28（b）中方框区域进行能谱与化学成分分析，结果见表 3-11，桩基混凝土中含有C 、Al 、S 、O 、Si 、Ca 、Cl 等化学元素，说明桩基混凝土遭受到了盐类的侵蚀。

（a）90d 龄期

（b）360d 龄期

图 3-28　CMP9 埋置在 0.25m 深处桩基混凝土 SEM 图

表 3-10　CMP9 埋置在 0.25m 深处 90d 龄期桩基混凝土 EDS 分析和元素分析

能谱图	元素	摩尔分数/%
Ca O Si Ca Ca 1 2 3 4 5 keV	O	67.82
	Si	4.81
	Ca	27.37
	合计	100

表 3-11　CMP9 埋置在 0.25m 深处 360d 龄期桩基混凝土 EDS 分析和元素分析

能谱图	元素	摩尔分数/%
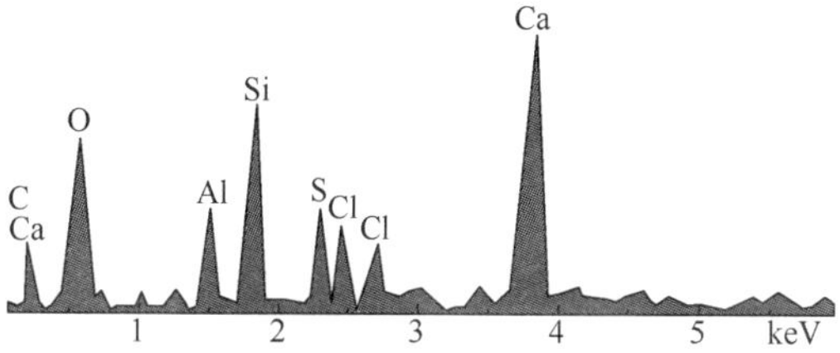	C	9.63
	O	59.72
	Al	1.05
	Si	6.36
	S	1.94
	Cl	0.06
	Ca	21.24
	合计	100

图 3-29 为 CMP12 埋置在水中桩基混凝土电镜扫描结果。90d 龄期时，对桩基混凝土放大可以看到[图 3-29（a）]，桩基混凝土内部呈絮凝状结构，但是表面部分区域分布着针状和棒状物。对图 3-29（a）圆圈内物质继续放大，可以清晰看到，针状物和棒状物杂乱无章的分布在桩基混凝土内部[图 3-29（b）]。进一步对图 3-29（b）中方框区域进行能谱与化学成分分析，结果见表 3-12。桩基混凝土中发现了 S 、Si 、C 、O 、Ca 等化学元素，但是未见 Al 元素，说明针状物和棒状物不是腐蚀产物钙矾石，而是腐蚀产物硅灰石膏（$CaCO_3 \cdot CaSiO_3 \cdot CaSO_4 \cdot 14H_2O$）。龄期 360d 时，对桩基混凝土放大可以看出，桩基混凝土内部有较多的孔隙，在孔隙内部分布着大量的针状物，并且在缝隙处桩基混凝土已经溃散，无任何胶结力[图 3-29（c）]。对圆圈内桩基混凝土继续放大，可以清晰地看到，针状物充满了桩基混凝土孔隙，桩基混凝土被针状物分成了几个部分，并且空隙多而深[图 3-29(d)]。如表 3-13 所示，EDS 分析发现，桩基混凝土中不但含有 C 、O 、S 、Si 、Ca 等常见化学元素，而且还发现了 Na 和 Al 元素，显然，桩基混凝土是受到了盐类的侵蚀作用，针状物可能是腐蚀产物钙矾石或者是硅灰石膏。

（a）90d 龄期

（b）90d 龄期（a）图中圆圈内放大

图 3-29　CMP12 埋置在水中桩基混凝土 SEM 图

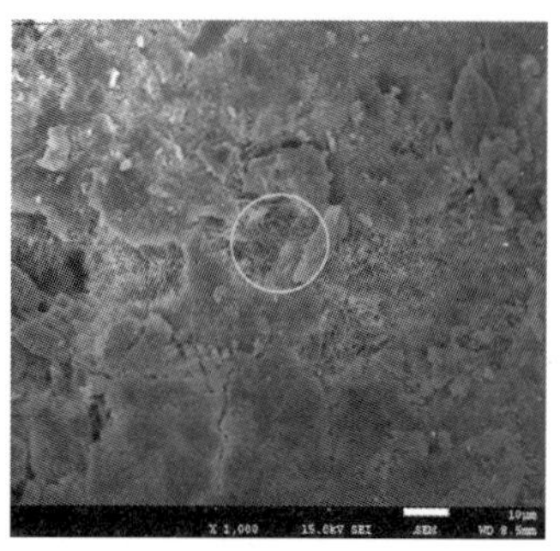

（c）360d 龄期

（d）360d 龄期（c）图中圆圈内放大

图 3-29（续）

表 3-12　CMP12 埋置在水中 90d 龄期桩基混凝土 EDS 分析和元素分析

能谱图	元素	摩尔分数/%
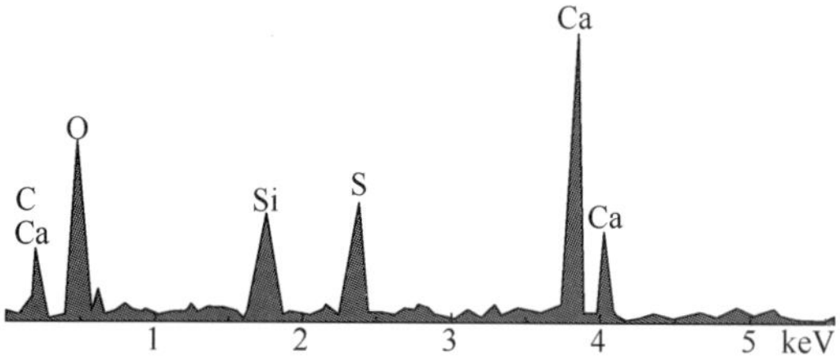 C Ca, O, Si, S, Ca, Ca; 1 2 3 4 5 keV	C	6.13
	O	78.51
	Si	2.44
	S	1.64
	Ca	11.28
	合计	100

表 3-13　CMP12 埋置在水中 360d 龄期桩基混凝土 EDS 分析和元素分析

能谱图	元素	摩尔分数/%
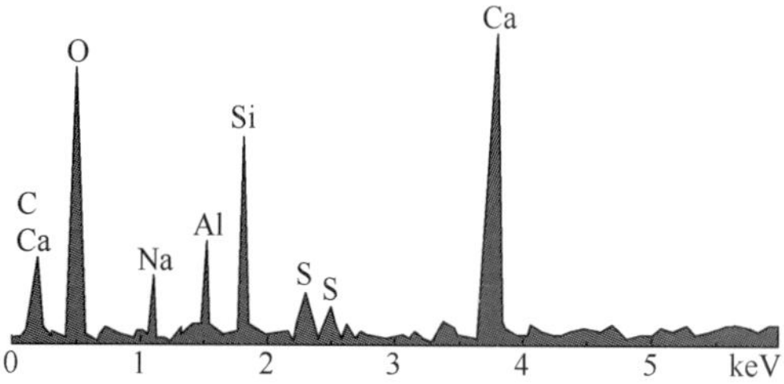 C Ca, O, Na, Al, Si, S, S, Ca; 0 1 2 3 4 5 keV	C	14.62
	O	62.65
	Na	1.15
	Al	1.66
	Si	5.42
	S	0.77
	Ca	13.73
	合计	100

3.4　小　　结

通过现场试验，沿桩身方向不同位置，埋置 13 种配合比的桩基混凝土试件，历时 360d，经过现场干湿循环和冻融循环共同作用下的腐蚀试验，研究了高寒盐沼泽区桥梁桩基混凝土的力学性能和微观机理，得出如下结论。

（1）在高寒盐沼泽区，腐蚀性离子侵入到桥梁桩基内部，产生钙矾石、硅灰石膏和 Friedel 盐等具有膨胀性的晶体使桩体内部损伤破坏。

（2）建立了现场腐蚀环境下桥梁桩基混凝土抗侵蚀系数的经验公式，用以推算不同龄期、不同深度的桩基混凝土抗侵蚀系数。

（3）钢护筒短期内对桩基混凝土受侵蚀具有保护作用；抗硫酸盐水泥不能提高在多种侵蚀离子共同作用下的公路桥梁桩基混凝土的抗侵蚀性能；两毡三油外防护措施对桩基混凝土抗侵蚀有一定效果。

（4）在高寒盐沼泽区，桥梁桩基混凝土中掺入合适的矿物掺合料可明显提高桩基混凝土抗侵蚀能力。

第四章　高寒盐沼泽区桥梁桩基损伤室内模拟试验

4.1　概　　述

由于试验条件限制和施工工期等客观因素，现场试验不能对桥梁桩基腐蚀后的长期力学性能进行研究。此外，现场环境中不同位置处腐蚀性离子浓度差别较大，现场试验不能完全代表德香高速公路沿线腐蚀环境；高寒盐沼泽区桥梁桩基安全性评价也需要更详尽的桥梁桩基力学性能指标。本章模拟现场实际工程所处的腐蚀环境，研究长期浸泡、干湿循环、浸泡冻融、养护冻融、干湿-冻融等腐蚀作用对桥梁桩基长期力学性能的影响，并分析其腐蚀机理，为实际工程提供参考。

4.2　室内试验方案

4.2.1　试验工况设计

为了模拟桥梁桩基实际的服役环境，选取多种气候条件因素（干湿循环和冻融循环）与环境腐蚀性因素（碳酸盐、氯盐、硫酸盐）的组合；设计了复合盐长期浸泡、复合盐-干湿循环、复合盐-冻融循环与复合盐-冻融循环-干湿循环等试验；根据现场试验环境土水试验中主要易溶盐的种类与含量配制不同浓度的复合盐类侵蚀溶液，制备 5 种不同配合比的混凝土试件、5 组工况试验见表 4-1。

4.2.2　复合盐浓度制备

现场土水试验中易溶盐分量中 Na^+和 Cl^-含量较多，其次为SO_4^{2-}、HCO_3^-，以及少量的Mg^{2+}、Ca^{2+}、K^+、CO_3^{2-}；主要离子含量见表 4-2，以表 4-2 中地下水中离子浓度为参考制备了复合盐侵蚀溶液，浓度为 3.4%，采用此浓度作为复合盐侵蚀溶液的基准浓度；考虑试验环境不同位置处的溶液浓度的差异，分别又制备浓度为基准浓度 3 倍和 5 倍的侵蚀溶液，编号分别为 A、B、C，A、B、C 组复合盐溶液浓度（质量分数）分别为 3.4%、10.0%、17.0%，见表 4-3。

表 4-1 试验工况设计

序号	桥梁桩基混凝土试验内容
工况一	长期浸泡试验
工况二	干湿循环试验
工况三	养护冻融循环试验
工况四	浸泡冻融循环试验
工况五	冻融-干湿循环试验

表 4-2 水中离子含量

水体	易溶盐含量/（mg/L）			pH 值
	SO_4^{2-}	HCO_3^-	Cl^-	
地下水	2 400.0	392.2	18 818.8	7.0
地表水	720.6	454.7	8 498.7	7.0

表 4-3 复合盐中各种盐的具体含量及溶液浓度

侵蚀溶液	盐含量/（g/L）			溶液浓度/%	备注
	Na_2SO_4	NaCl	$NaHCO_3$		
A 组	3.55	31.01	0.54	3.4	基准浓度
B 组	10.65	93.03	1.62	10.0	3 倍于 A 组中盐的用量
C 组	17.75	155.05	2.70	17.0	5 倍于 A 组中盐的用量

4.2.3 桥梁桩基混凝土材料的选择

（1）水泥：P·O42.5 普通硅酸盐水泥，其矿物组成见表 4-4，其基本物理力学性能指标见表 4-5。

（2）碎石：粒径范围为 5～20mm。

（3）砂：粗细程度为中砂，细度模数为 2.6，平均粒径为 0.35～0.5mm，含泥量为 0.8%（质量分数），颗粒级配良好。

表 4-4　P·O42.5 普通硅酸盐水泥矿物组成

矿物	质量分数/%	矿物	质量分数/%
硅酸三钙（C_3S）	55.70	硅酸二钙（C_2S）	22.09
铝酸三钙（C_3A）	5.12	铁铝酸四钙（C_4AF）	16.79
游离氧化钙（*f*-CaO）	0.29		

表 4-5　P·O42.5 普通硅酸盐水泥基本物理力学性能指标

细度/%	安定性	烧失量/%	初凝时间/min	终凝时间/min	龄期/d	抗压强度/MPa	抗折强度/MPa
5.6	合格	0.87	165	280	3	24.1	5.2
					28	49.3	7.9

（4）矿物掺合料：粉煤灰掺量为 20%（质量分数），其需水量比为 101%；硅灰掺量为 5%，其平均粒径为 0.2μm；矿渣掺量为 20%，活性指数 7d 的为 76，28d 的为 103。矿物掺合料均采用等量替代水泥。

（5）其他：UEA 混凝土膨胀剂，掺量为胶凝材料质量的 10.0%；水泥基自愈合防水材料掺量为胶凝材料质量的 1.5%；缓凝高效引气型减水剂，掺量为胶凝材料质量的 1.2%，减水率为 25.0%。

（6）水：饮用水。

（7）盐溶液所用试剂：无水硫酸钠、氯化钠、碳酸钠和碳酸氢钠用来配制浸泡试件的模拟环境溶液，掺量以表 4-3 为准。

4.2.4　桥梁桩基混凝土配合比设计

根据德香高速公路现场实际情况，配制的 5 种配合比的混凝土见表 4-6。

表 4-6　C30 混凝土配合比　　单位：kg/m^3

编号	材料									
	水泥	砂子	碎石	水	减水剂	粉煤灰	硅灰	矿渣	膨胀剂	水泥基自愈合防水材料
配比 I	327	767	1103	170	5.23	87	22			
配比 II	262	767	1103	170	5.23	87		87		
配比III	327	767	1103	170	5.23	87	22		43.6	
配比IV	327	767	1103	170	5.23	87	22			6.54
配比 V	436	767	1103	170	5.23					

4.2.5 桥梁桩基混凝土试件的制作与试验条件

1. 试件的制作

混凝土试件采用 2 种规格成型，一种为 100mm×100mm×100mm 的立方体试件，用于测定混凝土立方体抗压强度和微观结构；另一种为 100mm×100mm×400mm 长方体试件，试件成型如图 4-1 所示，用于测定混凝土动弹性模量和质量损失。混凝土配合比采用表 4-6 中 C30 混凝土配合比，试件成型后先进行自然养生 24h±2h，再拆模，放进混凝土标准养护室内养护至规定龄期，进行相关试验。

（a）试件成型

（b）拆模后试件

图 4-1 混凝土试件成型

2. 试验条件

根据现场所处的实际环境条件，在室内设置了不同的试验工况，具体试验条件如下所述。

1）长期浸泡

长期浸泡试验规则为将混凝土试件标准养护至规定龄期 28d，再采用全浸泡方式，液面高出试件表面 2cm，浸入侵蚀溶液中，放在室内环境中进行长期浸泡，每间隔 60d 测定棱柱体试件的质量和动弹性模量；每间隔 60d 循环后取出一组立方体试件进行立方体抗压强度试验。选取典型试件做 SEM 试验。

2）干湿循环

干湿循环规则为将混凝土试件标准养护至规定龄期 24d 后，采用全浸泡方式，液面高出试件表面 2cm，浸入侵蚀溶液中 4d，再放入烘箱（图 4-2）中，在温度为 80℃±5℃下烘干 8h，再取出试件冷却 1h，全浸泡 15h，作为一个循环，如此重复。循环 20 次、40 次、60 次、80 次、100 次、120 次后测定棱柱体试件的质量和动弹性模量；每间隔 20 次循环后取出一组立方体试件进行抗压强度试验，并做 SEM 试验。

图 4-2　烘箱

3）养护冻融

养护冻融循环规则为将混凝土试件标准养护至规定龄期 24d 后，采用全浸泡方式，液面高出试件表面 2cm，浸入侵蚀溶液中 4d，在快速冻融试验机（图 4-3）中进行冻融循环试验（一次冻融循环为-15℃±2℃冻 2h，6℃±2℃融 2h），测定每一次循环（25 次、50 次、75 次、100 次、125 次、150 次）后试件的质量和动弹性模量；每 25 次循环后取出一组混凝土试件进行立方体抗压强度试验。选取典型试件做 SEM 试验。

4）浸泡冻融

浸泡冻融循环规则为将混凝土试件标准养护至规定龄期 28d 后，采用全浸泡方式（图 4-4），液面高出试件表面 2cm，浸入侵蚀溶液中 60d，再在快速冻融试验机中进行快速冻融循环试验（一次冻融循环为-15℃±2℃冻 2h，6℃±2℃融 2h），测定每一次循环（25 次、50 次、75 次、100 次、125 次、150 次）后试件的质量和动弹性模量，求得质量损失率与相对动弹性模量；每 25 次循环后取出一组混凝土试件进行立方体抗压强度试验。选取典型试件做 SEM 试验。

图 4-3　快速冻融试验机

图 4-4　浸泡于侵蚀溶液中的混凝土试件

5）干湿-冻融

干湿-冻融循环规则为将混凝土试件标准养护至规定龄期 24d 后，采用全浸泡方式，液面高出试件表面 2cm，浸入侵蚀溶液中 4d，在快速冻融试验机中先进行 6 次冻融循环（一次冻融循环为-15℃±2℃冻 2h，6℃±2℃融 2h），再放入烘箱中进行 6 次干湿循环（一次干湿循环为 80℃±5℃烘干 8h，再取出试件冷却 1h，全浸泡 15h），作为一个大循环，即 7d 完成一次大循环，如此重复。测定每一次大循环后棱柱体试件的质量和动弹性模量；对每次大循环后取出一组立方体试件进行抗压强度试验并做 SEM 试验。

3. 试验测试指标

为了能够准确地了解桥梁桩基混凝土受侵蚀后其内部结构的变化，选取典型试件采用微观 SEM 测试，并用 EDS 分析其化学元素。

1）混凝土质量的测定

混凝土的质量采用电子天平（精度 0.1g）称量。试验前先称试件的初始质量 G_0（kg），当达到一定的循环次数或天数时再称量一次试件的质量 G_n（kg），混凝土试件的质量损失率ΔW_n计算公式为

$$\Delta W_n = \frac{G_0 - G_n}{G_0} \times 100\% \tag{4-1}$$

2）混凝土抗压强度测定

采用电液伺服万能试验机（图 4-5）进行抗压强度试验。计算结果评定：以 3 个试件测值的算术平均值作为该组试件的抗压强度值；当 3 个测值中的最大值或最小值中如有一个与中间值的差值超过中间值的 15%时，则取中间值作为该组试件的抗压强度值，如有 2 个测值与中间的差值均超过中间值的 15%时，则该组试件的试验结果无效。

图 4-5　电液伺服万能试验机

试件抗腐蚀的好坏用混凝土抗压侵蚀系数 K_c（以下简称抗侵蚀系数）表示，按式（3-4）计算。

3）混凝土动弹性模量的测定

混凝土试件规定的冻融循环次数后，用混凝土动弹性模量测定仪（图 4-6）测定混凝土的频率变化。计算混凝土的相对动弹性模量为

$$E_r = \frac{E_n}{E_0} = \left(\frac{f_n}{f_0}\right)^2 \tag{4-2}$$

式中，E_r 为相对动弹性模量；E_0、f_0 分别为混凝土的初始动弹性模量和频率；E_n、f_n 分别为混凝土经 n 次试验循环后的动弹性模量和频率。

4）微观 SEM 测试

采用 SEM 试验（图 4-7）来分析混凝土的内部微观结构变化，并进行 EDS 分析。

图 4-6　混凝土动弹性模量测定仪

图 4-7　SEM 试验

4.3　试验结果分析

4.3.1　长期浸泡作用下桥梁桩基混凝土的力学性能和微观机理

1）外观变化

复合盐溶液长期浸泡 14 个月后混凝土破坏形态如图 4-8 所示，经过 14 个月的复合盐侵蚀，混凝土试件表面基本完好，没有混凝土脱落和棱角缺块现象。此外，溶液浓度的变化对混凝土试件表面损伤的影响较弱。

2）质量变化

图 4-9 为复合盐溶液长期浸泡作用后混凝土质量损失率变化规律，由该图可知，随着浸泡时间的增加，在 420d 内质量损失率一直是负值，即质量一直在增大，且基本上呈线性变化。在 420d 内，混凝土的配比和溶液浓度对混凝土质量变化的影响很小。

（a）A 组溶液

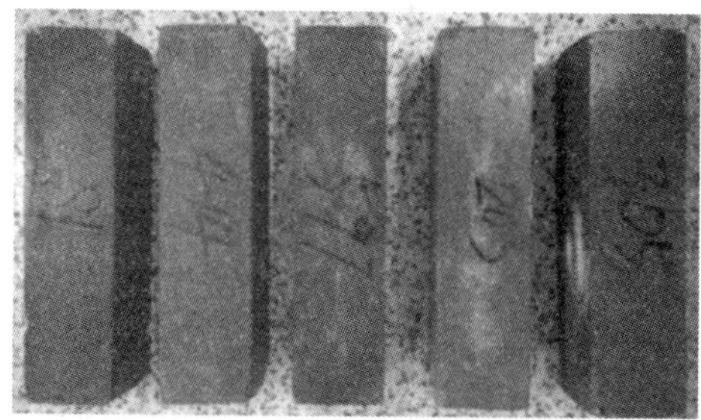

（b）B 组溶液

（c）C 组溶液

图 4-8　复合盐溶液长期浸泡 14 个月后混凝土破坏形态

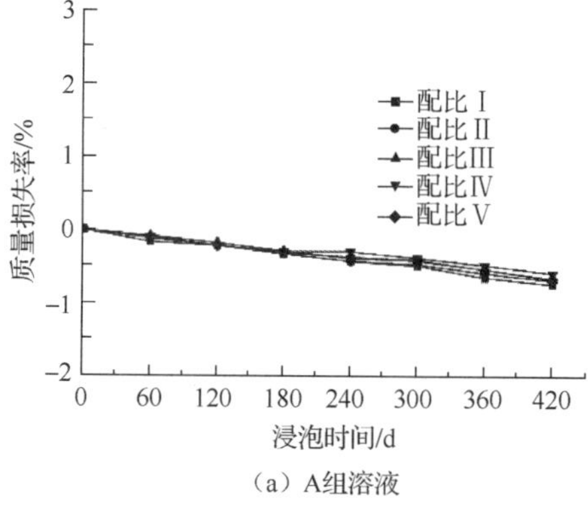

（a）A组溶液

图 4-9　复合盐溶液长期浸泡作用后混凝土质量损失率变化规律

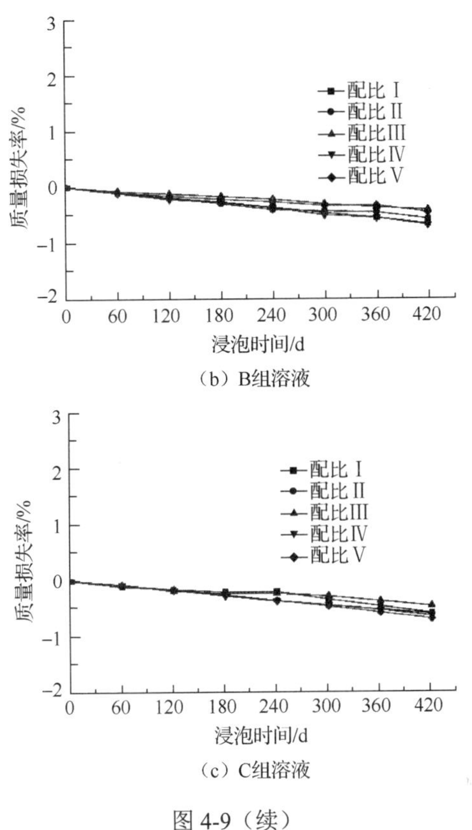

（b）B组溶液

（c）C组溶液

图 4-9（续）

3）相对动弹性模量变化

复合盐溶液长期浸泡作用后混凝土相对动弹性模量变化规律如图 4-10 所示，从中可以看出，浸泡在不同溶液中的试件，随着浸泡时间的增加，相对动弹性模量变化有一定的差异。A 组溶液（基准浓度）中的试件，随着浸泡时间的增加，相对动弹性模量先增大后缓慢减小，但是开始减小的起始点不太一样，配比Ⅳ试件在 60d 后开始减小，配比Ⅰ试件和配比Ⅱ试件均在 180d 后开始减小，而配比Ⅲ试件和配比Ⅴ试件均在 300d 后开始减小。相对动弹性模量开始减小就意味着混凝土开始劣化。B 组溶液（3 倍基准浓度）与 A 组溶液也不相同，浓度增加后，劣化开始有所提前，比如配比Ⅱ试件、配比Ⅳ试件和配比Ⅴ试件在 60d 后，相对动弹性模量就开始减小，而配比Ⅲ试件和配比Ⅰ试件在 180d 后开始减小。随着溶液浓度的增加，5 倍基准浓度（C 组溶液），配比Ⅱ试件和配比Ⅴ试件同样也是在 60d 后，相对动弹性模量就开始减小，但其余配比又与前两组溶液浓度不同。比如配比Ⅲ试件在 420d 龄期内一直在增加，没有劣化迹象。长期浸泡在 420d 内，三组溶液整体来说，相对动弹性模量变化不大，基本在 90%以上，劣化不显著。

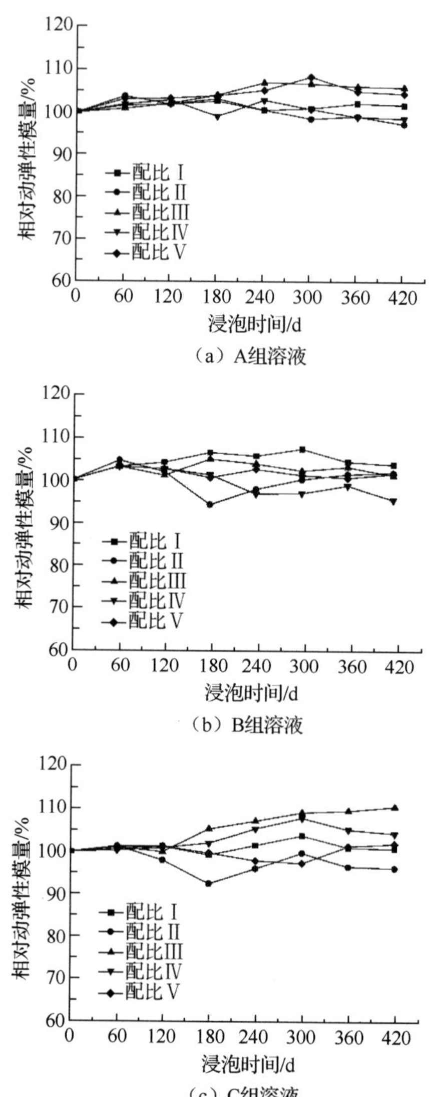

（a）A组溶液

（b）B组溶液

（c）C组溶液

图 4-10　复合盐溶液长期浸泡作用后混凝土相对动弹性模量变化规律

4）抗侵蚀系数变化

复合盐溶液长期浸泡作用后混凝土抗侵蚀系数变化规律如图 4-11 所示，从中可以看出，与相对动弹性模量变化趋势不同，混凝土抗侵蚀系数基本上是随着龄期的增加而减小，配比Ⅱ试件和配比Ⅳ试件降低速度稍快，其余配比均是缓慢降低。但是随着浓度的增加，各个配比变化趋势基本一致，均是缓慢降低。总的来说，在长期浸泡420d内，混凝土抗侵蚀系数有所劣化，但不大，抗侵蚀系数均在0.8以上。

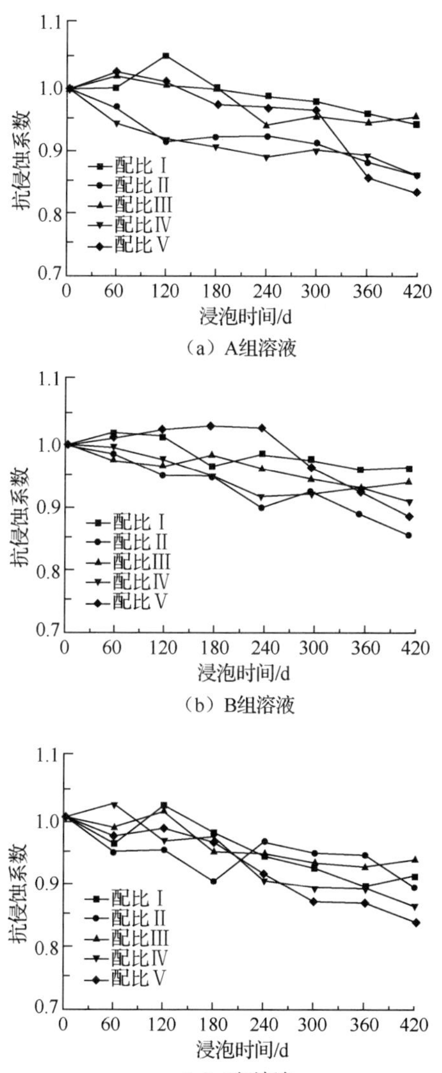

（a）A组溶液

（b）B组溶液

（c）C组溶液

图4-11　复合盐溶液长期浸泡作用后混凝土抗侵蚀系数变化规律

5）微观机理

为了研究混凝土在复合盐中长期浸泡条件下的内部微观结构，选取了A组溶液中的配比Ⅰ试件和配比Ⅴ试件分别进行了SEM和EDS分析。

由配比Ⅰ试件在复合盐A组溶液长期浸泡14个月后混凝土的SEM图[4-12(a)]

可以看出，整体上看混凝土是凝胶状与网状结合的致密结构，没有出现裂缝，水泥水化良好。表 4-7 为配比 I 试件（方框内）在复合盐 A 组溶液混凝土 EDS 分析和元素分析，从中可以看出，混凝土中含有 O 、 C 、 Si 、 Al 、 Ca 等常见化学元素，含量较多的元素是 C 、 O 、 Ca ，摩尔分数分别为 23.89%、58.34%、15.75%，3 种元素占到了总含量的 98.00%左右。因此，可以判断，方框内块状产物为方解石（$CaCO_3$）。

图 4-12（b）为配比Ⅴ试件在复合盐 A 组溶液长期浸泡 14 个月后混凝土的 SEM 图，部分水泥水化良好，但在混凝土中存在有空隙，空隙内部有相互交接的网状物。由表 4-8 可知，混凝土中含有 O 、 Si 、 Al 、 Ca 、 Na 等元素。其中 O 和 Si 元素含量比较多，摩尔分数分别为 64.68%和 22.60%，可能是来自骨料中的 SiO_2；Na 元素摩尔分数为 3.74%，可能来自复合盐溶液中的 NaCl 或者 $NaHCO_3$。显然，混凝土受到了盐的侵蚀。

（a）配比 I

（b）配比Ⅴ

图 4-12　复合盐 A 组溶液长期浸泡 14 个月后混凝土 SEM 图

表 4-7　配比 I 试件在复合盐 A 组溶液混凝土 EDS 分析和元素分析

能谱图	元素	摩尔分数/%
	C	23.89
	O	58.34
	Al	1.02
	Si	1.00
	Ca	15.75
	合计	100

表 4-8　配比Ⅴ试件在复合盐 A 组溶液混凝土 EDS 分析和元素分析

能谱图	元素	摩尔分数/%
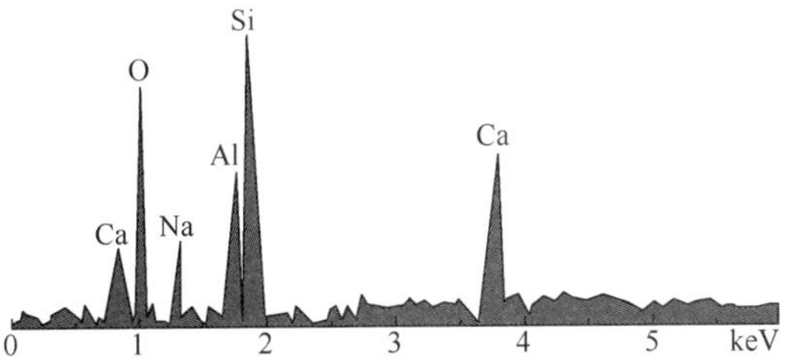	O	64.68
	Na	3.74
	Al	4.55
	Si	22.60
	Ca	4.44
	合计	100

4.3.2　干湿循环作用下桥梁桩基混凝土的力学性能和微观机理

1）外观变化

复合盐B组溶液中干湿循环后的混凝土破坏形态如图4-13所示，从外观上看，混凝土经过干湿循环 120 次后，除了配比Ⅳ试件表面有少量混凝土脱落外，其余配比试件基本上没有太大变化。

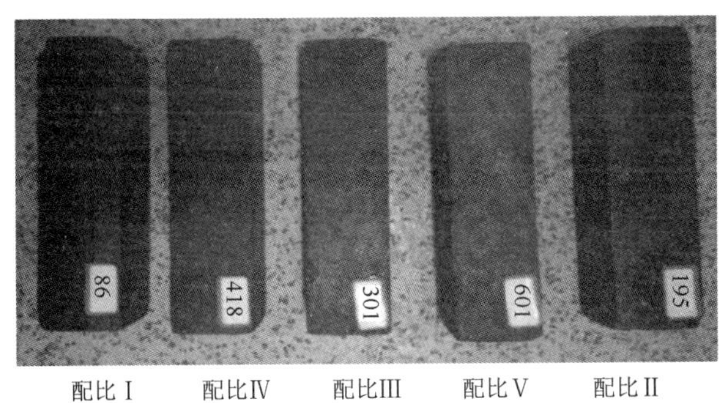

配比Ⅰ　配比Ⅳ　配比Ⅲ　配比Ⅴ　配比Ⅱ

图 4-13　复合盐 B 组溶液中干湿循环后的混凝土破坏形态

2）质量变化

复合盐溶液干湿循环作用后混凝土质量损失率变化规律如图 4-14 所示，从中可以看出，混凝土试件在 3 组溶液中经过干湿循环 120 次后，质量损失率均出现负增长情况，即混凝土试件质量基本上随着干湿循环次数的增加而增加，并且溶液浓度越大，质量增加越多。随着干湿循环次数的增加，质量增加的速率在干湿循环 60 次以前较快，在干湿循环 60 次之后质量增加开始放缓，这种表现随着溶液浓度的增加表现更为明显[图 4-14（c）]。质量增加的原因为 CO_3^{2-} 与混凝土试件中的水化产物 $Ca(OH)_2$ 反应产生了较多的腐蚀产物——方解石 $CaCO_3$，使混凝土试件在一定时间内质量增加。此外，SO_4^{2-} 离子在混凝土试件中产生的腐蚀产物钙矾石等都会使混凝土试件在一定时间内质量增加。

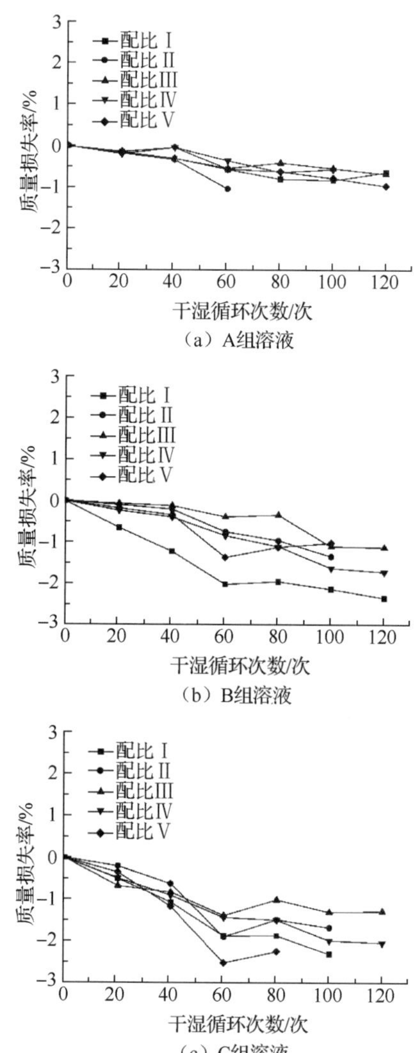

图 4-14　复合盐溶液干湿循环作用后混凝土质量损失率变化规律

3）相对动弹性模量变化

相对动弹性模量更容易反映混凝土的损伤情况。复合盐溶液干湿循环作用后混凝土相对动弹性模量变化规律如图 4-15 所示，从中可以看出，配比Ⅱ试件在 A 组复合盐溶液中干湿循环 60 次后其相对动弹性模量即降为 60%以下［图 4-15(a)］而终止了试验。从 3 组溶液曲线图看出，随着干湿循环次数的增加，A 组和 C 组溶液相对动弹性模量有小幅增加后逐渐减小，而 B 组溶液相对动弹性模量随着干湿循环次数的增加而逐渐减小。但是不同的配比表现也略有不同。例如，在 A 组溶液中，除了配比 I 试件和配比III试件，其余配比试件的相对动弹性模量随着干湿

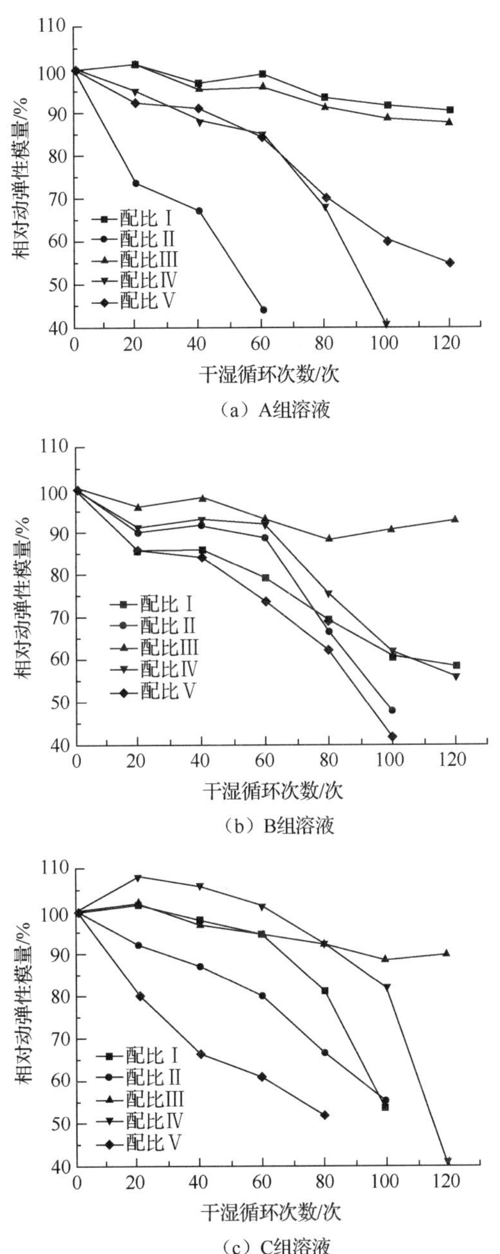

(a) A组溶液

(b) B组溶液

(c) C组溶液

图 4-15　复合盐溶液干湿循环作用后混凝土相对动弹性模量变化规律

循环次数的增加而逐渐减小；而在 C 组溶液中配比Ⅱ试件和配比Ⅴ试件的相对动弹性模量也是随着干湿循环次数的增加而逐渐减小的，并且下降速度也比较快，说明其损伤较快。另外配比Ⅲ试件相对动弹性模量在干湿循环 120 次后仍然在 90%以上，说明其抗侵蚀性能相对较强。

4）抗侵蚀系数变化

复合盐溶液干湿循环 120 次后混凝土的破坏形态如图 4-16 所示，从图中看出，立方体（100mm×100mm×100mm）试件在干湿循环 120 次后的破坏程度要比棱柱体（100mm×100mm×400mm）试件的严重些，表面和角部混凝土脱落较多，但是没有大块混凝土脱落。

复合盐溶液干湿循环作用后混凝土抗侵蚀系数变化规律如图 4-17 所示，从中可以看出，随着干湿循环次数的增加，混凝土抗侵蚀系数先增大后逐渐减小。不同浓度溶液的不同配比试件抗侵蚀系数表现也不相同，A 组溶液中，混凝土抗侵蚀系数呈现“两极分化”状态，配比Ⅲ试件和配比Ⅳ试件在干湿循环 120 次后，混凝土抗侵蚀系数仍然在 0.95 以上，而配比Ⅰ试件和配比Ⅴ试件抗侵蚀系数均在 0.8 以下。从总体上看，浓度越大，对混凝土的损伤有减缓的作用。

图 4-16　复合盐溶液干湿循环 120 次后混凝土的破坏形态

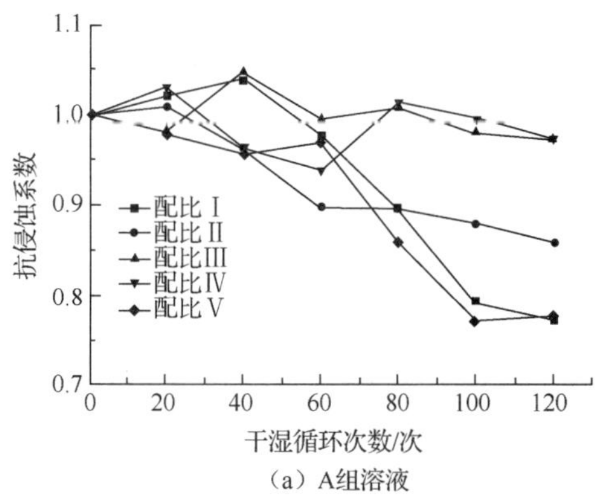

（a）A组溶液

图 4-17　复合盐溶液干湿循环作用后混凝土抗侵蚀系数变化规律

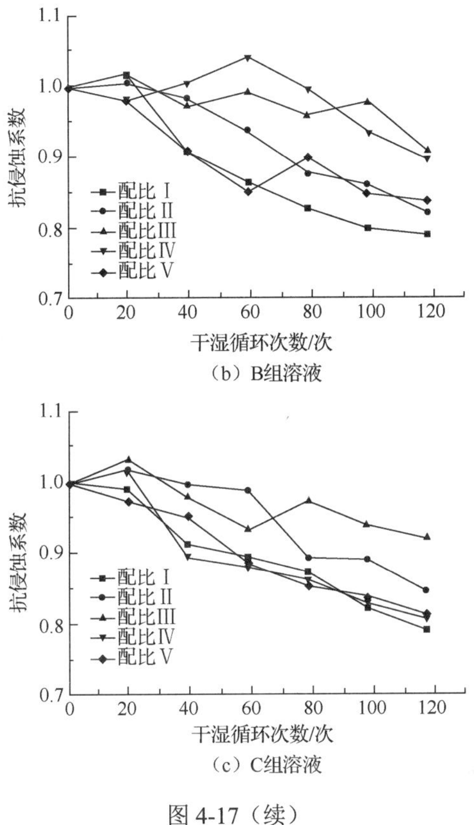

（b）B组溶液

（c）C组溶液

图 4-17（续）

5）微观机理

图 4-18（a）为配比Ⅲ试件在复合盐 A 组溶液干湿循环 120 次后混凝土 SEM 图，经过干湿循环 120 次后，混凝土内部结构大部分为块状凝胶体，非常致密，仅在空隙处有少量的针状晶体。对图 4-18（a）方框内做化学成分分析（表 4-9），元素主要有 O、Al、Si、S、Ca，针状晶体可能是腐蚀产物钙矾石或石膏，但是从整个图上看没有发现裂缝出现，说明腐蚀产物产生的膨胀不足以使混凝土破坏。

图 4-18（b）为配比Ⅴ试件在复合盐 A 组溶液干湿循环 120 次后混凝土 SEM 图，经过干湿循环 120 次后，混凝土内部分布着草丛一样的针状晶体，混凝土空隙较多，并且出现了大量裂隙，混凝土疏松，凝胶状物质较少，不密实，对图 4-18（b）方框内做化学成分分析（表 4-10），元素主要有 O、Al、Si、Cl、Ca，O 和 Si 含量较多，可能是来自混凝土骨料砂或石子中的 SiO_2，但没有发现 S 元素，因此，针状晶体不可能是钙矾石。另外在化学成分中发现了 Cl 元素，可能是形成了 Friedel 盐，其化学分子式为 $3CaO\cdot Al_2O_3\cdot CaCl_2\cdot 10H_2O$。形成 Friedel 盐的原因可能是：

氯盐中游离的 Cl^- 会与水泥石中的铝酸三钙（C_3A）反应，生成不溶性 Friedel 盐，因此减少了铝酸三钙被硫酸盐化学侵蚀而生成膨胀性物质钙矾石的机会，减轻了硫酸盐造成的结晶膨胀破坏。由此可见，复合溶液中氯盐对硫酸盐侵蚀破坏混凝土有一定的抑制作用，这对混凝土耐久性是有利的。

（a）配比Ⅲ

（b）配比Ⅴ

图 4-18　复合盐 A 组溶液干湿循环 120 次后混凝土 SEM 图

表 4-9　配比Ⅲ试件在复合盐 A 组溶液混凝土 EDS 分析和元素分析

能谱图	元素	摩尔分数/%
Ca O Al Si S Ca; 1 2 3 4 5 keV	O	67.02
	Al	5.77
	Si	8.45
	S	1.66
	Ca	17.10
	合计	100

表 4-10　配比Ⅴ试件在复合盐 A 组溶液混凝土 EDS 分析和元素分析

能谱图	元素	摩尔分数/%
Cl Ca O Al Si Cl Ca; 1 2 3 4 5 keV	O	63.25
	Al	12.56
	Si	13.42
	Cl	1.60
	Ca	9.17
	合计	100

4.3.3　养护冻融循环作用下桥梁桩基混凝土的力学性能和微观机理

1）外观变化

复合盐 A 组溶液养护冻融循环 150 次后的混凝土试件破坏形态如图 4-19 所示，从中可以看出，混凝土经养护冻融循环后，混凝土试件出现了不同程度的脱落，其中掺有粉煤灰和矿渣的混凝土试件（配比Ⅱ）脱落最严重，角部大面积掉块，石子外露；其次是掺有粉煤灰、硅灰和水泥基自愈合防水材料的混凝土试件（配比Ⅳ），虽然角部没有掉块，但是混凝土表面大面积脱落，石子外露；配比Ⅱ试件和配比Ⅳ试件的混凝土脱落甚至严重于没有掺任何掺合料的配比Ⅴ试件（基准混凝土）；掺有粉煤灰、硅灰和膨胀剂的混凝土试件（配比Ⅲ）脱落最轻，说明在混凝土中掺入粉煤灰和硅灰的基础上再加入膨胀剂会有更好的抗脱落效果。

另外，试件的破坏程度还与溶液浓度有关。随着溶液浓度的增加，试件表面破坏程度逐渐变轻（图 4-20），说明不是浓度越大混凝土表面脱落就一定严重。图 4-20（c）中除了边角部位有少量混凝土脱落，其余部位基本是完整的。

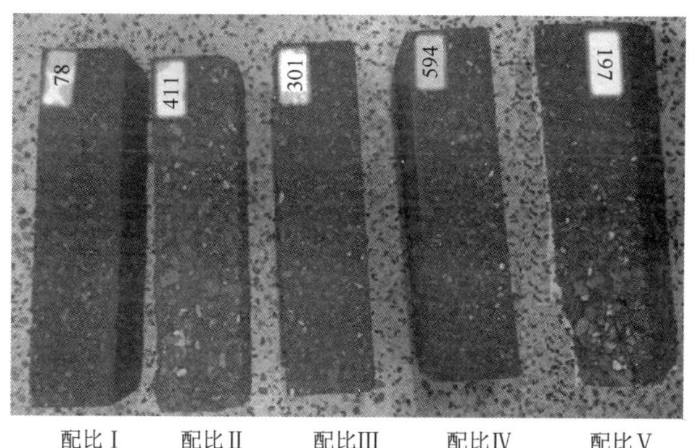

配比Ⅰ　　配比Ⅱ　　配比Ⅲ　　配比Ⅳ　　配比Ⅴ

图 4-19　复合盐 A 组溶液养护冻融循环 150 次后的混凝土试件破坏形态

（a）A 组溶液

图 4-20　配比Ⅱ试件在各组溶液中养护冻融循环 150 次后的混凝土试件破坏形态

（b）B 组溶液

（c）C 组溶液

图 4-20（续）

2）质量变化

复合盐溶液养护冻融循环作用下混凝土的质量损失率变化如图 4-21 所示，从中可以看出，随着复合盐溶液养护冻融循环次数的增加，混凝土的质量损失逐渐增大，且其质量损失与混凝土的配比和溶液浓度有很大关系。当溶液浓度为基准溶液浓度时，不同配比的混凝土质量损失表现不尽相同，配比Ⅱ试件（粉煤灰和矿渣）和配比Ⅳ试件（粉煤灰、硅灰和水泥基自愈合防水材料）质量损失较大，均超过了 5%，甚至超过配比Ⅴ试件（基准混凝土）的质量损失，其余配比试件质量损失到终止试验时还没有达到 5%。另外配比Ⅱ试件和配比Ⅳ试件质量损失达到 5%时对应的冻融循环次数分别是 100 次和 125 次。从质量损失率来看，掺有粉煤灰和矿渣的混凝土没有表现出较好的抗脱落性，比基准混凝土还要差。随着溶液浓度的增大，混凝土的质量损失率逐渐减小，甚至出现负增长（C 组侵蚀溶液），说明并不是溶液浓度越大，混凝土质量损失率就越大。出现这种现象的原因可能是：一方面盐溶液浓度的增大会降低水的冰点，从而减弱对混凝土剥落的影响；另一方面，随着溶液浓度的增大，更多的 SO_4^{2-} 离子侵入混凝土产生膨胀堵塞了混凝土的通道，阻碍了 Cl^- 的侵入，从而减轻了对混凝土剥落的影响。

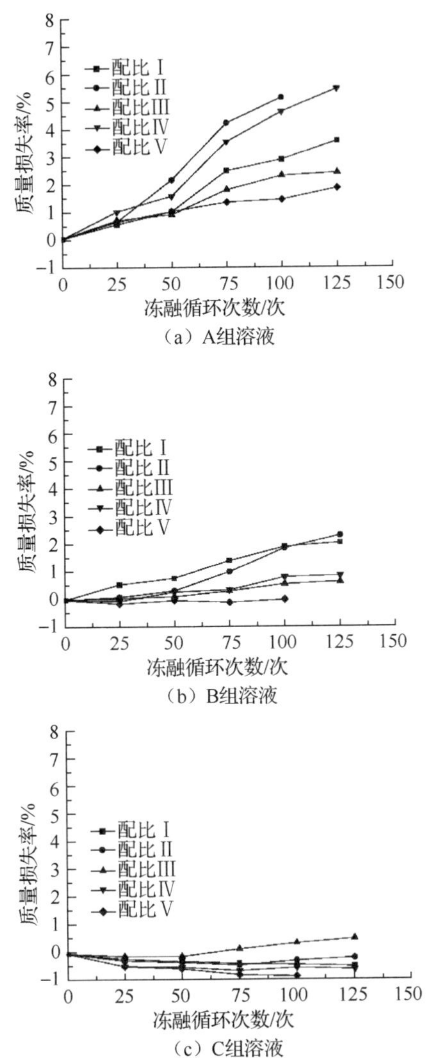

（a）A组溶液

（b）B组溶液

（c）C组溶液

图 4-21　复合盐溶液养护冻融循环作用下混凝土的质量损失率变化

3）相对动弹性模量变化

复合盐溶液养护冻融循环作用后混凝土的相对动弹性模量变化如图 4-22 所示，从中可以看出，随着复合盐溶液养护冻融循环次数的增加，混凝土的相对动弹性模量逐渐减小，并且，其相对动弹性模量与配合比及溶液浓度有很大关系。当溶液浓度为基准溶液浓度时，不同配比的混凝土相对动弹性模量表现不尽相同。配比Ⅱ试件（粉煤灰和矿渣）和配比Ⅳ试件（粉煤灰、硅灰和水泥基自愈合防水材料）相对动弹性模量降低较为明显，甚至超过配比Ⅴ试件（基准混凝土）的下降速度，这与质量损失率的变化规律基本一致。配比Ⅲ试件（粉煤灰、硅灰和膨胀剂）相对动弹性模量在初始阶段呈现了增大的状况，而后开始减小。可能原因是混凝土中添加的膨胀剂产生的钙矾石填补了混凝土的空隙，使混凝土更加密实。另外，配比Ⅲ试件相对动弹性模量下降速率仍小于其余配比的试件。达到终止试验时，其相对动弹性模量仍然在 90%以上，说明混凝土中掺有粉煤灰、硅灰和膨胀剂对混凝土的抗侵蚀性能有增强作用。随着溶液浓度的增加，各组相对动弹性模量下降速度略有加快，但不同配比表现不同。配比Ⅴ试件（基准混凝土）变化最为明显，B 组溶液相对动弹性模量下降到 60%以下时冻融循环次数由 A 组溶液的 125 次减小 100 次，C 组溶液相对动弹性模量下降到 60%以下时冻融循环次数仍然是 100 次，但是下降速度更快，由 75 次冻融循环时的 73.85%下降到 41.74%，下降了 32.11%，表现出混凝土的脆性损伤特点。

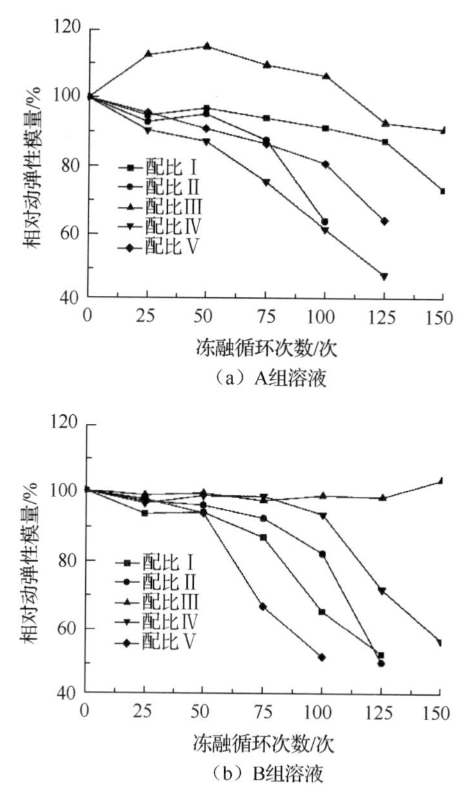

图 4-22　复合盐溶液养护冻融循环作用后混凝土的相对动弹性模量变化

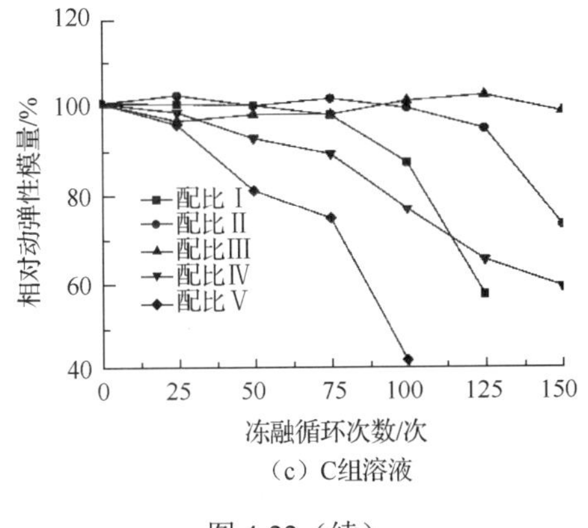

（c）C组溶液

图 4-22（续）

4）抗侵蚀系数变化

配比Ⅱ试件在复合盐 A 组溶液养护冻融循环 150 次后混凝土的破坏形态如图 4-23 所示，从中可以看出，混凝土试件表面剥落较为严重，特别是边角部分，甚至石子脱落，表明混凝土受盐冻后损伤较为严重。

图 4-23　配比Ⅱ试件在复合盐 A 组溶液养护冻融循环 150 次后混凝土的破坏形态

复合盐溶液养护冻融循环作用后混凝土的抗侵蚀系数变化如图 4-24 所示，从中可以看出，混凝土的抗侵蚀系数随着养护冻融循环次数的增加先增大后减小，并且，混凝土的抗侵蚀系数与混凝土的配比和溶液浓度有很大关系。当溶液浓度为基准溶液浓度时，不同配比的混凝土抗侵蚀系数表现不尽相同，配比Ⅱ试件（粉煤灰和矿渣）和配比Ⅴ试件（基准混凝土）抗侵蚀系数下降较快，混凝土抗侵蚀系数由最初的 1.0 下降到 0.4 左右，下降幅度达到了 60%左右。配比Ⅲ试件（粉煤灰、硅灰和膨胀剂）仍然表现很好的抗侵蚀能力，混凝土抗侵蚀系数达到试验终止时仍然在 0.85 以上。侵蚀溶液浓度越大对混凝土的侵蚀越具有延缓的作用。由图 4-24 可知，随着溶液浓度的增大，混凝土抗侵蚀系数有增加趋势，特别是配比Ⅱ试件，混凝土抗侵蚀系数由 A 组侵蚀溶液时的 0.4 增加到 C 组侵蚀溶液的 0.71，增幅达 78%，再次说明不是溶液浓度越大侵蚀破坏作用就越强。

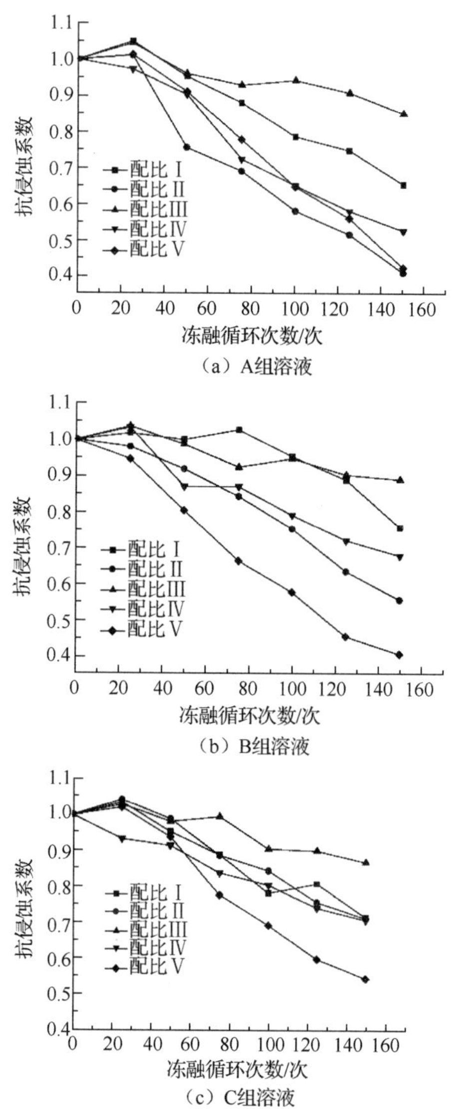

（a）A组溶液

（b）B组溶液

（c）C组溶液

图 4-24　复合盐溶液养护冻融循环作用后混凝土的抗侵蚀系数变化

从混凝土抗侵蚀系数来看，各配比混凝土试件的抗侵蚀能力由大到小顺序为：配比III试件（粉煤灰、硅灰和膨胀剂），配比 I 试件（粉煤灰和硅灰），配比IV试件（粉煤灰、硅灰和水泥基自愈合防水材料），配比 II 试件（粉煤灰和矿渣），配比V试件（基准混凝土）。

5）微观机理

为了深入研究复合盐溶液侵蚀环境下混凝土的盐冻破坏问题，选取配比Ⅱ试件和配比Ⅴ试件在复合盐 A 组溶液养护冻融 150 次后混凝土两组样品进行了 SEM、EDS 分析与元素分析。

（1）掺有粉煤灰和矿渣掺合料（配比Ⅱ试件）的混凝土微观结构。图 4-25（a）为 SEM 扫描结果，混凝土被侵蚀后，其内部凝胶体被腐蚀破坏，空隙中充满了针状和棒状互相交织的松散结构，杂乱无章，对图中方框区域进行 EDS 与元素分析，结果见表 4-11。混凝土发现有 C、O、Si、S、Al、Ca 等化学元素，显然是被侵蚀离子侵蚀。针状和棒状物可能是混凝土受侵蚀后的产物钙矾石。化学成分分析中 O、Ca 和 C 元素含量较大，并且方框中有块状物质，块状物质的产生可能是混凝土水化产物之一 $Ca(OH)_2$ 和侵蚀溶液中 HCO_3^- 离子反应产生方解石 $CaCO_3$，方解石的产生能够填补混凝土的空隙，密实混凝土。因此，混凝土的强度提高了，但是当膨胀性产物（钙矾石）膨胀后混凝土空隙不能提供更大的空间时，膨胀应力大于混凝土的拉应力，裂缝的出现将不可避免。随着膨胀性产物（钙矾石）的增多，裂缝将不断增加，甚至出现混凝土溃散。

（2）未掺有掺合料（配比Ⅴ试件）的混凝土微观结构。图 4-25（b）为电镜扫描结果，混凝土受侵蚀更加严重，不但有大量的针状腐蚀产物，而且产生了较大空隙，结构非常松散。对图中方框区域进行 EDS 与元素分析，结果见表 4-12。混凝土发现有 O、Cl、S、Si、Al、Ca 等化学元素，显然遭受复合盐溶液侵蚀较深，不但有 SO_4^{2-} 离子，还有 Cl^- 离子侵蚀。针状和棒状物产物是混凝土受侵蚀后的产物钙矾石或者 Friedel 盐。

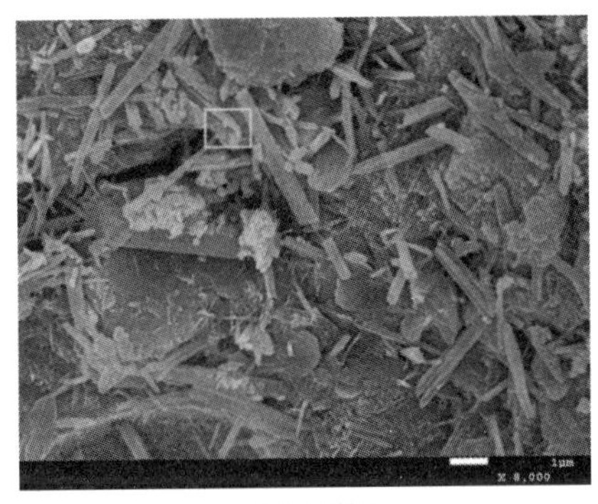

（a）配比Ⅱ

（b）配比Ⅴ

图 4-25　复合盐 A 组溶液养护冻融循环 150 次后混凝土 SEM 图

表 4-11 配比Ⅱ试件在复合盐 A 组混凝土 EDS 分析和元素分析（养护冻融循环作用）

能谱图	元素	摩尔分数/%
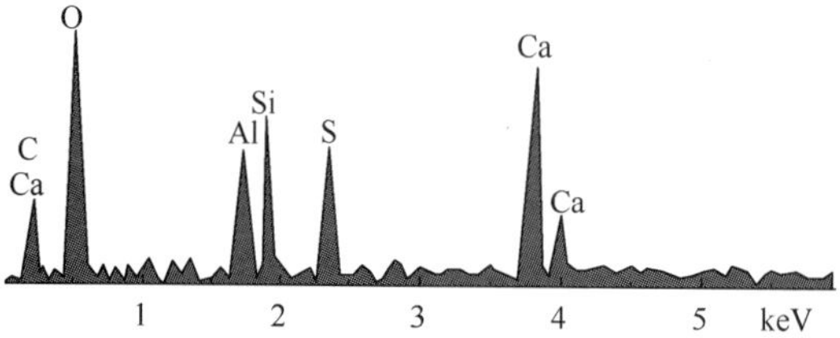	C	9.06
	O	75.37
	Al	2.59
	Si	3.20
	S	1.47
	Ca	8.30
	合计	100

表 4-12 配比Ⅴ试件在复合盐 A 组混凝土 EDS 分析和元素分析（养护冻融循环作用）

能谱图	元素	摩尔分数/%
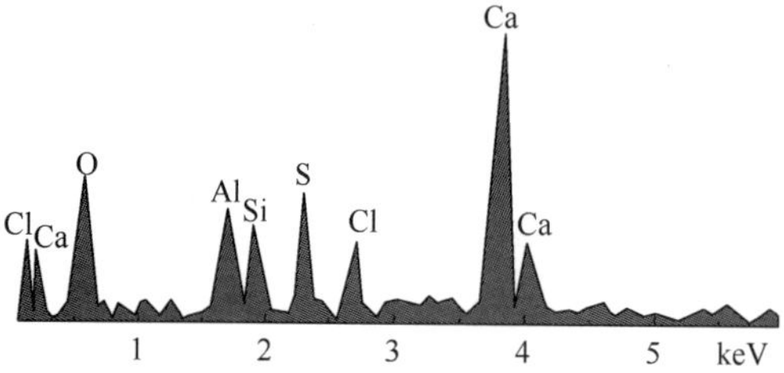	O	74.43
	Al	3.63
	Si	2.90
	S	3.19
	Cl	1.13
	Ca	14.73
	合计	100

4.3.4 浸泡冻融循环作用下桥梁桩基混凝土的力学性能和微观机理

1）外观变化

复合盐 A 组溶液中浸泡冻融循环后混凝土的破坏形态如图 4-26 所示，从中可以看出，混凝土脱落最严重的是配比Ⅱ试件（粉煤灰和矿渣）和配比Ⅴ试件（基准混凝土），配比Ⅱ试件一端混凝土脱落较为严重。而配比Ⅴ试件整体脱落都较多，中间还出现了较大的裂缝，已经完全损坏。混凝土脱落最轻的仍然是配比Ⅲ试件（粉煤灰、硅灰和膨胀剂），表面有少量混凝土脱落，但是整体还比较完整。

此外，混凝土的破坏程度还与溶液的浓度有关，浓度越大，混凝土表面脱落越轻（图 4-27）。然而，对于混凝土经过一段时间的浸泡后再进行冻融循环，在浓度大的溶液中的混凝土虽然脱落不多，但是混凝土试件表面中部呈现较多的纵横交错的裂缝[图 4-27（c）]，并且裂缝宽而深，有的裂缝延伸至试件边缘，中间还有轻微的弯曲变形。配比Ⅱ试件整体内部损伤较为严重。

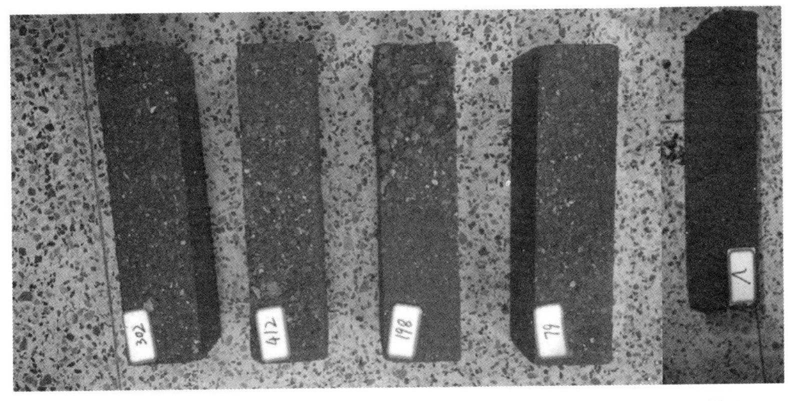

配比Ⅰ　配比Ⅳ　配比Ⅲ　配比Ⅴ　配比Ⅱ

图 4-26　复合盐 A 组溶液中浸泡冻融循环后混凝土的破坏形态

（a）A 组溶液

（b）B 组溶液

（c）C 组溶液

图 4-27　配比Ⅱ试件在复合盐溶液中冻融循环后的混凝土破坏形态

2）质量变化

复合盐溶液浸泡冻融循环作用后混凝土质量损失率变化规律如图 4-28 所示，从中可以看出，随着溶液浓度的增大，各组配比试件质量损失率逐渐减小甚至出现负值[4-28（c）]。从C组溶液的混凝土试件外观也能看到，表面基本没有混凝土剥落（图4-27），说明溶液浓度的增大降低了溶液对混凝土表面的侵蚀。A组溶液质量损失率相对较大，特别是配比Ⅱ试件质量损失率在冻融循环125次后超过了5%，达到了终止试验条件。同样从图4-27也可以明显地看出混凝土脱落较为严重。在浸泡冻融试验中，配比Ⅴ试件的质量损失率相比较其他配比要低一些，这种变化趋势随着溶液浓度的增加而减弱[图4-28（c）]。

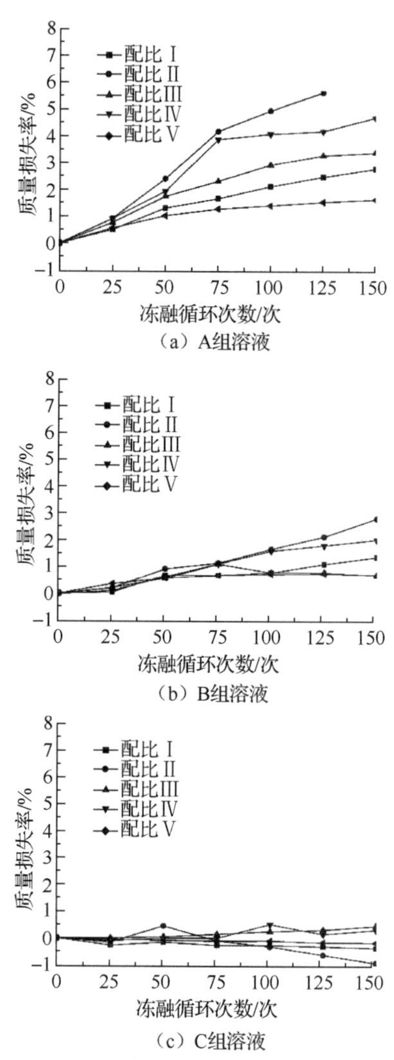

图4-28　复合盐溶液浸泡冻融循环作用后混凝土的质量损失率变化

3）相对动弹性模量变化

复合盐溶液浸泡冻融循环作用后混凝土相对动弹性模量变化规律如图4-29所

示，从中可以看出，随着溶液浓度的增大，混凝土的损伤程度并不是在单调递增，而是表现出先减小后增大的趋势。不同配比的混凝土试件损伤程度变化不同，比如在A组溶液中配比Ⅳ试件（粉煤灰、硅灰和水泥基自愈合防水材料）的损伤最快，也是最大，冻融循环次数达到100次时，相对动弹性模量就已经达到了60%以下，损伤速度超过了配比Ⅴ试件（基准混凝土）；而随着溶液浓度的增加，在B组溶液和C组溶液中，均达到了150次冻融，特别是C组溶液达到150次时相对

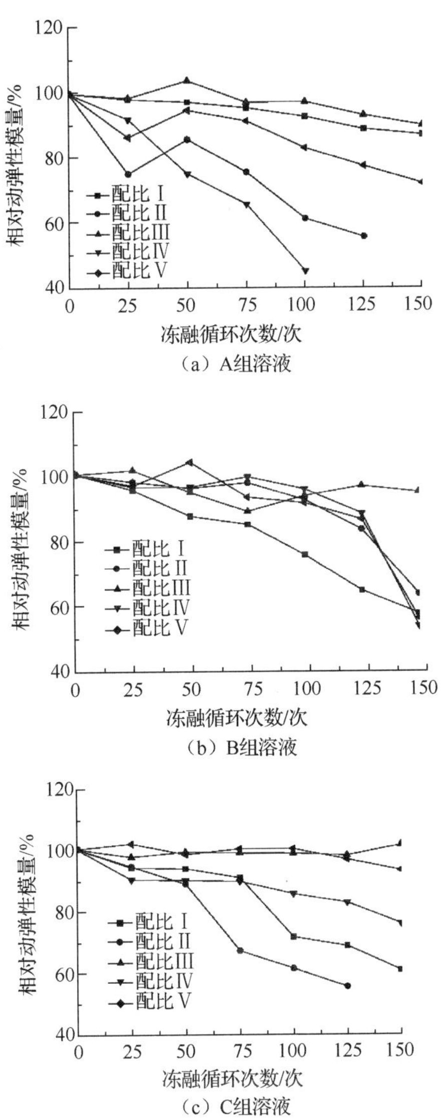

（a）A组溶液

（b）B组溶液

（c）C组溶液

图4-29　复合盐溶液浸泡冻融循环作用后混凝土相对动弹性模量变化规律

动弹性模量仍在 75%左右。而配比Ⅱ试件（粉煤灰和矿渣）在 C 组溶液中相对动弹性模量下降速度最快，冻融循环 125 次后就下降到了 60%以下。另外，在 5 种配比中，配比Ⅲ试件（粉煤灰、硅灰和膨胀剂）相对动弹性模量基本上在 90%以上，表现出了比较好的抗侵蚀能力。说明了不同混凝土掺合料搭配对其抗冻性影响较大，为了提高混凝土的耐久性，建议采用粉煤灰、硅灰和膨胀剂掺入到混凝土中。

4）抗侵蚀系数变化

浸泡冻融后的混凝土试件破坏程度较养护冻融轻，浸泡冻融循环 150 次后混凝土破坏形态如图 4-30 所示，在边角处混凝土脱落较明显。

图 4-30　配比Ⅴ在复合盐 B 组溶液浸泡冻融循环 150 次后混凝土破坏形态

复合盐溶液浸泡冻融循环作用后混凝土抗侵蚀系数变化规律如图 4-31 所示，从中可以看出，3 种侵蚀溶液中的混凝土抗侵蚀系数曲线形状大致相同，即随着冻融循环次数的增大，抗侵蚀系数先小幅增大后逐渐减小，小幅增大的原因可能是侵蚀离子进入混凝土内部产生腐蚀产物方解石或钙矾石，短时间内会增大混凝土的密实度，使得混凝土强度有所提高。但随着腐蚀的增强，钙矾石膨胀产生的拉应力超过混凝土的抗拉强度时，会导致混凝土内部产生裂缝，混凝土强度逐渐降低。将 5 种配比进行比较，降幅较大的是配比Ⅴ试件（基准混凝土），在 A 组溶液中配比Ⅴ试件抗侵蚀系数基本上降低了 50%，损伤最严重。随着溶液浓度的增大，混凝土损伤有减弱的趋势，但不明显。

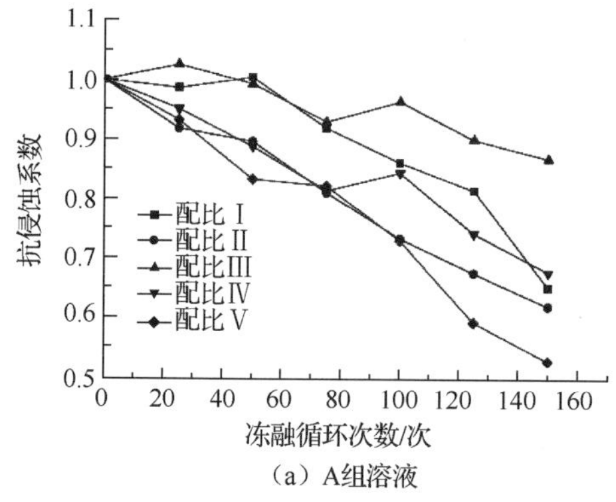

（a）A组溶液

图 4-31　复合盐溶液浸泡冻融循环作用后混凝土抗侵蚀系数变化规律

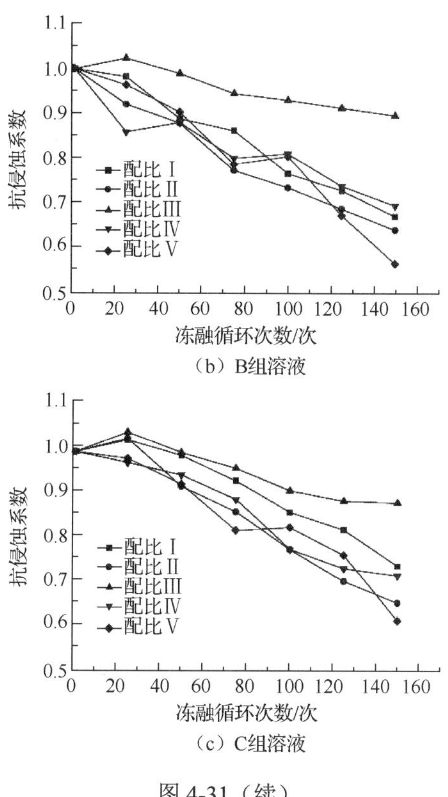

（b）B组溶液

（c）C组溶液

图 4-31（续）

5）微观机理

图 4-32(a)为配比Ⅱ试件在复合盐 A 组溶液浸泡冻融循环 150 次后混凝土 SEM 图，从图中看出，针状和棒状物杂乱无章地分布在混凝土中，经过 150 次冻融循环后，混凝土相对比较松散，凝胶状结构物相对较少。根据化学成分分析（表 4-13），O、Al、Si、S、Ca 等元素存在，针状和棒状物是腐蚀产物钙矾石，钙矾石体积膨胀使混凝土产生裂缝、溃散。

图 4-32（b）为配比Ⅴ试件在复合盐 A 组溶液浸泡冻融循环 150 次后混凝土 SEM 图，混凝土中存在较大的空隙（这一点与养护冻融很相似），混凝土经冻融后已经很松散，没有太多的凝胶状物质。化学成分分析见表 4-14，元素中不但有 C、O、Al、Si、Ca，还有 Cl 元素，说明在浸泡过程中，Cl^- 已经侵入到混凝土内部。从这一点来看，浸泡之后再冻融会使溶液中的 Cl^- 很容易侵入到混凝土中，从而加速混凝土内部钢筋的锈蚀。但是从混凝土破坏形态看，Cl^- 的侵入也会阻止 SO_4^{2-} 进入混凝土，从而减少了对混凝土的破坏。从 SEM 图方框中可知，元素中没有 S 元素存在，说明针棒状物质不是钙矾石，而是 Friedel 盐。

（a） 配比Ⅱ

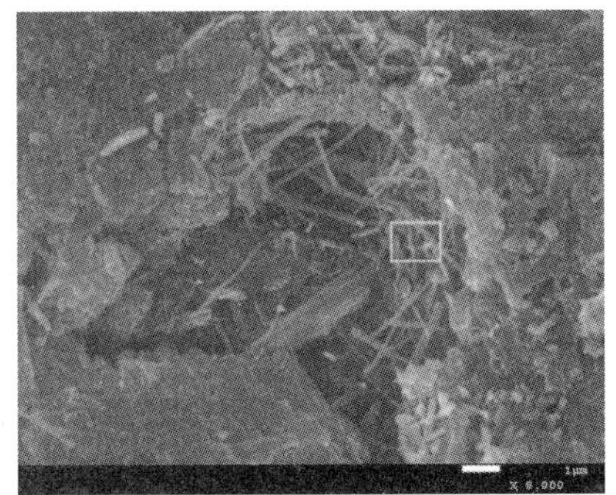
（b）配比Ⅴ

图 4-32　复合盐 A 组溶液浸泡冻融循环 150 次后混凝土 SEM 图

表 4-13　配比Ⅱ试件在复合盐 A 组混凝土 EDS 分析和元素分析（浸泡冻融循环作用）

能谱图	元素	摩尔分数/%
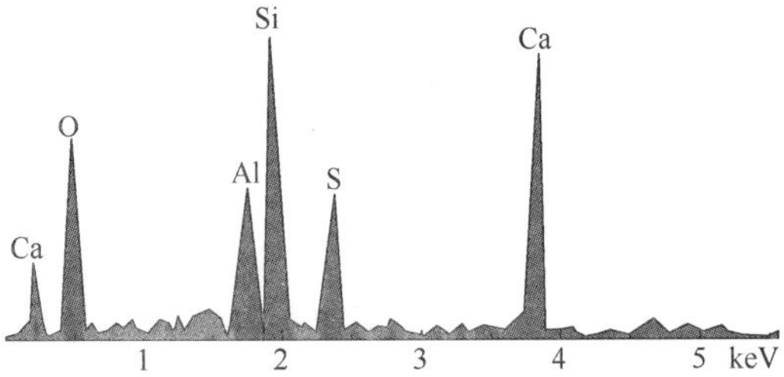	O	70.78
	Al	3.58
	Si	8.40
	S	2.28
	Ca	14.96
	合计	100

表 4-14　配比Ⅴ试件在复合盐 A 组混凝土 EDS 分析和元素分析（浸泡冻融循环作用）

能谱图	元素	摩尔分数/%
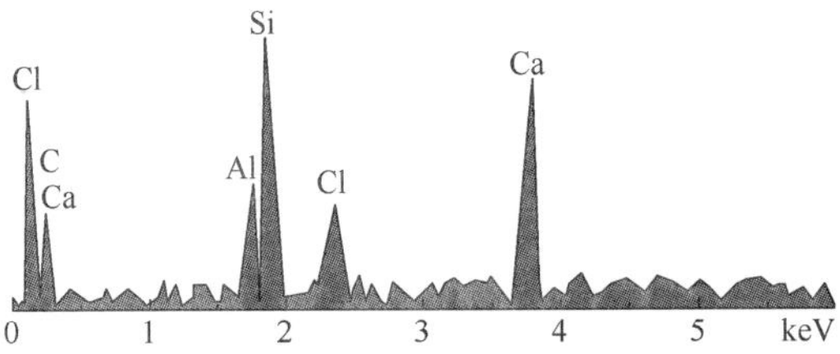	C	11.93
	O	71.32
	Al	0.83
	Si	5.18
	Cl	1.57
	Ca	9.17
	合计	100

4.3.5 干湿-冻融循环作用下桥梁桩基混凝土的力学性能和微观机理

1）外观变化

经复合盐 A 组溶液干湿-冻融循环后的混凝土破坏形态如图 4-33 所示，从中可以看出，掺有各种外掺剂的混凝土配比经历干湿-冻融循环后混凝土外观损伤各不相同，配比Ⅳ试件局部表面损伤较为严重，混凝土破坏程度甚至超过配比Ⅴ试件（基准混凝土），碎石大量外露，甚至脱落。而配比Ⅴ试件虽然碎石没有大量外露，但是表面混凝土已经破碎，裂纹纵横交错，损伤仅次于配比Ⅳ试件。配比Ⅰ试件和配比Ⅱ试件，表面均只有少量混凝土脱落，表面损伤稍轻。而混凝土脱落最轻的是配比Ⅲ试件，从外观上看，混凝土除了边角有少量混凝土脱落外，其余部位基本没有混凝土脱落，相对其他配比试件还是比较完整，说明膨胀剂的加入对混凝土的抗剥落能力有较大的提高。从混凝土外观颜色变化可以看出：经过干湿循环、冻融循环和复合盐浸泡作用后，颜色较未腐蚀混凝土深一些[图 4-33（a）～（d）]。分析其原因：黑色物质主要来自粉煤灰（配比Ⅰ试件～配比Ⅳ试件中均掺入了粉煤灰），混凝土中颜色由灰色变为接近黑色，没有发生化学变化，主要是粉煤灰中的炭黑随着干湿循环、冻融循环和复合盐浸泡作用后逐渐暴露出来并填充于混凝土的孔隙中。而未掺粉煤灰的混凝土试件（配比Ⅴ）颜色经干湿循环、冻融循环和复合盐浸泡作用后基本没有太大变化[图 4-33（e）]。而仅掺加粉煤灰和硅灰对混凝土的抗侵蚀能力提高有限，加入水泥基自愈合防水材料对于提高混凝土抗侵蚀性能是不利的。

另外，试件的破坏程度也与溶液的浓度有关。仅以配比Ⅴ试件（基准混凝土）为例（图 4-34），配比Ⅴ试件在各组溶液中干湿-冻融循环后的混凝土破坏形态，随着溶液浓度的增大，混凝土表面剥落越来越轻。虽然混凝土剥落不大，但是损伤并不一定较轻。在 B 组溶液中[图 4-34（b）]，配比Ⅴ试件外表面基本没有混凝土脱落，但表面的裂纹纵横交错，且裂纹深度和宽度都比较大，大量盐渍进入混凝土的裂隙，在裂隙中形成了白霜，腐蚀产物结晶膨胀会进一步造成混凝土的损伤。

（a）配比Ⅰ

图 4-33 复合盐 A 组溶液中干湿-冻融循环后的混凝土破坏形态

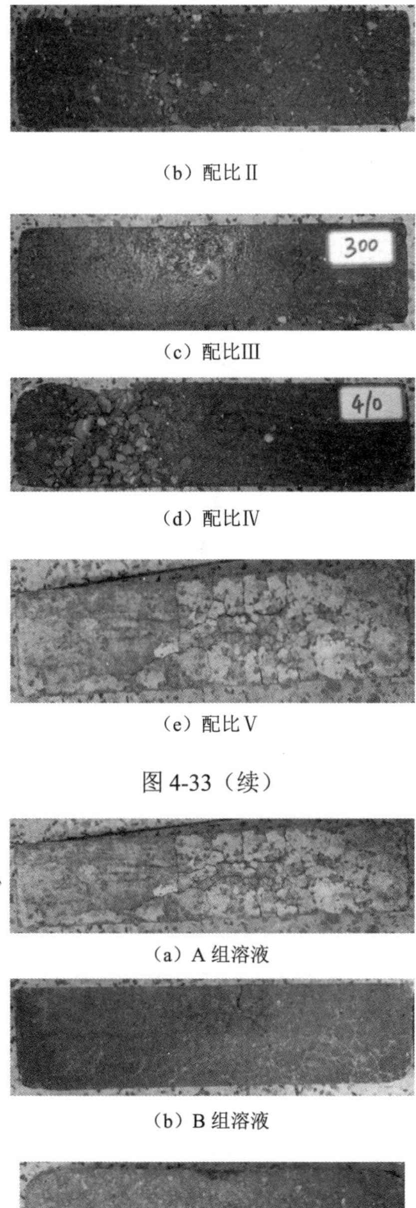

（b）配比Ⅱ

（c）配比Ⅲ

（d）配比Ⅳ

（e）配比Ⅴ

图 4-33（续）

（a）A 组溶液

（b）B 组溶液

（c）C 组溶液

图 4-34　配比Ⅴ试件在各组溶液中干湿-冻融循环后的混凝土破坏形态

2）质量变化

复合盐溶液干湿-冻融循环作用后混凝土质量损失率变化规律如图4-35所示，从中可以看出，随着干湿-冻融循环次数的增大，各配比混凝土试件质量损失率增加不大，有的甚至出现负增长（配比Ⅱ与配比Ⅴ），说明以氯化钠为主的复合盐侵蚀溶液，干湿-冻融循环对混凝土质量影响不大。分析其原因：一方面溶液中的SO_4^{2-}侵入混凝土中产生结晶膨胀使混凝土开裂，甚至剥落的负效应；另一方面，溶液中

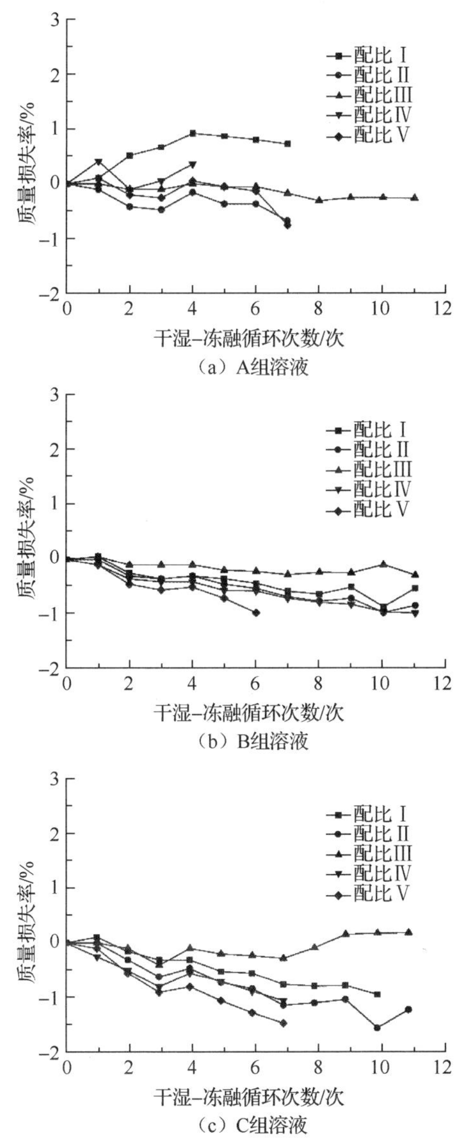

图4-35　复合盐溶液干湿-冻融循环作用后混凝土质量损失率变化规律

的Cl^{-}、SO_4^{2-}和HCO_3^{-}进入混凝土孔隙引起质量增加正效应，两种效应共同作用造成混凝土质量变化并不明显。此外，由图4-35可知，5个配比中除了配比Ⅲ外其余配比均表现为混凝土相对动弹性模量先于质量损失而达到破坏标准。因此，在以氯化钠为主的复合盐侵蚀环境中，用质量损失率来作为混凝土的损伤标准不合适。

3）相对动弹性模量变化

复合盐溶液干湿-冻融循环作用后混凝土相对动弹性模量变化规律如图4-36所示，从中可以看出，各配比试件经过干湿-冻融循环后，相对动弹性模量均表现出下降趋势，但下降程度和下降速度各不相同。5种混凝土配比大致分为3类：①缓慢下降（配比Ⅲ）；②先缓慢下降再陡降（配比Ⅱ与配比Ⅴ）；③先陡降再缓慢下降（配比Ⅰ和配比Ⅳ）。分析其原因：粉煤灰等量取代水泥加入混凝土会降低前期混凝土的强度和密实度，尽管有硅灰的掺入会适当提高前期混凝土的强度，但作用有限；到了后期，由于粉煤灰的二次水化，降低了混凝土中钙矾石等膨胀性产物的生成量，相对动弹性模量下降速度变缓。因此，配比Ⅰ试件和配比Ⅳ试件表现为先陡降再缓慢下降。矿渣的活性较高，与粉煤灰同时掺入混凝土，弥补了粉煤灰的不足，与配比Ⅴ试件（基准混凝土）相比较，在前期，混凝土相对动弹性模量下降并不快；但是到了后期，由于生成的腐蚀产物的增多，破坏加剧，下降速度加快。而在混凝土中加入粉煤灰、硅灰和膨胀剂，由于膨胀剂生成的膨胀产物与混凝土胶结成为一体，填补了混凝土的孔隙，密实了混凝土，使侵蚀离子很难进入，破坏力减弱，因此，配比Ⅲ试件表现为缓慢下降。配比Ⅲ试件干湿-冻融11次后，相对动弹性模量仍然在80%以上。而配比Ⅳ试件干湿-冻融循环4次后，相对动弹性模量即降到了60%以下，配比Ⅴ试件（基准混凝土）相对动弹性模量达到60%以下时的干湿-冻融次数是7次。总之，配比III试件表现出了较强的抗侵蚀性能。

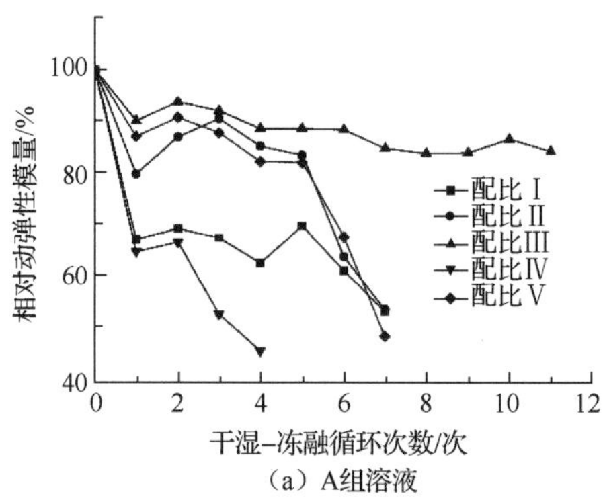

（a）A组溶液

图4-36　复合盐溶液干湿-冻融循环作用后混凝土相对动弹性模量变化规律

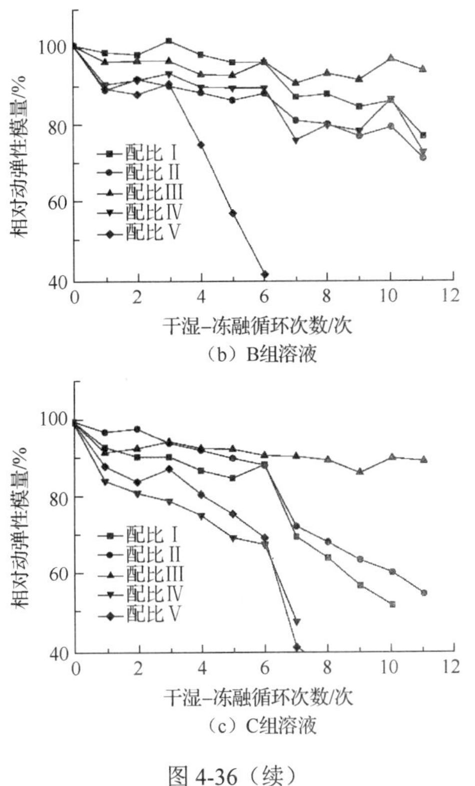

（b）B组溶液

（c）C组溶液

图 4-36（续）

4）抗侵蚀系数变化

混凝土经受复合盐溶液干湿-冻融循环后的混凝土破坏形态如图 4-37 所示，从中可以看出，混凝土表面脱落并不严重，棱角处和表面有少量混凝土掉落，碎石外露，有些表面基本完好。

图 4-37　复合盐溶液干湿-冻融循环后的混凝土破坏形态

复合盐溶液干湿-冻融循环作用后混凝土抗侵蚀系数变化规律如图 4-38 所示，从中可以看出，除了配比Ⅲ试件抗侵蚀系数变化不明显外，其余配比试件抗侵蚀系数均表现为缓慢下降。混凝土遭受复合盐溶液干湿-冻融循环后，其抗侵蚀系数是一个缓慢的变化过程。湿状态下复合盐侵入混凝土内部，干状态下产生结晶，冻融状态下晶体膨胀，进一步扩大混凝土内部孔隙，随着复合盐溶液干湿-冻融循环次数的增加，混凝土内部侵蚀离子的逐渐增多，大量膨胀性腐蚀产物在混凝土孔结构内的膨胀应力不断增加，使其孔结构遭到破坏，内部微裂纹不断扩展，从而导致混凝土抗侵蚀系数降低。因此，要提高混凝土的抗侵蚀系数，最重要的是要减少混凝土内部孔隙，优化混凝土孔结构，使混凝土密实度增大，尤其是要增大混凝土前期的密实度。由图 4-38 可知，配比Ⅲ试件混凝土中加入膨胀剂，随着干湿-冻融循环次数的增加，其抗侵蚀系数基本在 0.9 以上。其原因为：在水泥水化和硬化阶段，膨胀剂既可自身产生膨胀，也能与水泥混凝土

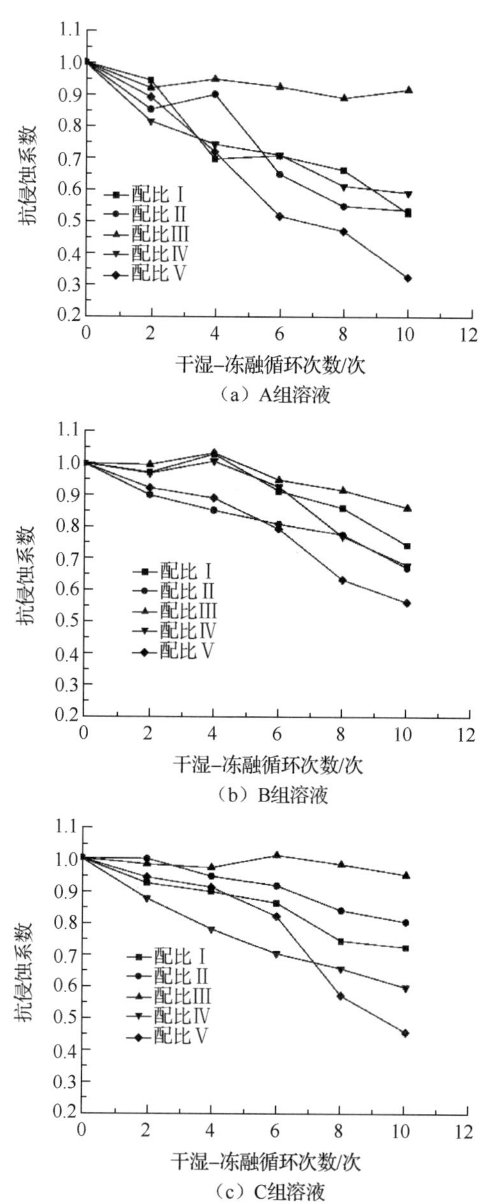

图 4-38 复合盐溶液干湿-冻融循环作用后混凝土抗侵蚀系数变化规律

中的其他成分反应产生膨胀（主要生成钙矾石晶体），具有填充、切断毛细孔缝的作用，能使大孔减小，总孔隙降低，从而提高了混凝土的密实性，对混凝土起到补偿收缩、防止开裂等作用。而降幅最大的为配比Ⅴ试件（基准混凝土），干湿-冻融循环 10 次后，其抗侵蚀系数从 1.0 降到了 0.3，降幅达 70%。因此，不管是以混凝土相对动弹性模量还是以混凝土抗侵蚀系数进行评价，混凝土中掺入膨胀剂后，其耐久性均会增强。

5）微观机理

为进一步研究在复合盐溶液干湿-冻融循环作用下混凝土的内部微观结构，对各组混凝土破坏后选取典型试样进行 SEM 扫描、EDS 分析和元素分析，试验结果如图 4-39 和表 4-15。经复合盐溶液干湿-冻融循环作用后，混凝土内部结构变化不尽相同。配比Ⅲ试件经过 11 次复合盐溶液干湿-冻融循环后内部仍然比较密实，内部基本没有裂缝存在[图 4-39（d）]，而最严重的是配比Ⅳ试件，经 4 次干湿-冻融循环后，混凝土明显被冻“酥”了，混凝土不再是凝胶状与晶体结合的致密结构，而是针状或棒状互相交织的松散结构，针状或棒状物杂乱无章，混凝土中分布着较大的孔隙[图 4-39（f）]。配比Ⅳ试件内部损伤程度甚至超过配比Ⅴ试件[图 4-39（g）]，从干湿-冻融循环次数上看，前者为 4 次复合盐溶液干湿-冻融循环，后者为 7 次复合盐溶液干湿-冻融循环，前者抗侵蚀能力明显低于后者；从相对冻弹性模量损失可知，4 次干湿-冻融循环后，前者降低至 60%以下，后者仍保持 80%以上。

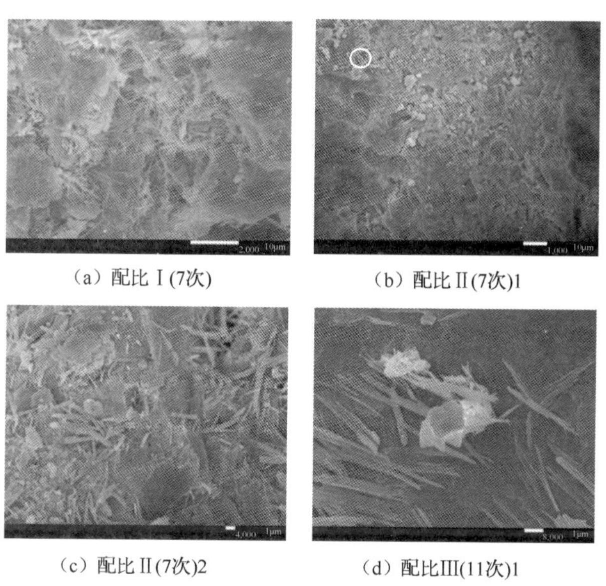

（a）配比Ⅰ(7次)　（b）配比Ⅱ(7次)1

（c）配比Ⅱ(7次)2　（d）配比Ⅲ(11次)1

图 4-39　复合盐溶液干湿-冻融循环后混凝土的 SEM 图

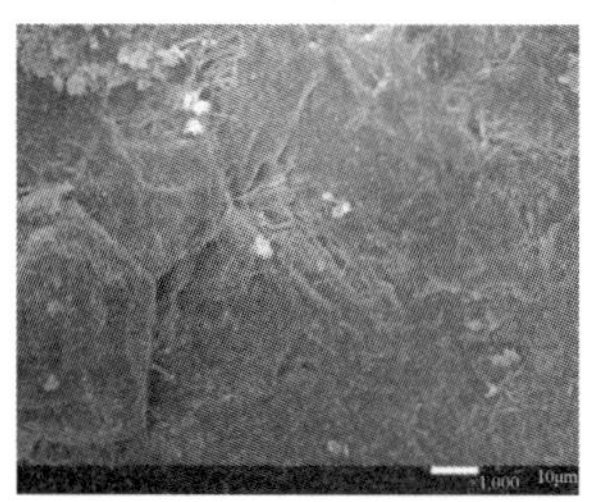

（e）配比Ⅲ(11次)2　　（f）配比Ⅳ(4次)

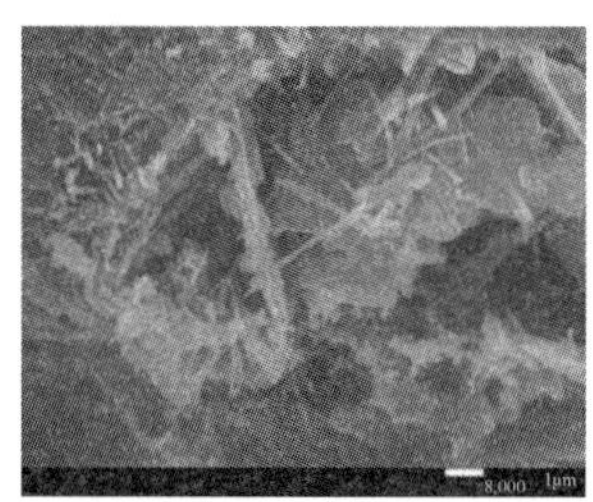

（g）配比Ⅴ(7次)

图 4-39（续）

配比Ⅰ试件虽然没有配比Ⅳ试件产生的孔隙大，但内部也存在较多的裂缝，并且孔缝中也分布较多的针状腐蚀产物钙矾石[图 4-39（a）]。由图 4-39（b）放大照片可知，有较长的贯穿裂缝分布在混凝土中，对图中的圆圈标注部位继续放大，可以明显看出，针状或棒状物大量分布于孔隙中，混凝土中存在有 C、O、Na、Si、Al、S、Ca 等常见化学元素（表 4-15），从其构成比例可以判断针状或棒状物是钙矾石。钙矾石产生的膨胀应力超过混凝土的抗拉强度后，混凝土就会开裂；随着干湿-冻融循环次数的增大，裂缝越来越多，更多的侵蚀离子进入混凝土中，生成越来越多的钙矾石，最后完全破坏混凝土。此外，腐蚀产物中还发现有 $CaCO_3$，$CaCO_3$ 可能存在 2 个来源：① $Ca(OH)_2$ 的碳化产物；②溶液中的 HCO_3^- 离子对 $Ca(OH)_2$ 的腐蚀产物。$CaCO_3$ 不溶于水，且强度高，填充于混凝土孔隙中，使其密实，对混凝土有利，这也是混凝土抗侵蚀系数增加的原因。但从另一方面看，由于多种因素的作用，生成的 $CaCO_3$ 越聚越多，再加上侵蚀离子生成的钙矾石等晶体的膨胀，会将混凝土拉坏。

表 4-15　复合盐溶液干湿-冻融循环作用后混凝土的 EDS 分析和元素分析

配比	能谱图	摩尔分数/%								
		C	Na	O	Al	Si	S	Cl	Ca	合计
配比Ⅰ（7 次）	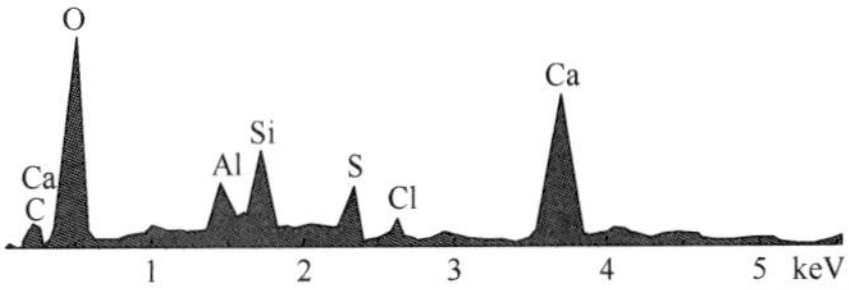	16.13	0	63.26	1.48	4.02	2.88	2.32	9.91	100
配比Ⅱ（7 次）	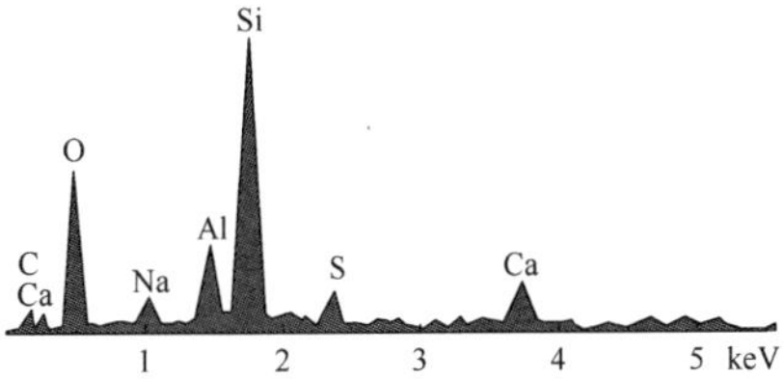	11.32	3.74	51.25	4.55	22.60	2.10	0	4.44	100
配比Ⅲ（11 次）	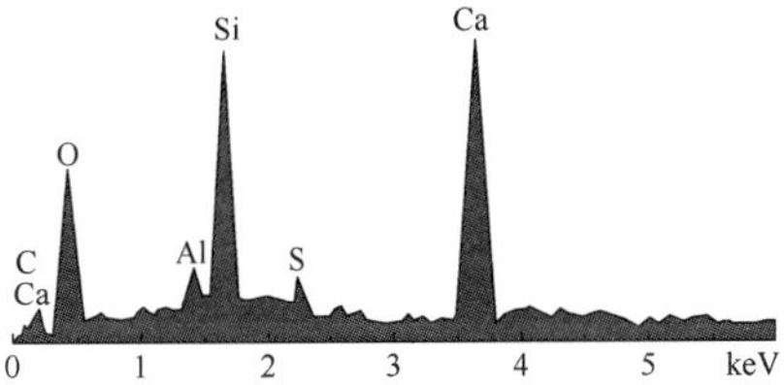	15.43	0	50.67	1.29	11.45	1.96	0	19.20	100
配比Ⅳ（4 次）	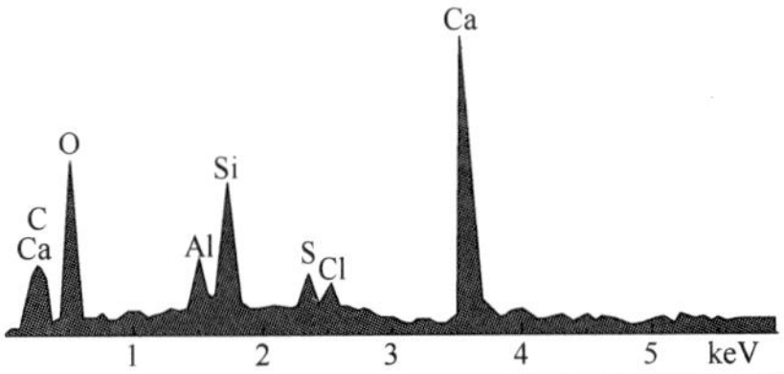	15.90	0	42.40	1.12	6.49	3.28	2.26	28.55	100
配比Ⅴ（7 次）	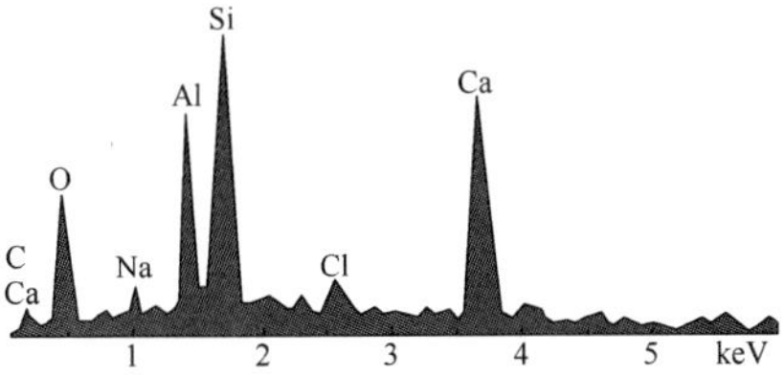	7.45	2.15	46.36	10.05	13.57	0	1.92	18.50	100

由图 4-39（d）可知，配比Ⅲ试件虽然存在有腐蚀产物钙矾石和$CaCO_3$，但是没有发现孔隙和裂缝，即使在更大的视野中也没有发现裂缝[图 4-39（e）]，可以判断其中的钙矾石主要来自膨胀剂，说明膨胀剂会在混凝土中产生钙矾石。但钙矾石的存在并不是都对混凝土有害，这要判断钙矾石的产生是在混凝土水化完成前，还是完成后。如果是在水化完成前形成的钙矾石，其对混凝土是有利的；如果是在水化完成后通过孔隙进入到混凝土中的钙矾石，对混凝土是不利的。

4.4 小　　结

结合青海高寒盐沼泽区现场桥梁桩基腐蚀环境特点，并根据依托工程主要易溶盐的种类与含量在室内制备了不同浓度的复合盐侵蚀溶液，研究了桥梁桩基混凝土在长期浸泡、干湿循环、养护冻融、浸泡冻融和干湿-冻融等腐蚀作用下的长期力学性能和微观机理，得出如下结论。

（1）在青海高寒盐沼泽区，腐蚀产物钙矾石、硅灰石膏和 Friedel 盐共存，这些腐蚀产物共同作用使桩基混凝土腐蚀破坏，这与现场环境作用下的微观损伤机理一致，说明高寒盐沼泽区桥梁桩基的腐蚀破坏是多因素共同作用的结果。

（2）质量分数为3.4%的复合盐对桥梁桩基的损伤最强烈，随溶液浓度的增大，复合盐溶液中离子相互抑制作用增强，对桥梁桩基混凝土损伤减弱。

（3）在青海高寒盐沼泽区，桥梁桩基混凝土中基准配比混凝土和单掺粉煤灰或矿渣等矿物掺合料的混凝土长期力学性能较差；在桥梁桩基混凝土中同时加入粉煤灰、硅灰和膨胀剂，能显著增强桥梁桩基混凝土的抗侵蚀性能。

（4）在青海高寒盐沼泽区桥梁桩基工程施工时，为降低冻融循环对桥梁桩基混凝土的损伤，混凝土浇筑在结冻期前 3 个月以上为宜。

第五章　高寒盐沼泽区桥梁桩基力学性能影响因素评价及分析

5.1　概　　述

高寒盐沼泽区影响桥梁桩基混凝土力学性能的外部环境作用主要包括复合盐侵蚀、长期浸泡、干湿循环、养护冻融循环、浸泡冻融循环、干湿-冻融循环等，这些作用与桩基混凝土力学性能之间的关系是不确定的，且各作用对桥梁桩基混凝土力学性能的影响存在叠加效应，具有一定的粗糙性特征。为了确定各环境作用对桩基混凝土力学性能的影响程度，选取长期浸泡时间、干湿循环次数、养护冻融循环次数、浸泡冻融循环次数、干湿-冻融循环次数和复合盐溶液浓度 6 个影响因素，采用粗糙集理论，分析这些影响因素对桩基混凝土力学性能的影响程度，为高寒盐沼泽区桥梁桩基的安全性评价提供参考依据。

在采用粗糙集理论评价桥梁桩基混凝土力学性能影响因素的基础上，基于高寒盐沼泽区桥梁桩基混凝土损伤机理及损伤力学理论，采用回归分析的方法，对桥梁桩基混凝土在长期浸泡、干湿循环、养护冻融循环、浸泡冻融循环、干湿-冻融循环和复合盐溶液浓度等外部环境作用下的腐蚀规律建立经验公式，为高寒盐沼泽区桥梁桩基的长期力学性能评价提供参考依据。

5.2　基于粗糙集理论的桥梁桩基混凝土力学性能影响因素评价

5.2.1　粗糙集理论

1. 基本概念

粗糙集（rough set）理论是由波兰数学家 Pawlak 于 1982 年提出的一种不确

定性数据分析理论。该理论能够有效地对数据中潜在有用的信息进行挖掘，其主要思想是：在保持信息系统分类能力不变的前提下，通过知识约简剔除数据中的冗余信息，从而导出问题的正确决策或分类。具体方法为：在条件属性集里采取去除一个属性，再考虑去除该属性后分类的变化情况，如果变化不大，则该属性的重要程度较小；相反，如果去除该属性后变化较大，则该属性的重要程度较大，最后可以通过约简的方法即可以求出属性的权重[71]。

由于粗糙集理论利用知识的等价关系对特定空间进行划分，不需要任何处理，仅与已有实验结果和计算值有关，从而避免了主观影响，使得到的结论更具有客观应用价值。因此，粗糙集理论已在科技界和工程界广泛应用[72-74]。

2. 信息系统

一个知识表达系统 S 可表示为四元组，即 $S=(U,A,V,f)$。其中，U 是对象的非空有限集合，称为论域；A 是属性值的集合，$A=C\bigcap D$，C 是条件属性，D 是决策属性；V 是属性值的集合，$V=\bigcup\limits_{a\in A}V_a$，$V_a$ 是属性 a 的值域；f 是一个信息函数，$f:U\times A\to V$，它指定 U 中每一个对象 x 的属性值。

3. 等价关系

定义 5.1　设 $S=(U,A)$ 为一信息系统，$B\subseteq U$，定义 B 的不可分辨关系 $\mathrm{IND}(B)$ 为

$$\mathrm{IND}(B)=\{(x,y)\in U\times U:f(x,a)=f(y,a),\forall a\in B\} \tag{5-1}$$

不可分辨关系又称等价关系，它把 U 划分为有限个集合，称为等价类。它的 B 等价类定义为 $[x]_B=\{y\in U|(x,y)\in\mathrm{IND}(B)\}$, $\mathrm{IND}(B)$ 的所有等价类族 $U/\mathrm{IND}(B)$ 定义为等价关系 B 的族相关的知识，称为 B 基本知识或基本组合，记为 U/B。

4. 下近似、上近似和边界域

定义 5.2　令 X 为 U 的非空子集，$B\subseteq A$ 且 $B\neq\varnothing$，集合 X 的 B 的下近似 $\underline{B}(X)$ 和上近似 $\overline{B}(X)$ 分别定义为

$$\underline{B}(X)=U\{x\in U:\mathrm{IND}_B(X)\subseteq X\} \tag{5-2}$$

$$\overline{B}(X)=U\{x\in U:\mathrm{IND}_B(X)\bigcap X\neq\varnothing\} \tag{5-3}$$

集合 X 的 B 的边界域为

$$BN_B(X)=\overline{B}(X)-\underline{B}(X) \tag{5-4}$$

下近似可理解为由那些根据现有知识判断肯定属于 X 的对象组成的最大集合；上近似可理解为由那些根据现有的知识判断可能属于 X 的最小集合；对于由那些根据现有知识判断出可能属于 X 但不能完全确定是否属于 X 的对象所组成的集合称为 X 的边界域。记为 $BN_B(X)$，粗糙集示意图如图 5-1 所示。

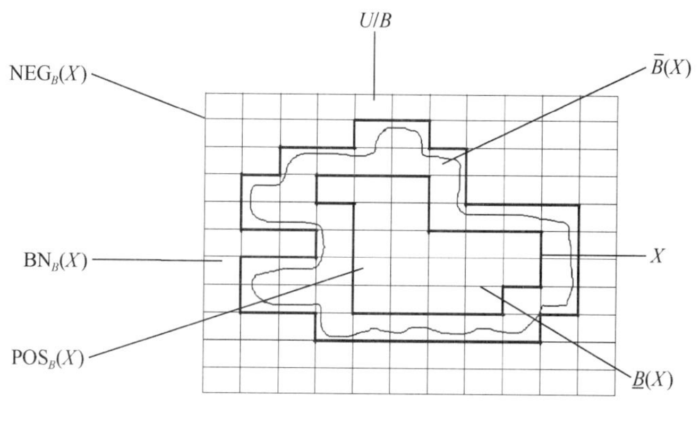

图 5-1　粗糙集示意图

5. 属性约简

属性约简就是在保持信息系统分类能力不变的条件下，删除其中不相关或不重要的属性。令 A 为一个属性集，$a \in A$，如果 $\mathrm{IND}(A) = \mathrm{IND}(A - \{a\})$，则称 a 为 A 中不必要的；否则 a 为 A 中必要的。如果 $a \in A$ 都为 A 中必要的，则称 A 是独立的；否则称 A 是依赖的。

6. 决策属性对条件属性的依赖度

如果属性集 D 的所有属性值唯一地被属性集 C 的所有属性值决定，则称 D 完全依赖于 C。如果只有部分属性值是由 C 中的属性值决定则称为 D 部分依赖于 C。

定义 5.3　令 C、$D \subseteq A, X \in U/C$，定义

$$\mathrm{POS}_C(D) = \bigcup_{X \in U/D} \underline{B}(X) \tag{5-5}$$

为等价类 U/D 关于 C 的正域。

定义 5.4　令 C、$D \subseteq A$，定义两个属性集 C 与 D 之间的依赖程度 $\gamma_c(C,D)$ 为

$$\gamma_c(C,D) = \frac{\mathrm{card}[\mathrm{POS}_C(D)]}{\mathrm{card}(U)} \tag{5-6}$$

式中，card 为集合的势；$\gamma_c(C,D)$ 为由条件属性 C 的取值能准确判定出属于某个

决策属性 D 的等价类的对象所占系统的比例，即表示条件属性 C 能区分决策属性等价类的能力。

定义 5.5　属性 $a \in C$，属性 a 关于 D 的重要程度定义为

$$\mathrm{SGF}(a,C,D)=\gamma_C(C,D)-\gamma(C-\{a\},D) \tag{5-7}$$

式中，$\gamma(C-\{a\},D)$ 为在 C 中删除属性 a 后，条件属性对决策属性的依赖程度。

7. 权重确定方法（条件信息熵）

权重确定方法历来是决策与评价领域研究的重点。曹秀英等[75]根据去掉某属性后分类的结果的变化情况来定义属性的权重，从而实现了把客观属性重要度和主观的先验知识相结合来确定属性权重。而周艾飞等[76]先将决策表进行属性约简，再利用权重确定方法确立公式[77]，这种方法避免了约简程度过高的问题，但却忽略了权重为 0 和被约简掉的属性的实际意义[78]。而基于粗糙集理论的条件信息熵的权重确定方法更加合理、全面，提高了方法的普适性和可解释性[79-80]。因此，采用基于粗糙集理论的条件信息熵的权重确定方法。

定义 5.6　在决策表$S=(U,C,D,V,f)$中，$\forall P,Q\subseteq(C\cup D)$，记$U/P=\{P_1,P_2,\cdots,P_h\}$，$U/Q=\{Q_1,Q_2,\cdots,Q_h\}$若$\forall P_i\in U/P\to\exists Q_j$；$\forall P_i\in U/Q$使$P\subseteq Q_j$，则称$U/P$为$U/Q$的加细，记为$U/P\subseteq U/Q$。

定理 1　在决策表 $S=(U,C,D,V,f)$ 中，$\forall Q\subseteq P(C\cup D)$，则有$U/P\leqslant U/Q$。

定理 2　在论域U中，设$U/B=\{B_1,B_2,\cdots,B_i\}$，$U/D=\{D_1,D_2,\cdots,D_k\}$，$U/B'=\{B_1,B_2,\cdots,B_{p-1},B_p,B_{p+1},\cdots,B_{q-1},B_qB_{q+1},\cdots,B_t,B_p\cup B_q\}$，则有等号成立的充分必要条件，即

$$\left|D_j\cap B_p\right|\left(\left|B_q\right|-\left|D_j\cap B_q\right|\right)=O\wedge\left|D_j\cap B_q\right|\left(\left|B_p\right|-\left|D_j\cap B_p\right|\right)=0,(j=1,2,\cdots,k) \tag{5-8}$$

定理 3　在决策表$S=(U,C,D,V,f)$中，$\forall B\subseteq P\subseteq C$中，$U/D=\{D_1,D_2,\cdots,D_k\}$，则有$I(D/P)\leqslant I(D/B)$，等号成立的充分必要条件是对任意$X_i,X_j\in U/P$，若$(X_i\cup X_j)\subseteq Y\in U/B$，均有

$$\left|D_r\cap X_i\right|\left(\left|X_j\right|-\left|D_r\cap X_j\right|\right)=O\wedge\left|D_r\cap X_j\right|\left(\left|X_i\right|-\left|D_r\cap X_i\right|\right)=0,(r=1,2,\cdots,k) \tag{5-9}$$

8. 权重分析步骤

根据以上理论，不同的属性，具有不同的重要程度，因此，我们可以用权重来分析，其具体计算步骤如下所述。

1）建立数据模型

分别建立问题的条件属性和决策属性，所研究的样本的集合，即知识库就是论域。

2）离散化数据

对条件属性和决策属性，根据其最大值和最小值的范围，分别进行等级确定，建立知识表达体系，形成具有离散化的决策信息表。

3）确定权重

（1）计算决策属性 D 相对于条件属性 C 的条件信息熵 $I(D/C)$ 为

$$I(D/C)=\sum_{i=1}^{m}\frac{|C_i|^2}{|U|^2}\sum_{j=1}^{k}\frac{|D_j\cap C_i|}{|C_i|}\left(1-\frac{|D_j\cap C_i|}{|C_i|}\right) \tag{5-10}$$

同理，计算去掉某一约简后的条件 $I(D/C-\{c_1\})$、$I(D/C-\{c_2\})$、…、$I(D/C-\{c_k\})$ 以及条件自身的信息熵 $I(\{c_1\})$、$I(\{c_2\})$、…、$I(\{c_k\})$。

（2）计算条件属性重要度为

$$\mathrm{Sig}(c)=I(D|C-\{c\})-I(D|C)+I(D|\{c_1\}) \tag{5-11}$$

（3）计算条件属性 C 的权重为

$$W(c)=\frac{\mathrm{Sig}(c)}{\sum_{a\in C}\{\mathrm{Sig}(a)\}} \tag{5-12}$$

5.2.2　粗糙集软件 ROSETTA 简介

ROSETTA 软件是一款基于粗糙集理论知识的数据分析计算工具，该软件是由挪威科技大学与信息科学系和波兰华沙大学数学研究所合作开发的。该软件广泛应用于各个领域中的粗糙集理论分析。ROSETTA 软件提供了方便的与用户对接窗口，提供了方便的原始数据的离散、数据约简（Genetic algorithm，Johnson's algorithm，Hotel's 1R，Manual reducer，Dynamic reducts 等算法），从而得到决策规则，进行模块的分析和验证。对于数据约简，本书选取 Genetic algorithm 进行约简。

5.2.3　基于粗糙集理论的桩基混凝土力学性能影响因素权重分析

1. 构建影响因素与桩基混凝土力学性能指标的决策信息表

采用第三章桩基混凝土力学性能指标的原始数据，选取浸泡时间、干湿循环次数、养护冻融循环次数、浸泡冻融循环次数、干湿-冻融循环次数和复合盐溶液浓度作为混凝土力学性能的影响因素，这 6 个因素分别用 c_1、c_2、c_3、c_4、c_5、c_6 表示，即条件属性为$\{c_1$、c_2、c_3、c_4、c_5、$c_6\}$，评价指标即决策属性采用桩基混凝土的抗侵蚀系数和相对动弹性模量，用 D 表示。

2. 决策表的构建

基于粗糙集理论数据处理的要求，并根据不同环境下的桩基混凝土力学性能试验结果的划分。

3. 桩基混凝土力学性能影响因子的重要度及权重计算

1）运用 ROSETTA 软件进行数据处理

启动 ROSETTA 软件（图 5-2），把前面处理的抗侵蚀系数和相对动弹性模量决策信息表导入到 ROSETTA 软件中进行处理，导入数据后 ROSETTA 软件界面如图 5-3 所示。

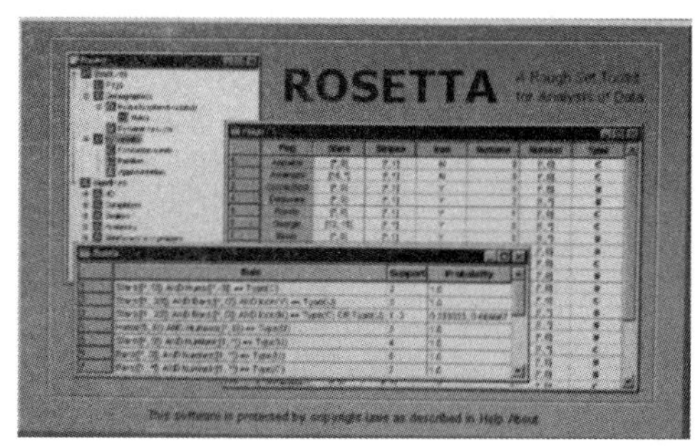

图 5-2　ROSETTA 软件界面

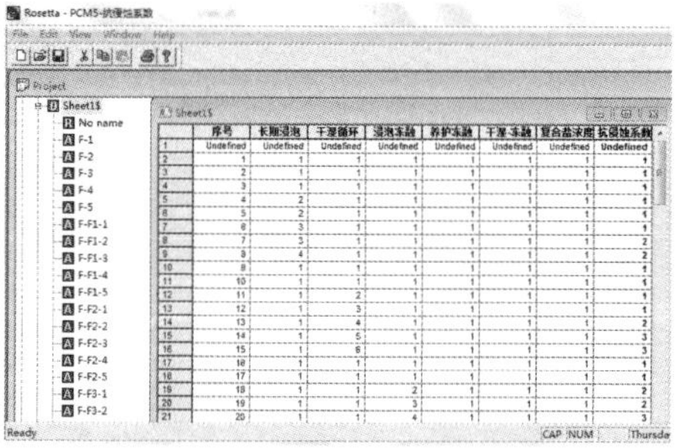

图 5-3　导入数据后软件 ROSETTA 界面

利用 ROSETTA 软件对导入的数据进行约简（genetic algorithm），可知本书六个条件属性（长期浸泡、干湿循环、养护冻融、浸泡冻融、干湿-冻融、复合盐溶液浓度）均为必要因素，不可约简，如图 5-4 所示。应用 ROSETTA 软件计算各条件属性和决策属性的等价类（图 5-5 和图 5-6），并用同样的方法求得$U/C-\{c_1\}$、$U/C-\{c_2\}$、$U/C-\{c_3\}$、$U/C-\{c_4\}$、$U/C-\{c_5\}$、$U/C-\{c_6\}$和$U/\{c_1\}$、$U/\{c_2\}$、$U/\{c_3\}$、$U/\{c_4\}$、$U/\{c_5\}$、$U/\{c_6\}$的等价类。

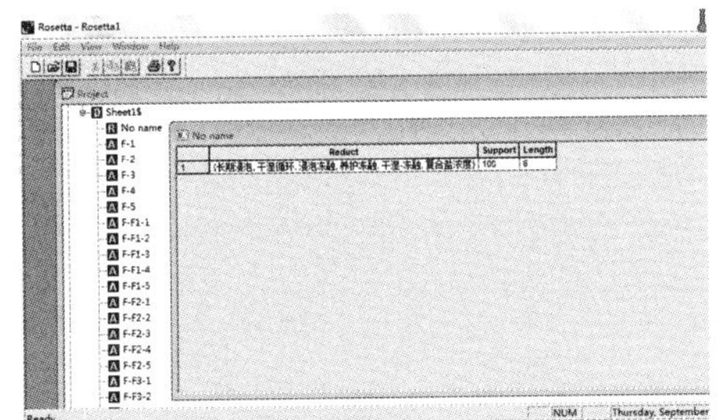

图 5-4　软件 ROSETTA 属性约简

图 5-5　条件属性的等价类

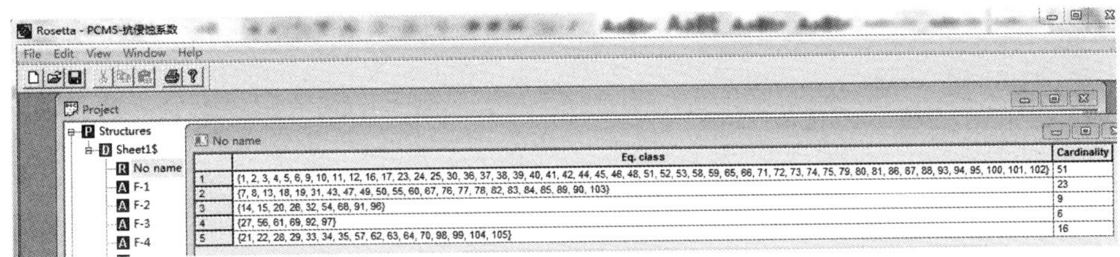

图 5-6　决策属性的等价类

2）条件信息熵计算

$$I(D/C)=\sum_{i=1}^{m}\frac{|C_i|^2}{|U|^2}\sum_{j=1}^{k}\frac{|D_j\cap C_i|}{|C_i|}\left(1-\frac{|D_j\cap C_i|}{|C_i|}\right)$$

$$=\frac{61^2}{97^2}\left\{\left[\frac{10}{11}\left(1-\frac{10}{11}\right)\right]+\frac{10}{11}\left(1-\frac{10}{11}\right)\right\}$$

$$=0.0654$$

同理可得$I(D/C-\{c_1\})=0.165$，$I(D/C-\{c_2\})=0.3567$，$I(D/C-\{c_3\})=0.4407$，$I(D/C-\{c_4\})=0.3823$，$I(D/C-\{c_5\})=0.4570$，$I(D/C-\{c_6\})=0.4203$，$I(D/\{c_1\})=0.002$，$I(D/\{c_2\})=0.009$，$I(D/\{c_3\})=0.005$，$I(D/\{c_4\})=0.0125$，$I(D/\{c_5\})=0.03$，$I(D/\{c_6\})=0.002$。

3）重要度计算

$\mathrm{Sig}(c_1)=I(D/C-\{c_1\})-I(D/C)=0.1016$，同理，$\mathrm{Sig}(c_2)=0.3003$，$\mathrm{Sig}(c_3)=0.3803$，$\mathrm{Sig}(c_4)=0.3294$，$\mathrm{Sig}(c_5)=0.3946$，$\mathrm{Sig}(c_6)=0.3569$。

4）权重计算

$W(c_1)=\dfrac{\mathrm{Sig}(c)}{\sum\limits_{a\in C}\{\mathrm{Sig}(a)\}}=0.0545$，同理，$W(c_2)=0.1612$，$W(c_3)=0.2041$，$W(c_4)=0.1768$，$W(c_5)=0.2118$，$W(c_6)=0.1916$。

采用同样的方法分别可以计算出抗侵蚀系数和相对动弹性模量的权重见表 5-1、表 5-2。

表 5-1　基于粗糙集理论的抗侵蚀系数影响因素的重要度和权重系数

各条件因素	项目	
	重要度 Sig（c）	权重 W（c）
长期浸泡 c_1	0.1016	0.0545
干湿循环 c_2	0.3003	0.1612
养护冻融 c_3	0.3803	0.2041
浸泡冻融 c_4	0.3294	0.1768
干湿-冻融 c_5	0.3946	0.2118
复合盐溶液浓度 c_6	0.3569	0.1916

表 5-2　基于粗糙集理论的相对动弹性模量影响因素的重要度和权重系数

各条件因素	项目	
	重要度 Sig（c）	权重 W（c）
长期浸泡 c_1	0.0033	0.0025
干湿循环 c_2	0.2008	0.1498
养护冻融 c_3	0.3355	0.2502
浸泡冻融 c_4	0.2551	0.1679
干湿-冻融 c_5	0.3446	0.2570
复合盐溶液浓度 c_6	0.2315	0.1727

5）结果分析

由表 5-1 可知，对抗侵蚀系数影响的 6 个因素中，干湿-冻融的重要度最大，其余依次是养护冻融、复合盐溶液浓度、浸泡冻融、干湿循环、长期浸泡。6 个影响因素中权重系数由大到小顺序排列分别为：干湿-冻融（0.2118）、养护冻融（0.2041）、复合盐溶液浓度（0.1916）、浸泡冻融（0.1768）、干湿循环（0.1612）、长期浸泡（0.0545）。

由表 5-2 可知，对相对动弹性模量影响的 6 个因素中，干湿-冻融的重要度最大，其余依次是养护冻融、浸泡冻融、复合盐溶液浓度、干湿循环、长期浸泡。6个影响因素中权重系数由大到小顺序排列分别为：干湿-冻融（0.2570）、养护冻融（0.2502）、复合盐溶液浓度（0.1727）、浸泡冻融（0.1679）、干湿循环（0.1498）、长期浸泡（0.0025）。

由表 5-1、表 5-2 可知，对抗侵蚀系数和相对动弹性模量来说，6 个影响因素的重要度和权重排序是一致的。干湿-冻融比养护冻融、复合盐溶液浓度、浸泡冻融、干湿循环和长期浸泡对混凝土抗侵蚀系数和相对动弹性模量的影响严重，这也说明了外部环境作用越复杂、越恶劣，对混凝土的破坏性越大。本书第四章相关内容亦可证明这一点。无论是抗侵蚀系数还是相对动弹性模量，长期浸泡的影响权重都是最小的，说明处于稳定外部状态的混凝土力学性能较好，混凝土损伤速度缓慢。此外，对于抗侵蚀系数复合盐溶液浓度（0.1916）的权重超过了浸泡冻融（0.1768）和干湿循环（0.1612），说明复合盐溶液浓度的大小对混凝土力学性能影响较大，由第四章试验结果可知，基准浓度的复合盐溶液对混凝土的破坏性大于 3 倍和 5 倍基准浓度。这说明，在复合盐浓度较小（基准浓度）时，侵蚀性离子(Cl^-、SO_4^{2-}、HCO_3^-)对混凝土的破坏性更大。对于抗侵蚀系数和相对动弹性模量，养护冻融（0.2041，0.2502）均比浸泡冻融（0.1768 和 0.1679）权重系数大，说明混凝土浇筑后进入冻融的时间对于混凝土的力学性能影响较大，进一步验证了第四章的结论，即混凝土浇筑的时间选在结冰期前 3 个月以上为宜。

5.3　基于损伤力学的桥梁桩基混凝土腐蚀损伤分析

损伤力学是二十世纪八十年代兴起的一个固体力学的分支，已成功应用于混凝土、金属材料、石料、陶瓷等多种材料中。损伤度是材料或构件损伤的程度，表现为在应力作用下微观裂纹和微观孔隙的产生和发展，宏观表现为有效工作面积的减少[81]。

混凝土材料在自然状态下是一种明显的多孔隙介质，材料中含有较多的细微缺陷，当受到外部环境作用（盐腐蚀、冻融、干湿等）时，其内部微细观结构将发生变化，从而引起宏观性能变化。混凝土外部环境的变化和混凝土自身性质的变化都会对混凝土的力学性能产生影响，因此，基于第四章室内试验数据，针对混凝土分别在盐腐蚀、冻融和干湿作用下的动弹性模量变化规律建立了混凝土腐蚀损伤模型，研究混凝土受到盐腐蚀、冻融和干湿作用下的腐蚀损伤演化规律，为腐蚀环境下混凝土寿命预测和耐久性评估提供参考。

根据损伤力学[82]的原理，描述混凝土结构的实效的损伤度 D 可用下式表示

$$D = 1 - E_r = 1 - \frac{E_i}{E_0} = 1 - \left(\frac{f_i}{f_0}\right)^2 \tag{5-13}$$

式中，E_r 为相对动弹性模量；E_0、f_0 分别为受腐蚀前试件的动弹性模量和频率；E_i、f_i 分别为受腐蚀后试件的动弹性模量和频率。

根据第 3 章的试验数据，采用回归分析的方法，分别建立在长期浸泡、干湿循环、养护冻融、浸泡冻融和干湿-冻融环境下混凝土的腐蚀损伤模型。

5.3.1　长期浸泡作用下桥梁桩基混凝土的损伤度

根据式（5-13）可以定义：当受到长期浸泡复合盐侵蚀后混凝土的损伤度为

$$D(t) = 1 - E_r = 1 - \frac{E_t}{E_0} = 1 - \left(\frac{f_t}{f_0}\right)^2 \tag{5-14}$$

式中，E_r 为相对动弹性模量；E_0、f_0 分别为受腐蚀前试件的动弹性模量和频率；E_t、f_t 分别为受腐蚀 t 时间后试件的动弹性模量和频率。

计算混凝土试样随龄期变化的损伤度 $D(t)$，见表 5-3。

表 5-3　复合盐侵蚀下混凝土随龄期变化的损伤度 $D(t)$

腐蚀时间/d	损伤度 $D(t)$				
	配比 I	配比 II	配比 III	配比 IV	配比 V
0	0	0	0	0	0
60	−0.0164	−0.0380	0.0082	−0.0188	−0.0313
120	−0.0188	−0.0188	0.0082	−0.0291	−0.0335
180	−0.0264	−0.0320	0.0082	−0.0340	−0.0396
240	−0.0320	−0.0060	0.0082	−0.0290	−0.0521
300	−0.0270	0.0150	0.0081	−0.0085	−0.0838
360	−0.0220	0.0090	0.0081	0.0102	−0.0503
420	−0.0180	0.0270	0.0082	0.0135	−0.0450

对表 5-3 中数据进行回归分析，得到复合盐侵蚀下混凝土的损伤度随浸泡时间变化的拟合曲线和拟合关系式如图 5-7 所示（拟合曲线公式中损伤度均由 y 代替）。损伤度 $D(t)<0$ 时，表示混凝土出现负损伤，即混凝土耐久性提高；损伤度 $D(t)=0$ 时，表示混凝土没有损伤；损伤度 $D(t)>0$ 时，表示混凝土出现损伤，且损

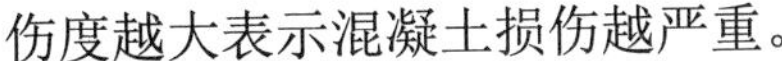
伤度越大表示混凝土损伤越严重。

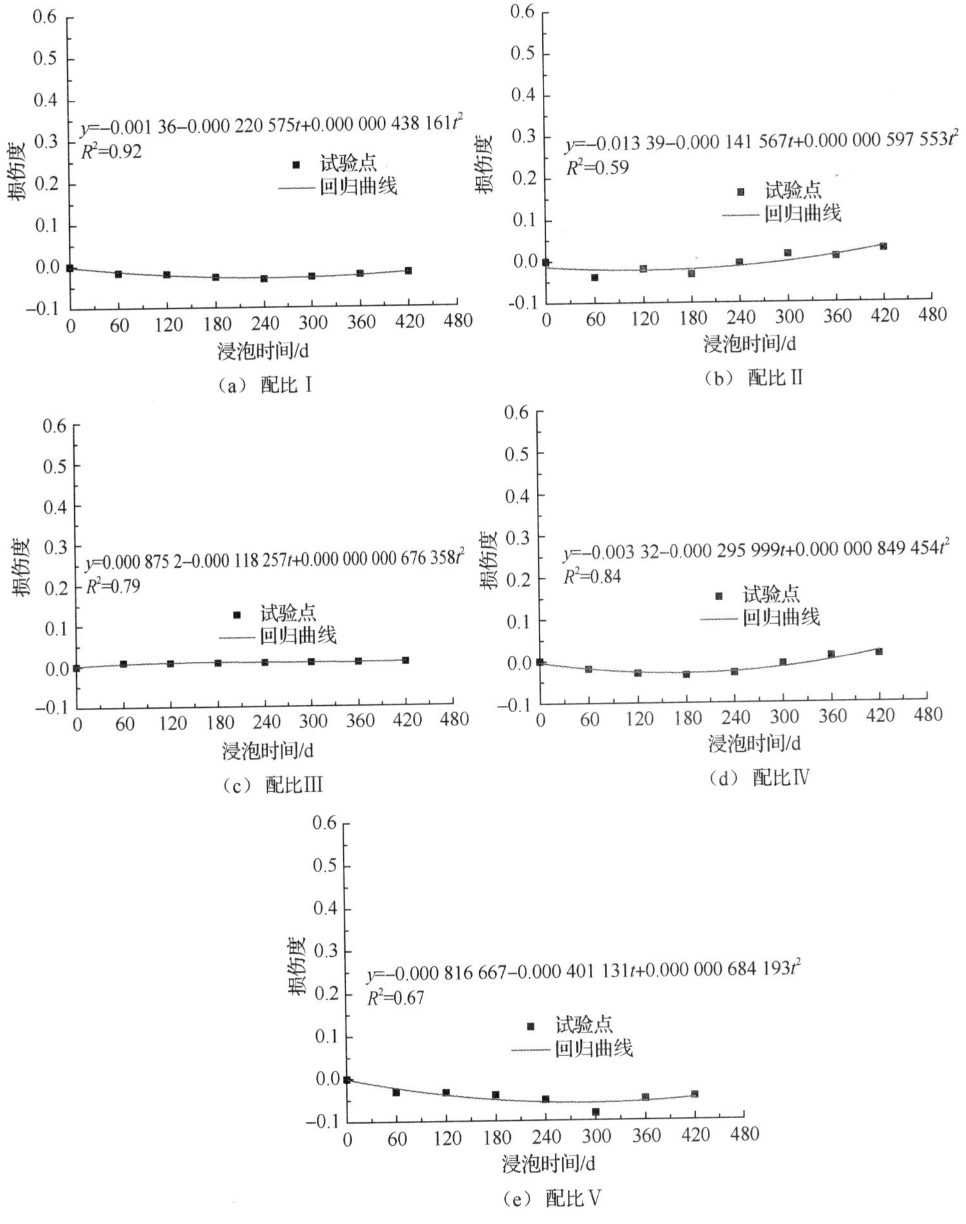

（a）配比Ⅰ

（b）配比Ⅱ

（c）配比Ⅲ

（d）配比Ⅳ

（e）配比Ⅴ

图 5-7　损伤度随浸泡时间变化的拟合曲线（基准浓度）

由图 5-7 可知，随着浸泡时间的增加，混凝土损伤度变化不大，有的甚至出现负增长，说明混凝土损伤程度很小。

5.3.2　干湿循环作用下桥梁桩基混凝土的损伤度

同理，根据式（5-13）还可定义：当受到干湿循环后混凝土的损伤度为

$$D(N_{\mathrm{D}})=1-E_{\mathrm{r}}=1-\frac{E_{N_{\mathrm{D}}}}{E_0}=1-\left(\frac{f_{N_{\mathrm{D}}}}{f_0}\right)^2 \qquad (5\text{-}15)$$

式中，E_0、f_0分别为受腐蚀前试件的动弹性模量和频率；$E_{N_{\mathrm{D}}}$、$f_{N_{\mathrm{D}}}$分别为受干湿循环侵蚀N次后试件的动弹性模量和频率。

对表 5-4 中数据进行回归分析，得到复合盐侵蚀下混凝土的损伤度随干湿循环次数变化的拟合曲线和拟合关系式如图 5-8 所示。

表 5-4　复合盐侵蚀下混凝土随干湿循环次数变化的损伤度 $D(N_{\mathrm{D}})$

循环次数/次	损伤度 $D(N_{\mathrm{D}})$				
	配比Ⅰ	配比Ⅱ	配比Ⅲ	配比Ⅳ	配比Ⅴ
0	0	0	0	0	0
20	−0.012 53	0.264 76	−0.012 57	0.048 07	0.075 83
40	0.031 45	0.325 65	0.045 35	0.118 41	0.090 80
60	0.011 43	0.560 31	0.042 86	0.150 37	0.156 67
80	0.064 76		0.089 65	0.317 17	0.296 35
100	0.085 75		0.114 73		0.395 36
120	0.097 59		0.122 10		

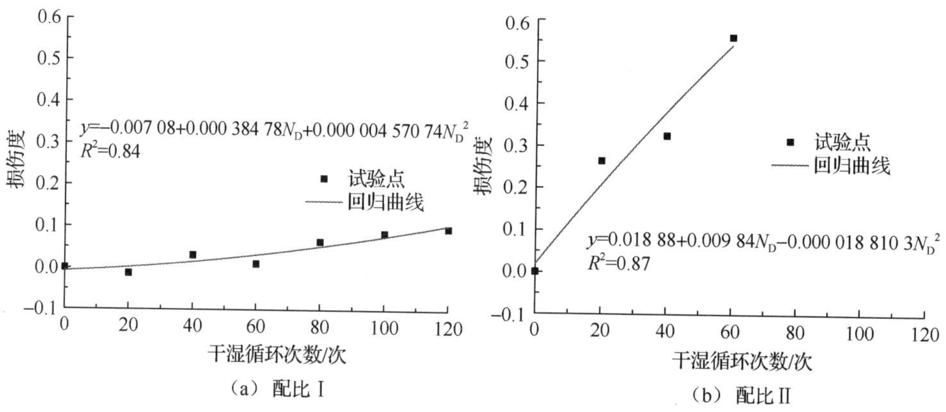

（a）配比Ⅰ　（b）配比Ⅱ

图 5-8　损伤度随干湿循环次数变化的拟合曲线（基准浓度）

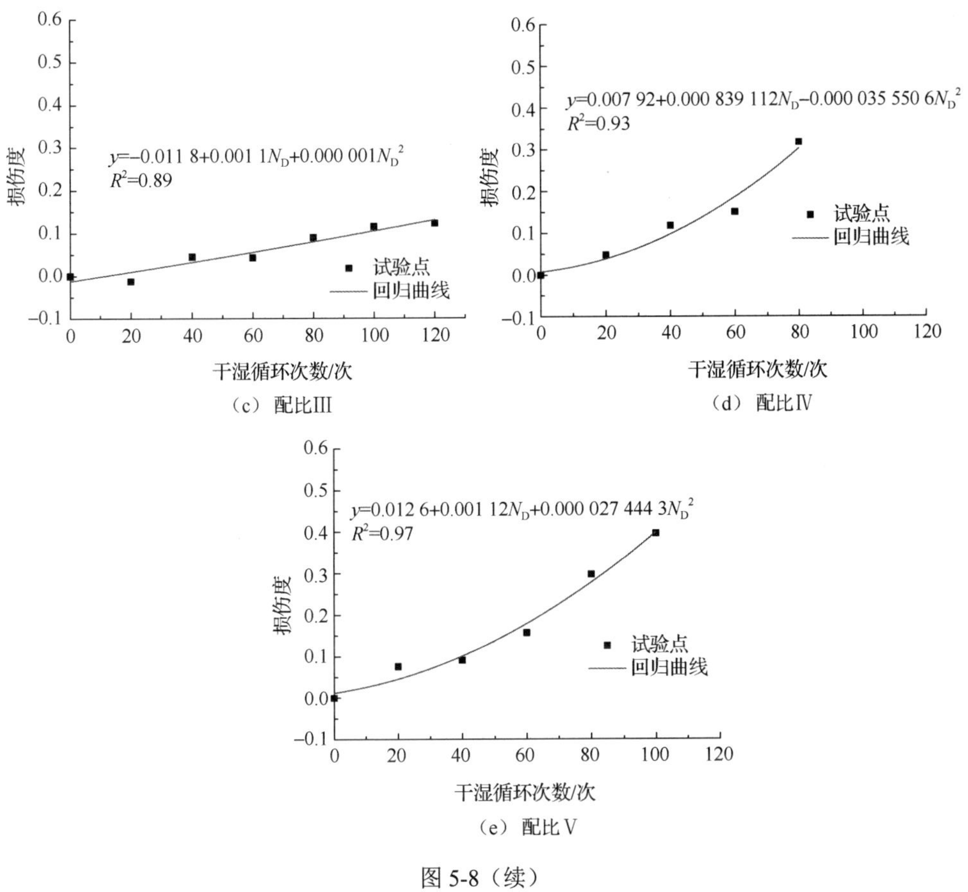

（c）配比Ⅲ

（d）配比Ⅳ

（e）配比Ⅴ

图 5-8（续）

5.3.3　养护冻融作用下桥梁桩基混凝土的损伤度

同时，根据式（5-13）还可以定义：当受到养护冻融循环后混凝土的损伤度为

$$D(N_{\mathrm{S}})=1-E_{\mathrm{r}}=1-\frac{E_{N_{\mathrm{S}}}}{E_0}=1-\left(\frac{f_{N_{\mathrm{S}}}}{f_0}\right)^2 \tag{5-16}$$

式中，E_0、f_0 分别为受腐蚀前试件的动弹性模量和频率；$E_{N_{\mathrm{S}}}$、$f_{N_{\mathrm{S}}}$ 分别为受养护冻融循环侵蚀 N 次后试件的动弹性模量和频率。

对表 5-5 中数据进行回归分析，得到复合盐侵蚀下混凝土的损伤度随养护冻融循环次数变化的拟合曲线和拟合关系式如图 5-9 所示。

表 5-5　复合盐侵蚀下混凝土随养护冻融循环次数变化的损伤度 $D(N_S)$

循环次数/次	损伤度 $D(N_S)$				
	配比Ⅰ	配比Ⅱ	配比Ⅲ	配比Ⅳ	配比Ⅴ
0	0	0	0	0	0
25	0.0519	0.0710	−0.1274	0.0954	0.0439
50	0.0303	0.0479	−0.1526	0.1282	0.0907
75	0.0593	0.1240	−0.0986	0.2469	0.1349
100	0.0871	0.3637	−0.0665	0.3874	0.1930
125	0.1256		0.0722		0.3613
150	0.2706		0.0923		

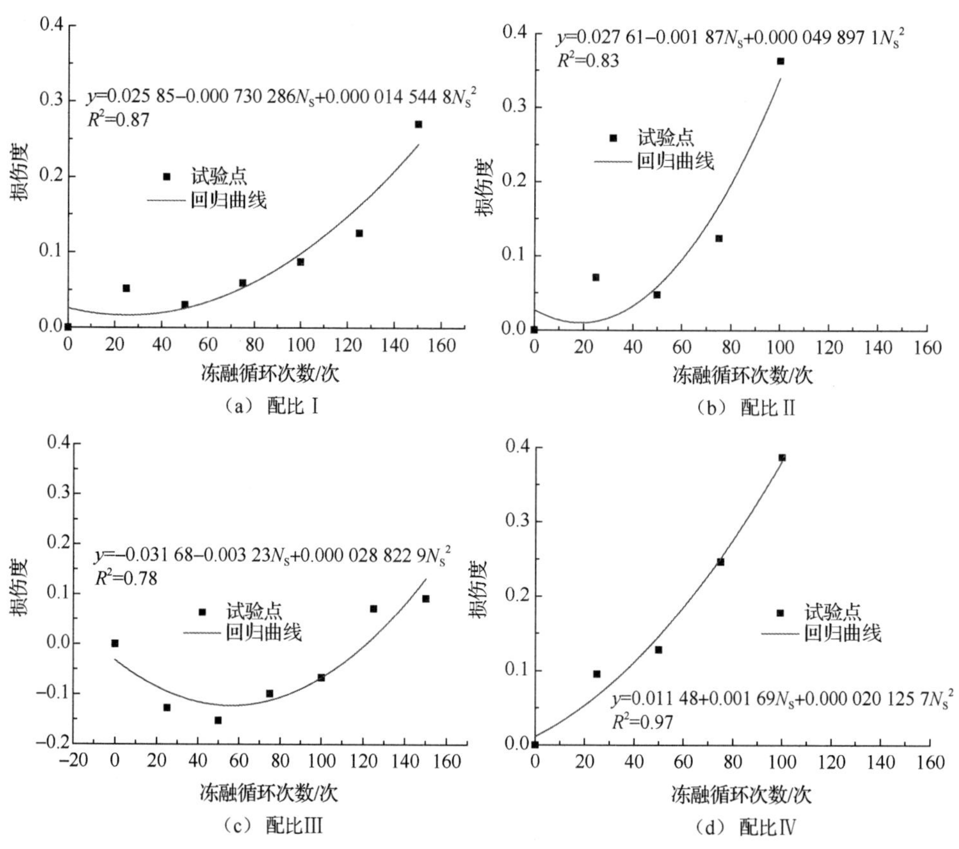

图 5-9　损伤度随养护冻融循环次数变化的拟合曲线（基准浓度）

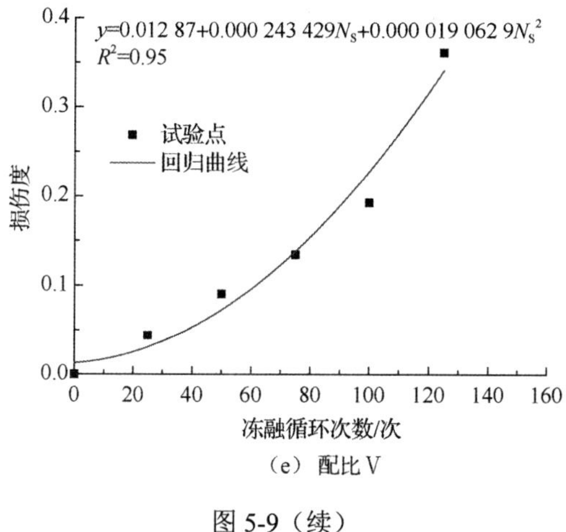

（e）配比Ⅴ

图 5-9（续）

5.3.4　浸泡冻融作用下桥梁桩基混凝土的损伤度

同时，根据式（5-13）还可以定义：当受到浸泡冻融后混凝土的损伤度为

$$D(N_{\rm P})=1-E_{\rm r}=1-\frac{E_{N_{\rm P}}}{E_0}=1-\left(\frac{f_{N_{\rm P}}}{f_0}\right)^2 \tag{5-17}$$

式中，E_0、f_0分别为受腐蚀前试件的动弹性模量和频率；$E_{N_{\rm P}}$、$f_{N_{\rm P}}$分别为受浸泡冻融循环侵蚀 N 次后试件的动弹性模量和频率。

对表 5-6 中数据进行回归分析，得到复合盐侵蚀下混凝土的损伤度随浸泡冻融循环次数变化的拟合曲线和拟合关系式如图 5-10 所示。

表 5-6　复合盐侵蚀下混凝土随浸泡冻融循环次数变化的损伤度 $D(N_{\rm P})$

循环次数/次	损伤度 $D(N_{\rm P})$				
	配比Ⅰ	配比Ⅱ	配比Ⅲ	配比Ⅳ	配比Ⅴ
0	0	0	0	0	0
25	0.0176	0.2476	0.0138	0.0788	0.1340
50	0.0267	0.1412	−0.0392	0.2476	0.0514
75	0.0440	0.2429	0.0274	0.3415	0.0849
100	0.0717	0.3858	0.0257	0.5464	0.1679
125	0.1102	0.4419	0.0675		0.2245
150	0.1283		0.0989		0.2782

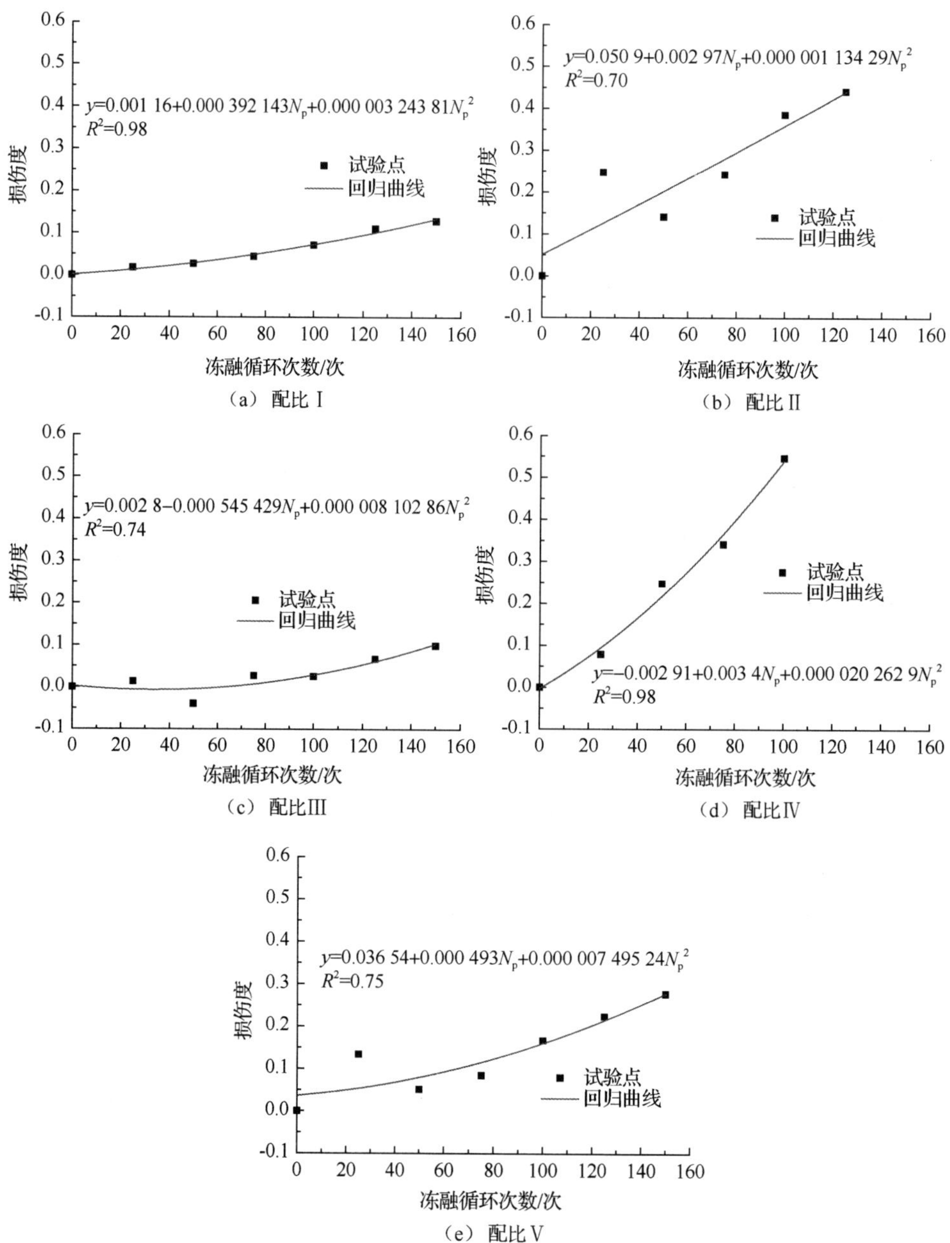

(a) 配比Ⅰ　(b) 配比Ⅱ　(c) 配比Ⅲ　(d) 配比Ⅳ　(e) 配比Ⅴ

图 5-10　损伤度随浸泡冻融循环次数变化的拟合曲线（基准浓度）

5.3.5　干湿-冻融循环作用下桥梁桩基混凝土的损伤度

同时，根据式（5-13）还可以定义：当受到干湿-冻融后混凝土的损伤度为

$$D(N_{\mathrm{Q}})=1-E_{\mathrm{r}}=1-\frac{E_{N_{\mathrm{Q}}}}{E_0}=1-\left(\frac{f_{N_{\mathrm{Q}}}}{f_0}\right)^2 \tag{5-18}$$

式中，E_0、f_0分别为受腐蚀前试件的动弹性模量和频率；$E_{N_{\mathrm{Q}}}$、$f_{N_{\mathrm{Q}}}$分别为受干湿-冻融循环侵蚀N次后试件的动弹性模量和频率。

对表 5-7 中数据进行回归分析，得到复合盐侵蚀下混凝土的损伤度随干湿-冻融循环次数变化的拟合曲线和拟合关系式如图 5-11 所示。

表 5-7　复合盐侵蚀下混凝土随干湿-冻融循环次数变化的损伤度 $D(N_{\mathrm{Q}})$

循环次数/次	损伤度 $D(N_{\mathrm{Q}})$				
	配比 I	配比 II	配比III	配比IV	配比 V
0	0	0	0	0	0
1	0.3270	0.2018	0.1001	0.3508	0.1299
2	0.3071	0.1310	0.0635	0.3320	0.0930
3	0.3239	0.0957	0.0807	0.4715	0.1227
4	0.3730	0.1484	0.1146	0.5419	0.1779
5	0.3010	0.1656	0.1146		0.1802
6	0.3870	0.3600	0.1170		0.3220
7	0.4663	0.4629	0.1525		0.5146
8			0.1620		
9			0.1610		
10			0.1350		
11			0.1580		

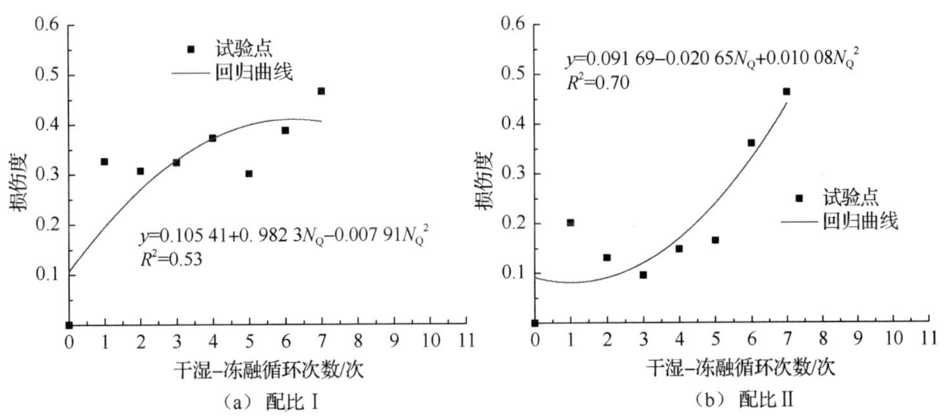

（a）配比 I　　（b）配比 II

图 5-11　损伤度随干湿-冻融循环次数变化的拟合曲线（基准浓度）

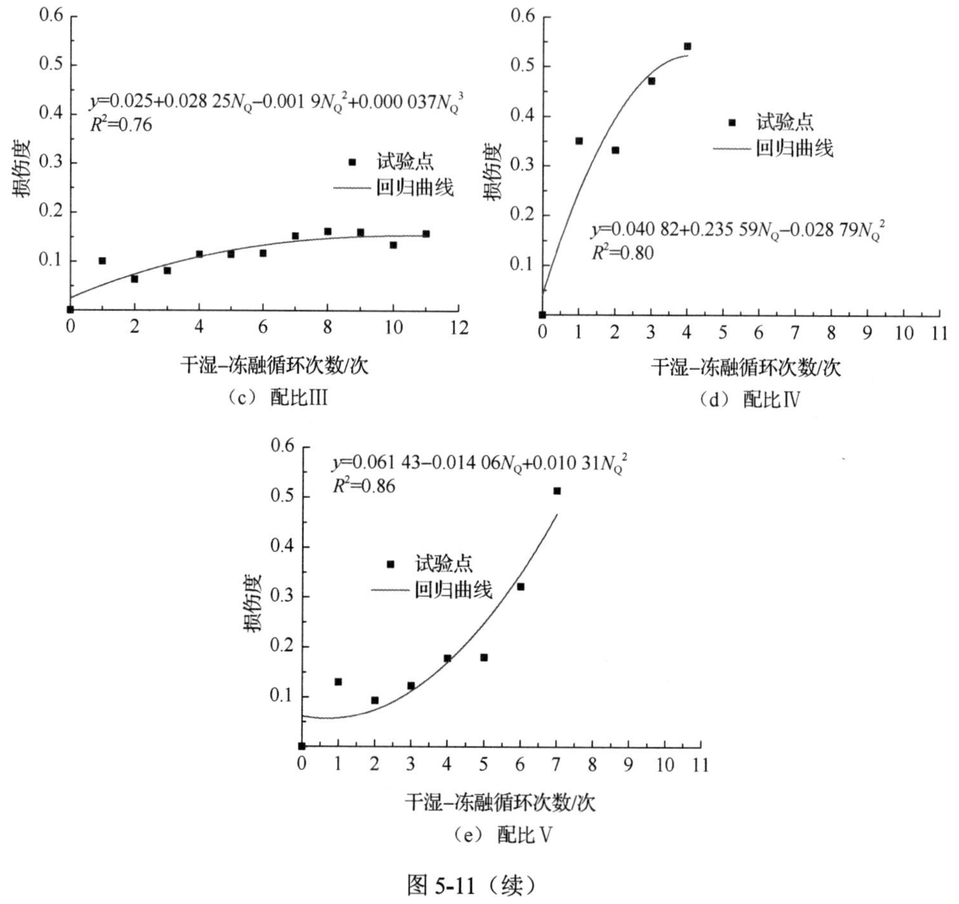

（c）配比Ⅲ

（d）配比Ⅳ

（e）配比Ⅴ

图 5-11（续）

5.4　桥梁桩基混凝土相对动弹性模量与抗侵蚀系数的相关性分析

由于现场测试桥梁桩基实体结构的抗压强度需要取芯测试，一方面测试比较麻烦，另一方面取芯测试是破损性测试方法，对混凝土结构产生比较大的影响，而采用超声波的方法可以方便地检测桥梁桩基混凝土的动弹性模量，并且对其不产生影响。因此，建立混凝土的相对动弹性模量和抗侵蚀系数的关系，能够通过测试混凝土的动弹性模量来评估桥梁桩基实体结构的相对剩余抗压强度，进而评价桥梁桩基的安全性，是一种比较有效的方法。以养护冻融和浸泡冻融为例，建立混凝土相对动弹性模量与抗侵蚀系数的关系方程。图 5-12、图 5-13 分别为养护

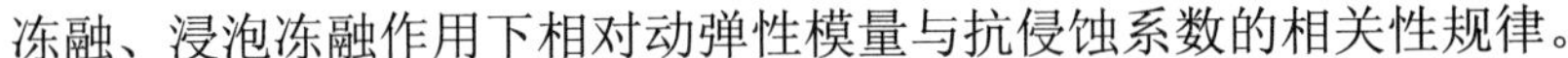
冻融、浸泡冻融作用下相对动弹性模量与抗侵蚀系数的相关性规律。

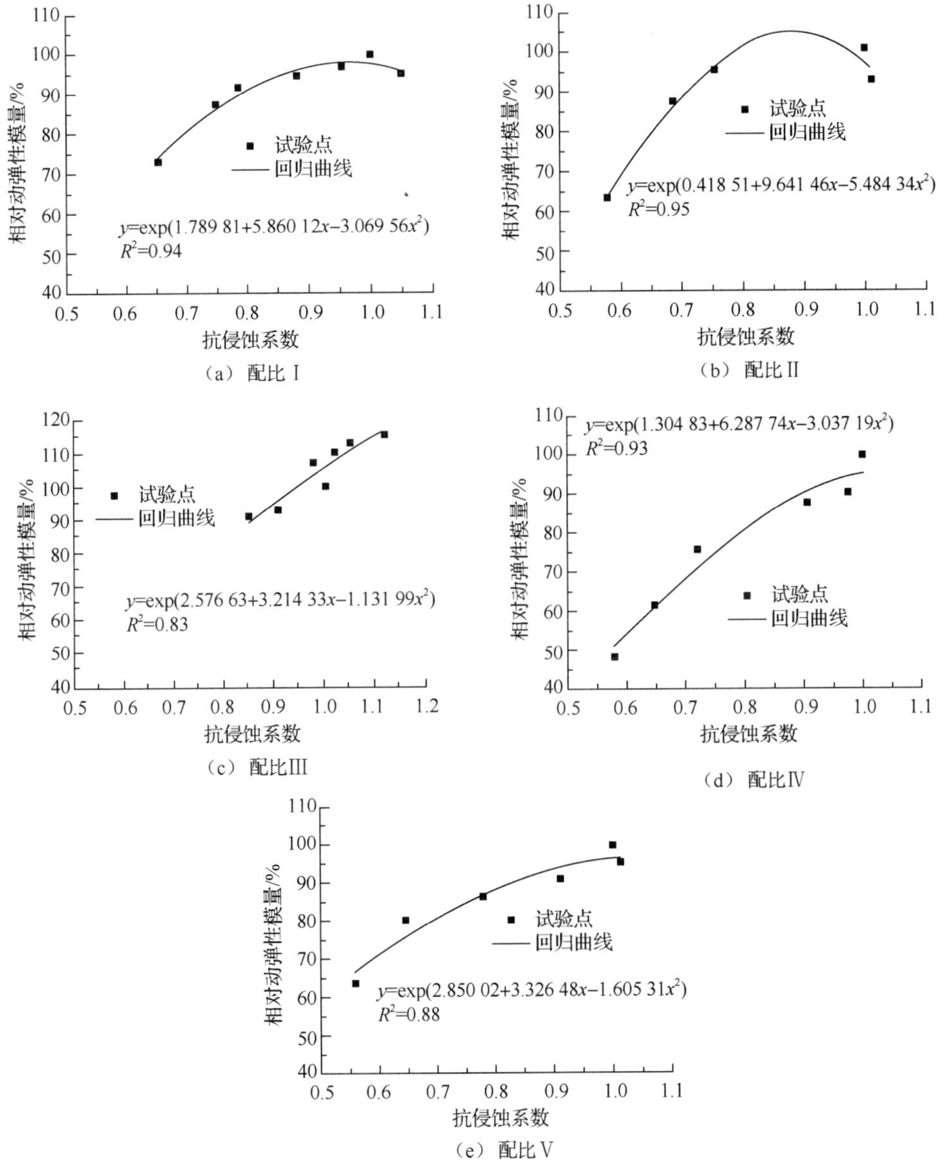

（a）配比Ⅰ

（b）配比Ⅱ

（c）配比Ⅲ

（d）配比Ⅳ

（e）配比Ⅴ

图 5-12　养护冻融作用下相对动弹性模量与抗侵蚀系数的相关性（基准浓度）

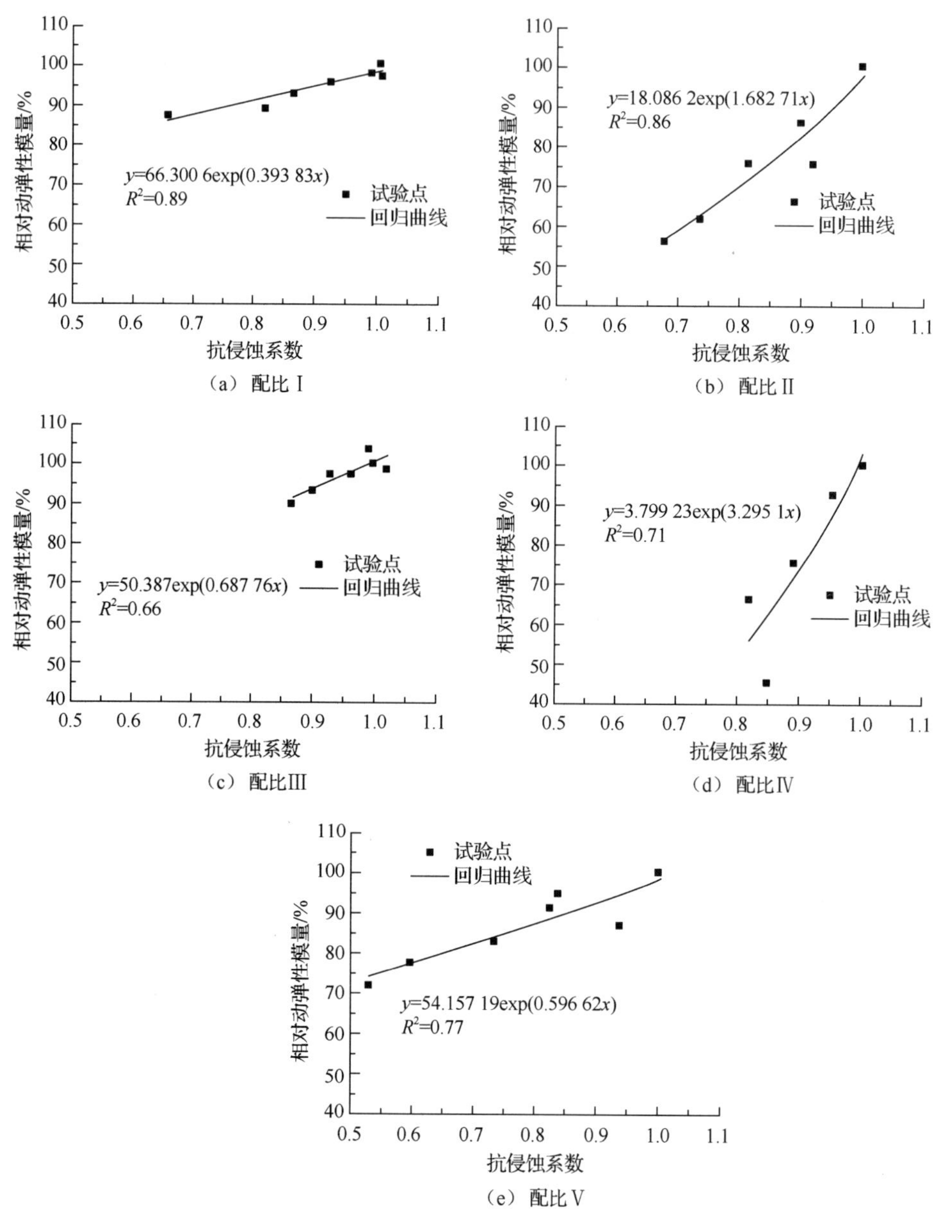

(a) 配比Ⅰ

(b) 配比Ⅱ

(c) 配比Ⅲ

(d) 配比Ⅳ

(e) 配比Ⅴ

图 5-13　浸泡冻融作用下相对动弹性模量与抗侵蚀系数的相关性（基准浓度）

图 5-12 和图 5-13 中建立了相对动弹性模量与抗侵蚀系数关系的指数方程，从图中可以看出，不同配合比的混凝土，相对动弹性模量与抗侵蚀系数的相关性存在差别，但总体上看，其具有较高的相关性，相关系数最高的为 0.95（养护冻融），相关系数较低的为 0.66（浸泡冻融），相关系数在 0.8 以上的占到总数的 70%。

5.5 小　　结

采用粗糙集理论，分析了长期浸泡时间、干湿循环次数、养护冻融次数、浸泡冻融次数、干湿-冻融循环次数和复合盐浓度等6个影响因素对桥梁桩基力学性能的影响程度。基于损伤力学理论，采用回归分析方法，建立了桥梁桩基在长期浸泡、干湿循环、养护冻融、浸泡冻融、干湿-冻融循环和复合盐浓度等外部侵蚀环境作用下的经验公式，又对养护冻融和浸泡冻融作用下桩基混凝土的抗侵蚀系数和相对动弹性模量进行了分析，得出如下结论。

（1）对抗侵蚀系数和相对动弹性模量来说，长期浸泡时间、干湿循环次数、养护冻融次数、浸泡冻融次数、干湿-冻融循环次数和复合盐浓度等6个影响因素的重要度和权重排序是一致的。

（2）6个影响因素中权重系数（抗侵蚀系数）由大到小排列分别是：干湿-冻融（0.2118）、养护冻融（0.2041）、复合盐溶液浓度（0.1916）、浸泡冻融（0.1768）、干湿循环（0.1612）、长期浸泡（0.0545）；6个影响因素中权重系数（相对动弹性模量）由大到小排列分别是：干湿-冻融（0.2570）、养护冻融（0.2502）、复合盐溶液浓度（0.1727）、浸泡冻融（0.1679）、干湿循环（0.1498）、长期浸泡（0.0025）。

第六章　高寒盐沼泽区桥梁桩基腐蚀前后承载特性数值模拟计算与分析

6.1　概　　述

德香高速公路全线含盐路段共计 22 702m，占路线总长的 13.73%，盐沼泽区内富含腐蚀盐类，如氯盐、碳酸盐、硫酸盐等。当腐蚀盐类接触桩基混凝土表面，通过孔隙渗入桩基混凝土时，会在桩基混凝土内外发生物理膨胀作用和化学反应，破坏桩基混凝土组成成分和微观结构，引起桩基混凝土表面出现裂缝、起皮、剥落等病害，致使桩基混凝土变疏松，强度降低，进而影响桩基的承载性能。

当前，桩基受腐蚀后承载特性尚未形成相对完善的计算理论[83-87]，仍处于探索阶段。故采用数值模拟方法，研究桩基腐蚀深度及剥落厚度变化对桩基竖向与横轴向承载特性的影响，以探究高寒盐沼泽腐蚀造成的桥梁桩基工作性能变化，以期为高寒盐沼泽区桥梁桩基的设计、施工及腐蚀防护提供参考。

6.2　计 算 模 型

6.2.1　几何模型

通过 Marc 有限元分析软件和桩基础的实际受力特点进行几何建模，桩侧土厚度取 8*D*（*D* 为桩径，下同），桩底土厚度取 20m，单桩数值计算几何模型如图 6-1 所示。

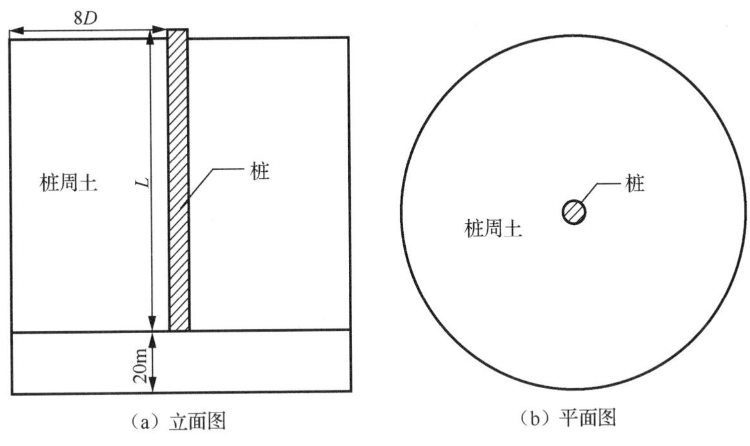

（a）立面图　　（b）平面图

图 6-1　单桩数值计算几何模型

6.2.2　单元划分

数值模拟模型中桩径为 1.8m，桩长为 40m，计算模型如图 6-2 所示。

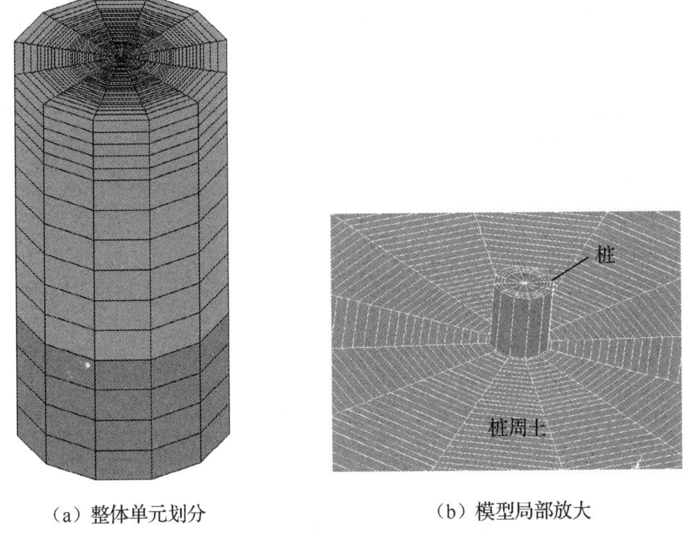

（a）整体单元划分　　（b）模型局部放大

图 6-2　计算模型

6.2.3　本构模型

数值模拟的难点在于如何确定符合实际情况的本构模型及如何准确选择计算参数。桥梁桩基采用理想弹性模型；地基土采用弹塑性模型；微风化岩采用弹性模型，并假定岩体满足均质、各向同性和完全连续这三个条件。

采用莫尔-库仑屈服准则，本构关系采用增量形式来描述，见式（6-1）。假定结构的应变分量为弹性应变分量和塑性应变分量。

$$\mathrm{d}\boldsymbol{\varepsilon}=\mathrm{d}\boldsymbol{\varepsilon}^{\mathrm{e}}+\mathrm{d}\boldsymbol{\varepsilon}^{\mathrm{p}} \tag{6-1}$$

弹性变形遵循胡克定律，所以

$$\mathrm{d}\boldsymbol{\sigma}=\boldsymbol{D}\mathrm{d}\boldsymbol{\varepsilon}^{\mathrm{e}} \tag{6-2}$$

由此

$$\mathrm{d}\boldsymbol{\varepsilon}^{\mathrm{e}}=\boldsymbol{D}^{-1}\mathrm{d}\boldsymbol{\sigma} \tag{6-3}$$

$$\mathrm{d}\boldsymbol{\sigma}=\begin{bmatrix}\mathrm{d}\sigma_x\\ \mathrm{d}\sigma_y\\ \mathrm{d}\tau_{xy}\end{bmatrix}\quad \mathrm{d}\boldsymbol{\varepsilon}^{\mathrm{e}}=\begin{bmatrix}\mathrm{d}\varepsilon_x^{\mathrm{e}}\\ \mathrm{d}\varepsilon_y^{\mathrm{e}}\\ \mathrm{d}\varepsilon_{xy}^{\mathrm{e}}\end{bmatrix}$$

$$\boldsymbol{D}=\frac{E}{(1+\mu)(1-2\mu)}\begin{bmatrix}1-\mu & \mu & 0\\ \mu & 1-\mu & 0\\ 0 & 0 & \dfrac{1-2\mu}{2}\end{bmatrix}$$

上述式中，E、μ 分别为材料的弹性模量和泊松比。

塑性应变分量的增量，与应力增量 $\mathrm{d}\boldsymbol{\sigma}$ 和应力状态 $\boldsymbol{\sigma}$ 有关。由流动法则可知

$$\mathrm{d}\boldsymbol{\varepsilon}^{\mathrm{p}}=\mathrm{d}\boldsymbol{\lambda}\frac{\partial \boldsymbol{g}}{\partial \boldsymbol{\sigma}} \tag{6-4}$$

式中，$\boldsymbol{g}$ 为势函数。

$$故\ \mathrm{d}\boldsymbol{\varepsilon}=\boldsymbol{D}^{-1}\cdot\mathrm{d}\boldsymbol{\sigma}+\mathrm{d}\boldsymbol{\lambda}\frac{\partial \boldsymbol{g}}{\partial \boldsymbol{\sigma}} \tag{6-5}$$

硬化材料屈服准则为

$$\boldsymbol{f}(\sigma_1,\sigma_2,\sigma_3)=\boldsymbol{K}=F(\mathrm{d}\boldsymbol{\omega}_{\mathrm{p}}) \tag{6-6}$$

由此得

$$\mathrm{d}\boldsymbol{f}=\left[\frac{\partial \boldsymbol{f}}{\partial \boldsymbol{\sigma}}\right]^{\mathrm{T}}\mathrm{d}\boldsymbol{\sigma}=F'\mathrm{d}\boldsymbol{\omega}_{\mathrm{p}} \tag{6-7}$$

而塑性功

$$\mathrm{d}\omega_{\mathrm{p}}=\boldsymbol{\sigma}^{\mathrm{T}}\mathrm{d}\boldsymbol{\varepsilon}^{\mathrm{p}}=\mathrm{d}\boldsymbol{\lambda}\boldsymbol{\sigma}^{\mathrm{T}}\frac{\partial \boldsymbol{g}}{\partial \boldsymbol{\sigma}} \tag{6-8}$$

$$\text{故 }\mathrm{d}\boldsymbol{f}=\mathrm{d}\boldsymbol{\lambda}F'\boldsymbol{\sigma}^{\mathrm{T}}\frac{\partial \boldsymbol{g}}{\partial \boldsymbol{\sigma}} \tag{6-9}$$

令 $A=F'\boldsymbol{\sigma}^{\mathrm{T}}\dfrac{\partial \boldsymbol{g}}{\partial \boldsymbol{\sigma}}$

则

$$\left[\frac{\partial \boldsymbol{f}}{\partial \boldsymbol{\sigma}}\right]^{\mathrm{T}}\mathrm{d}\boldsymbol{\sigma}=A\mathrm{d}\boldsymbol{\lambda} \tag{6-10}$$

将式（6-5）两边同乘以 $\left[\dfrac{\partial \boldsymbol{f}}{\partial \boldsymbol{\sigma}}\right]^{\mathrm{T}}\boldsymbol{D}$，得

$$\left[\frac{\partial \boldsymbol{f}}{\partial \boldsymbol{\sigma}}\right]^{\mathrm{T}}\boldsymbol{D}\mathrm{d}\boldsymbol{\varepsilon}=\left[\frac{\partial \boldsymbol{f}}{\partial \boldsymbol{\sigma}}\right]^{\mathrm{T}}\mathrm{d}\boldsymbol{\sigma}+\left[\frac{\partial \boldsymbol{f}}{\partial \boldsymbol{\sigma}}\right]^{\mathrm{T}}\boldsymbol{D}\frac{\partial \boldsymbol{g}}{\partial \boldsymbol{\sigma}}\mathrm{d}\boldsymbol{\lambda}$$

将式（6-10）代入整理后可得

$$\mathrm{d}\boldsymbol{\lambda}=\frac{\left[\dfrac{\partial \boldsymbol{f}}{\partial \boldsymbol{\sigma}}\right]^{\mathrm{T}}\boldsymbol{D}\mathrm{d}\boldsymbol{\varepsilon}}{A+\left[\dfrac{\partial \boldsymbol{f}}{\partial \boldsymbol{\sigma}}\right]^{\mathrm{T}}\boldsymbol{D}\dfrac{\partial \boldsymbol{g}}{\partial \boldsymbol{\sigma}}}$$

由式（6-1）、式（6-2）和式（6-4）得 $\mathrm{d}\boldsymbol{\sigma}=\boldsymbol{D}\mathrm{d}\boldsymbol{\varepsilon}-\boldsymbol{D}\mathrm{d}\boldsymbol{\lambda}\dfrac{\partial \boldsymbol{g}}{\partial \boldsymbol{\sigma}}$，将 $\mathrm{d}\boldsymbol{\lambda}$ 代入其中得

$$\mathrm{d}\boldsymbol{\sigma}=\boldsymbol{D}_{\mathrm{ep}}\mathrm{d}\boldsymbol{\varepsilon} \tag{6-11}$$

式中，$\boldsymbol{D}_{\mathrm{ep}}=\boldsymbol{D}-\dfrac{\boldsymbol{D}\dfrac{\partial \boldsymbol{g}}{\partial \boldsymbol{\sigma}}\left[\dfrac{\partial \boldsymbol{f}}{\partial \boldsymbol{\sigma}}\right]^{\mathrm{T}}\boldsymbol{D}}{A+\left[\dfrac{\partial \boldsymbol{f}}{\partial \boldsymbol{\sigma}}\right]^{\mathrm{T}}\boldsymbol{D}\dfrac{\partial \boldsymbol{g}}{\partial \boldsymbol{\sigma}}}$。

上述式中，$\boldsymbol{D}_{\mathrm{ep}}$ 为弹塑性矩阵；A 根据强化参数确定。

平面应变时的线性莫尔-库仑屈服面如图 6-3 所示。

线性莫尔-库仑屈服准则的屈服函数为

$$f=\alpha J_1+J_2^{\frac{1}{2}}-\frac{\bar{\sigma}}{\sqrt{3}}=0 \tag{6-12}$$

式中，J_1 为第一偏应力张量不变量，$J_1=\sigma_{ii}$；J_2 为第二偏应力张量不变量，

$J_2 = \frac{1}{2}\sigma'_{ij}\sigma'_{ij}$；$\alpha$、$\bar{\sigma}$ 为试验常数，和土的黏聚力 c、内摩擦角 φ 值有关。

$$\alpha = \frac{\sin\varphi}{\sqrt{9+3\sin^2\varphi}}, \quad \bar{\sigma} = \frac{9c\cos\varphi}{\sqrt{9+3\sin^2\varphi}}$$

抛物线莫尔-库仑屈服函数与静水相关，可广义化为一个特定的屈服包络面，在平面应变状态下是一条抛物线，抛物线莫尔-库仑屈服准则的屈服函数为

$$f = (3J_2 + \sqrt{3}\beta\bar{\sigma}J_1)^{\frac{1}{2}} - \bar{\sigma} = 0 \tag{6-13}$$

式中，$\beta\bar{\sigma} = \frac{\alpha}{\sqrt{3}}$。

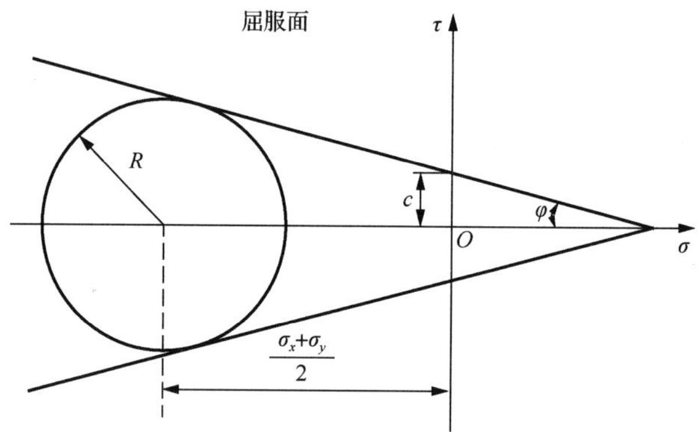

图 6-3　线性莫尔-库仑屈服面

6.3　计算参数选取

进行数值模拟时主要通过降低桩身混凝土弹性模量来反映腐蚀损伤，以室内加速腐蚀试验测定的相对动弹性模量衰减幅度为依据，选取计算参数。室内测试数据显示，当混凝土试件出现剥落现象时，其相对动弹性模量衰减为腐蚀前的70%～80%，以此类推桩的弹性模量衰减。因此，在进行数值模拟分析时，桩基材料的弹性模量分别取腐蚀前的 80%、75%、70%、65%、60%，以便对桩基腐蚀性状进行模拟分析。数值模拟计算参数见表 6-1。

表 6-1　数值模拟计算参数

材料名称	弹性模量 E/MPa	泊松比 μ	黏聚力 c/kPa	内摩擦角 φ/（°）	重度 γ/（kN/m^3）
桩	3.0×10^4	0.20	—	—	25.0
粉细砂	12.5	0.33	10.8	30	18.4
粉质黏土	5.6	0.30	20.0	20	18.3
剥落 3.0cm 混凝土	2.4×10^4	0.20	—	—	25.0
剥落 6.0cm 混凝土	2.3×10^4	0.20	—	—	25.0
剥落 9.0cm 混凝土	2.1×10^4	0.20	—	—	25.0
剥落 12cm 混凝土	2.0×10^4	0.20	—	—	25.0
剥落 15cm 混凝土	1.8×10^4	0.20	—	—	25.0

6.4　计 算 方 案

6.4.1　计算工况设计

盐沼泽区桥梁桩基受腐蚀作用的影响，其桩身混凝土会发生剥蚀、掉落现象，严重损害时甚至出现露筋现象。在进行数值模拟分析时，首先要对相关腐蚀环境下，桥梁桩基发生腐蚀病害进行调查统计，使数值模拟工况不脱离实际，能准确反映科学规律。定义桩基自地表以下所受腐蚀区的长度为腐蚀深度，用 H 表示；桩基桩体受力截面的减少，即半径减少量，用剥落厚度 δ 表示。

由现场调研发现，腐蚀现象主要发生在地面以上 1.0m 至地下水位间，德香高速公路所处路域环境中的淤泥质粉土和饱水细砂主要集中在地表以下 8.0m。因此在进行工况设计时，腐蚀深度分别为 0m、1.5m、3.5m、5.0m 和 8.0m。

对兰海高速公路（兰州至海口高速公路）青海境内某大桥桩基腐蚀调查发现，设计 1.5m 的桩径，腐蚀最严重的桩体直径仅剩 1.26m，其余为 1.28～1.42m，桩径最大减少量为 24cm。其桩身混凝土保护层剥蚀速率约 3.0cm/4 年，故以 3.0cm 为桩半径的减少量 δ，随着腐蚀期的延长，混凝土剥落厚度分别为 0cm、3.0cm、6.0cm、9.0cm、12.0cm 和 15.0cm，其对应桩径的减少量为 0cm、6.0cm、12.0cm、18.0cm、24.0cm 和 30.0cm。

影响因素为腐蚀深度变化（0m、1.5m、3.5m、5.0m 和 8.0m）和剥落厚度变化（0cm、3.0cm、6.0cm、9.0cm、12.0cm 和 15.0cm）。

6.4.2 计算分析方案

1）腐蚀深度变化对桩基竖向承载力的影响分析

（1）对桩径不变、桩长变化的桥梁桩基，采用竖向荷载分级加载，当桩身混凝土剥落厚度为 6.0cm 时，分析腐蚀深度变化对桩基竖向承载力的影响，计算工况见表 6-2。

表 6-2 腐蚀深度变化对桩基竖向承载力影响计算工况 1

分析因素	影响因素		
腐蚀深度 H/m	桩径 D/m	桩长 L/m	剥落厚度 δ/cm
0、1.5、3.5、5.0、8.0	1.8	30、40、50、60	6.0

（2）对桩径变化、桩长一定的桥梁桩基，采用竖向荷载分级加载，当桩身混凝土剥落厚度为 6.0cm 时，分析腐蚀深度变化对桩基竖向承载力的影响，计算工况见表 6-3。

表 6-3 腐蚀深度变化对桩基竖向承载力影响计算工况 2

分析因素	影响因素		
腐蚀深度 H/m	桩径 D/m	桩长 L/m	剥落厚度 δ/cm
0、1.5、3.5、5.0、8.0	1.2、1.6、1.8、2.0	40	6.0

（3）对桩径、桩长一定的桥梁桩基，采用竖向荷载分级加载，当桩身混凝土剥落厚度变化时，分析腐蚀深度变化对桩基竖向承载力的影响，计算工况见表 6-4。

表 6-4 腐蚀深度变化对桩基竖向承载力影响计算工况 3

分析因素	影响因素		
腐蚀深度 H/m	桩径 D/m	桩长 L/m	剥落厚度 δ/cm
0、1.5、3.5、5.0、8.0	1.8	40	3.0、6.0、9.0、12.0、15.0

2）剥落厚度变化对桩基竖向承载力的影响分析

（1）对桩径一定、桩长变化的桥梁桩基，采用竖向荷载分级加载，当桩基腐蚀深度为 8.0m 时，分析桩身混凝土剥落厚度变化对桩基竖向承载力的影响，计算工况见表 6-5。

表 6-5　剥落厚度变化对桩基竖向承载力影响计算工况 1

分析因素	影响因素		
剥落厚度 δ/cm	桩径 D/m	桩长 L/m	腐蚀深度 H/m
0、3.0、6.0、9.0、12.0、15.0	1.8	30、40、50、60	8.0

（2）对桩长一定、桩径变化的桥梁桩基，采用竖向荷载分级加载，当桩基腐蚀深度为 8.0m 时，分析桩身混凝土剥落厚度变化对桩基竖向承载力的影响，计算工况见表 6-6。

表 6-6　剥落厚度变化对桩基竖向承载力影响计算工况 2

分析因素	影响因素		
剥落厚度 δ/cm	桩径 D/m	桩长 L/m	腐蚀深度 H/m
0、3.0、6.0、9.0、12.0、15.0	1.2、1.6、1.8、2.0	40	8.0

（3）对桩径、桩长一定的桥梁桩基，采用竖向荷载分级加载，当桩基腐蚀深度变化时，分析桩身混凝土剥落厚度变化对桩基竖向承载力的影响，计算工况见表 6-7。

表 6-7　剥落厚度变化对桩基竖向承载力影响计算工况 3

分析因素	影响因素		
剥落厚度 δ/cm	桩径 D/m	桩长 L/m	腐蚀深度 H/m
0、3.0、6.0、9.0、12.0、15.0	1.8	40	1.5、3.5、5.0、8.0

3）腐蚀深度变化对桩基横轴向承载力的影响分析

（1）对桩径不变、桩长变化的桥梁桩基，采用横轴向荷载分级加载，当桩身混凝土剥落厚度一定时，分析桩基腐蚀深度变化对桩基横轴向承载力的影响，计算工况见表 6-8。

表 6-8　腐蚀深度变化对桩基横轴向承载力影响计算工况 1

分析因素	影响因素		
腐蚀深度 H/m	桩径 D/m	桩长 L/m	剥落厚度 δ/cm
0、1.5、3.5、5.0、8.0	1.8	30、40、50、60	6.0、9.0

（2）对桩径变化、桩长一定的桥梁桩基，采用横轴向荷载分级加载，当桩身混凝土剥落厚度一定时，分析桩基腐蚀深度变化对桩基横轴向承载力的影响，计

算工况见表 6-9。

表 6-9 腐蚀深度变化对桩基横轴向承载力影响计算工况 2

分析因素	影响因素		
腐蚀深度 H/m	桩径 D/m	桩长 L/m	剥落厚度 δ/cm
0、1.5、3.5、5.0、8.0	1.2、1.6、1.8、2.0	40	6.0、9.0

（3）对桩径、桩长一定的桥梁桩基，采用横轴向荷载分级加载，当桩身混凝土剥落厚度变化时，分析桩基腐蚀深度变化对桩基横轴向承载力的影响，计算工况见表 6-10。

表 6-10 腐蚀深度变化对桩基横轴向承载力影响计算工况 3

分析因素	影响因素		
腐蚀深度 H/m	桩径 D/m	桩长 L/m	剥落厚度 δ/cm
0、1.5、3.5、5.0、8.0	1.8	40	3.0、6.0、9.0、12.0、15.0

4）剥落厚度变化对桩基横轴向承载力的影响分析

（1）对桩径一定、桩长变化的桥梁桩基，采用横轴向荷载分级加载，当桩基腐蚀深度为 8.0m 时，分析桩身混凝土剥落厚度变化对桩基横轴向承载力的影响，计算工况见表 6-11。

表 6-11 剥落厚度变化对桩基横轴向承载力影响计算工况 1

分析因素	影响因素		
剥落厚度 δ/cm	桩径 D/m	桩长 L/m	腐蚀深度 H/m
0、3.0、6.0、9.0、12.0、15.0	1.8	30、40、50、60	1.5、5.0、8.0

（2）对桩长一定、桩径变化的桥梁桩基，采用横轴向荷载分级加载，当桩基腐蚀深度为 8.0m 时，分析桩身混凝土剥落厚度变化对桩基横轴向承载力的影响，计算工况见表 6-12。

表 6-12 剥落厚度变化对桩基横轴向承载力影响计算工况 2

分析因素	影响因素		
剥落厚度 δ/cm	桩径 D/m	桩长 L/m	腐蚀深度 H/m
0、3.0、6.0、9.0、12.0、15.0	1.2、1.6、1.8、2.0	40	1.5、5.0、8.0

（3）对桩径、桩长一定的桥梁桩基，采用横轴向荷载分级加载，当桩基腐蚀

深度变化时，分析桩身混凝土剥落厚度变化对桩基横轴向承载力的影响，计算工况见表 6-13。

表 6-13　剥落厚度变化对桩基横轴向承载力影响计算工况 3

分析因素	影响因素		
剥落厚度 δ/cm	桩径 D/m	桩长 L/m	腐蚀深度 H/m
0、3.0、6.0、9.0、12.0、15.0	1.8	40	1.5、3.5、5.0、8.0

6.5　计算成果与分析

6.5.1　腐蚀深度变化对桩基竖向承载力的影响

1）桩长与腐蚀深度变化时桩基竖向承载力

图 6-4 为桩径 1.8m、桩长 40m、桩身混凝土剥落厚度（以下简称剥落厚度）6.0cm、腐蚀深度 8.0m 时的数值模拟桩基竖向位移云图；图 6-5 为桩径 1.8m、剥落厚度 6.0cm、不同桩长时桩基随腐蚀深度变化的承载力-位移曲线；表 6-14 为不同桩长时桩基随腐蚀深度变化的竖向极限承载力；图 6-6 为不同桩长时腐蚀深度变化对桩基竖向极限承载力的影响规律。

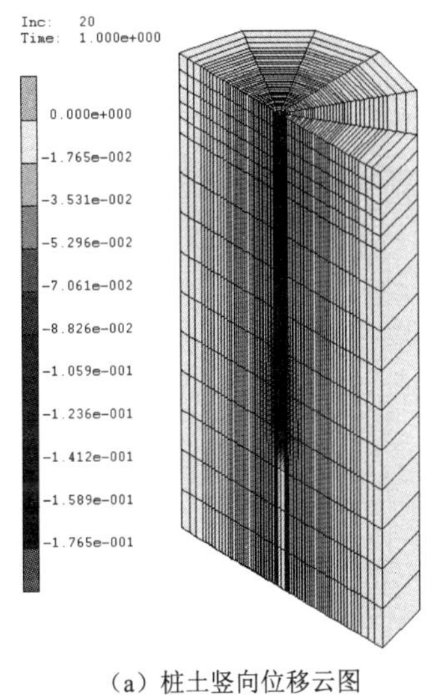

（a）桩土竖向位移云图

（b）桩竖向位移云图

图 6-4　桩基竖向位移云图（D=1.8m、L=40m、δ=6.0cm、H=8.0m）

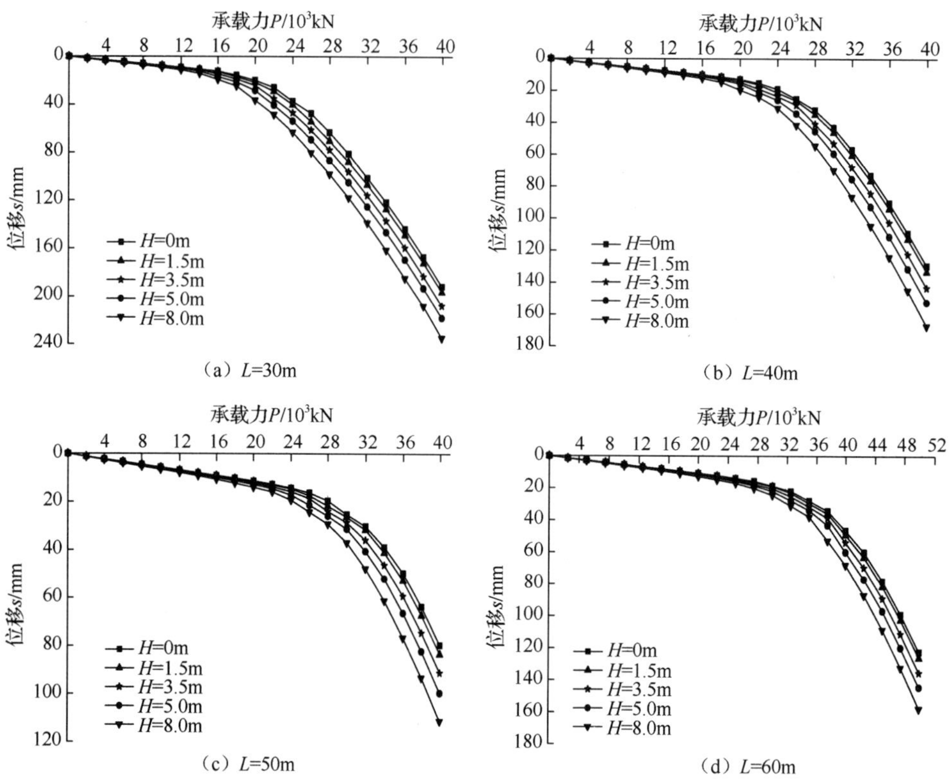

图 6-5　不同桩长时桩基随腐蚀深度变化的承载力-位移曲线（D=1.8m、δ=6.0cm）

表 6-14　不同桩长时桩基随腐蚀深度变化的竖向极限承载力

桩长 L/m	腐蚀深度 H/m	承载特性		
		P_j/kN	ΔP_j/kN	$(\Delta P_j/P_0)$/%
30	0	24 555	0	0
	1.5	23 985	570	2.3
	3.5	22 832	1 723	7.0
	5.0	21 928	2 627	10.7
	8.0	20 621	3 934	16.0
40	0	29 451	0	0
	1.5	28 936	515	1.7
	3.5	27 876	1 575	5.3
	5.0	27 063	2 388	8.1
	8.0	25 749	3 702	12.6

续表

桩长 L/m	腐蚀深度 H/m	承载特性		
		P_j/kN	ΔP_j/kN	$(\Delta P_j/P_0)$/%
50	0	34 230	0	0
	1.5	33 768	462	1.3
	3.5	32 797	1 433	4.2
	5.0	31 895	2 335	6.8
	8.0	30 563	3 667	10.7
60	0	38 680	0	0
	1.5	38 284	396	1.0
	3.5	37 720	960	2.5
	5.0	36 664	2 016	5.2
	8.0	35 357	3 323	8.6

注：表中 P_j 为竖向极限承载力，ΔP_j 为竖向极限承载力相对于 P_0 的减少值，P_0 为腐蚀深度为 0m 时桩基的竖向极限承载力。

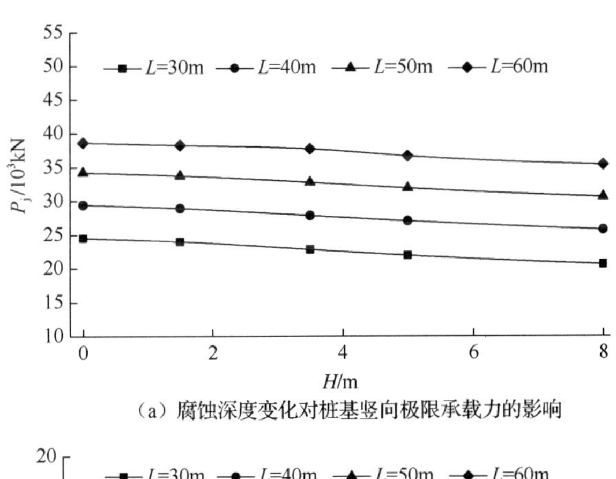

（a）腐蚀深度变化对桩基竖向极限承载力的影响

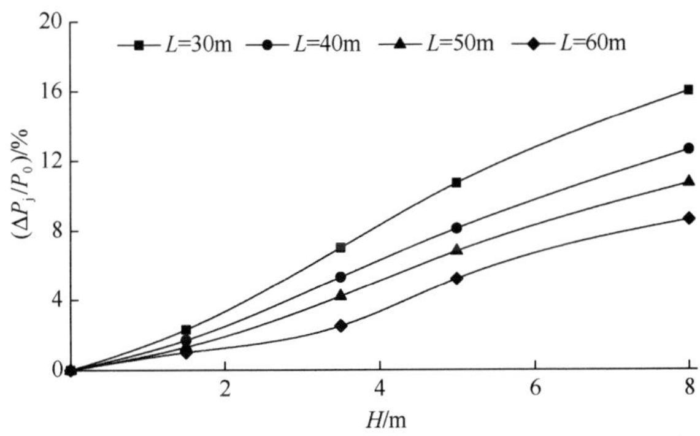

（b）腐蚀深度变化对桩基竖向极限承载力降低幅度的影响

图 6-6　不同桩长时腐蚀深度变化对桩基竖向极限承载力的影响规律

由图 6-5、图 6-6 及表 6-14 可知，随腐蚀深度的增大，桩基竖向极限承载力减小。以桩长 40m 的桩基为例，腐蚀深度为 1.5m、3.5m、5.0m 和 8.0m 时，其竖向极限承载力由 29 451kN 分别减少至 28 936kN、27 876kN、27 063kN 和 25 749kN。相比受腐蚀前，其竖向极限承载力分别降低了 1.7%、5.3%、8.1%和 12.6%。腐蚀后桩基竖向极限承载力降低幅度随桩长的增大而减小。以腐蚀深度 8.0m 的桩基为例，桩长为 30m、40m、50m 和 60m 时，其竖向极限承载力分别降低了 16.0%、12.6%、10.7%和 8.6%。

2）桩径与腐蚀深度变化时桩基竖向承载力

图 6-7 为桩长 40m、剥落厚度 6.0cm、不同桩径时桩基随腐蚀深度变化的承载力-位移曲线；表 6-15 为不同桩径时桩基随腐蚀深度变化的竖向极限承载力；图 6-8 为不同桩径时腐蚀深度变化对桩基竖向极限承载力的影响规律。

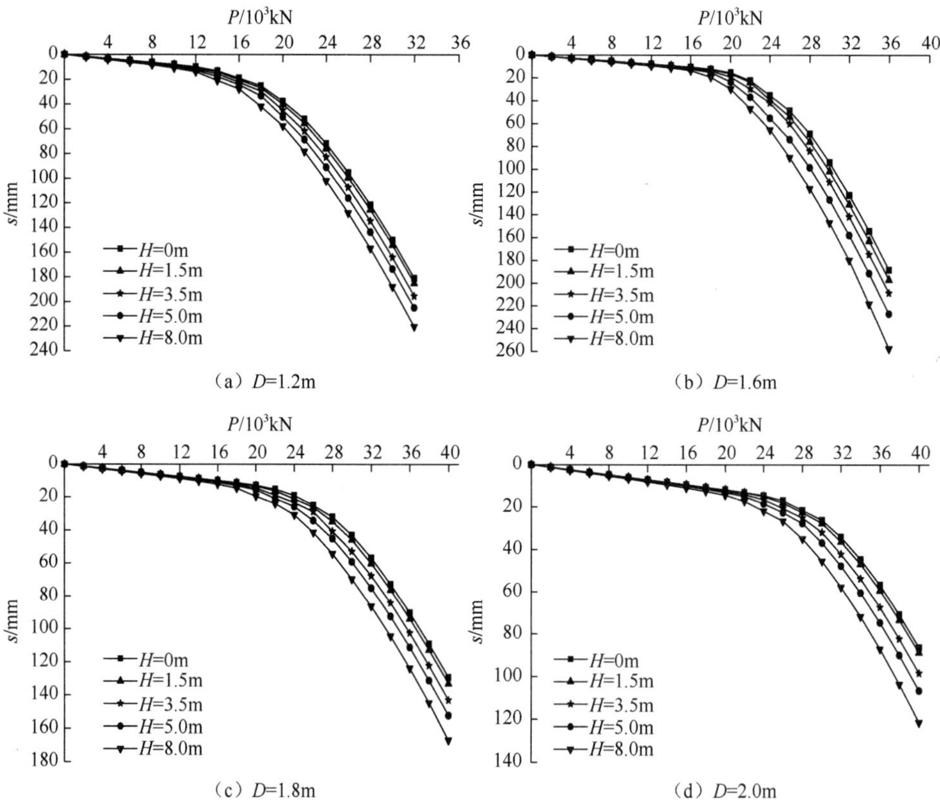

图 6-7　不同桩径时桩基随腐蚀深度变化的承载力-位移曲线（L=40m、δ=6.0cm）

表 6-15　不同桩径时桩基随腐蚀深度变化的竖向极限承载力

桩径 D/m	腐蚀深度 H/m	承载特性		
		P_j/kN	ΔP_j/kN	$(\Delta P_j/P_0)$/%
1.2	0	20 322	0	0
	1.5	19 975	347	1.7
	3.5	19 360	962	4.7
	5.0	18 792	1 530	7.5
	8.0	17 733	2 589	12.7
1.6	0	24 711	0	0
	1.5	24 316	395	1.6
	3.5	23 524	1 187	4.8
	5.0	22 882	1 829	7.4
	8.0	21 696	3 015	12.2
1.8	0	29 451	0	0
	1.5	28 936	515	1.7
	3.5	27 876	1 575	5.3
	5.0	27 063	2 388	8.1
	8.0	25 749	3 702	12.6
2.0	0	33 117	0	0
	1.5	32 686	431	1.3
	3.5	31 573	1 544	4.7
	5.0	30 574	2 543	7.7
	8.0	28 961	4 156	12.5

注：表中 P_j 为竖向极限承载力，ΔP_j 为竖向极限承载力相对于 P_0 的减少值，P_0 为腐蚀深度为 0m 时桩基的竖向极限承载力。

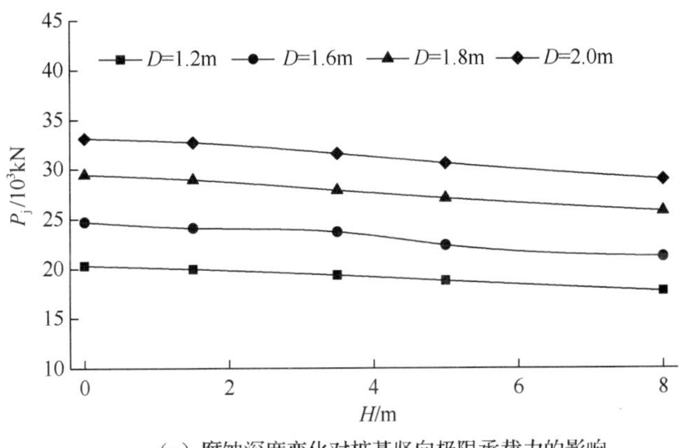

（a）腐蚀深度变化对桩基竖向极限承载力的影响

图 6-8　不同桩径时腐蚀深度变化对桩基竖向极限承载力的影响规律

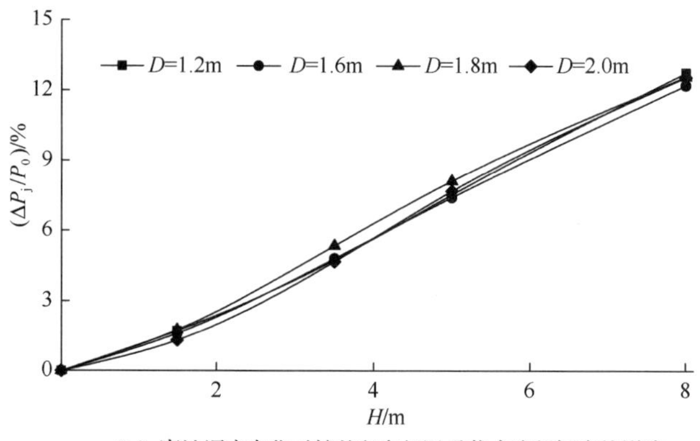

（b）腐蚀深度变化对桩基竖向极限承载力降低幅度的影响

图 6-8（续）

由图 6-7、图 6-8 及表 6-15 可知，随腐蚀深度的增大，桩基竖向极限承载力减小。以桩径 2.0m 的桩基为例，腐蚀深度为 1.5m、3.5m、5.0m 和 8.0m 时，其竖向极限承载力由 33 117kN 分别减少至 32 686kN、31 573kN、30 574kN、28 961kN。腐蚀后桩基竖向极限承载力降低幅度随桩径的变化不大。以腐蚀深度 8.0m 的桩基为例，桩径为 1.2m、1.6m、1.8m 和 2.0m 时，其竖向极限承载力分别降低了 12.7%、12.2%、12.6%和 12.5%。

3）剥落厚度与腐蚀深度变化时桩基竖向承载力

图 6-9 为桩长 40m、桩径 1.8m、不同剥落厚度时桩基随腐蚀深度变化的承载力-位移曲线；表 6-16 为不同剥落厚度时桩基随腐蚀深度变化的竖向极限承载力；图 6-10 为不同剥落厚度时腐蚀深度变化对桩基竖向极限承载力的影响规律。

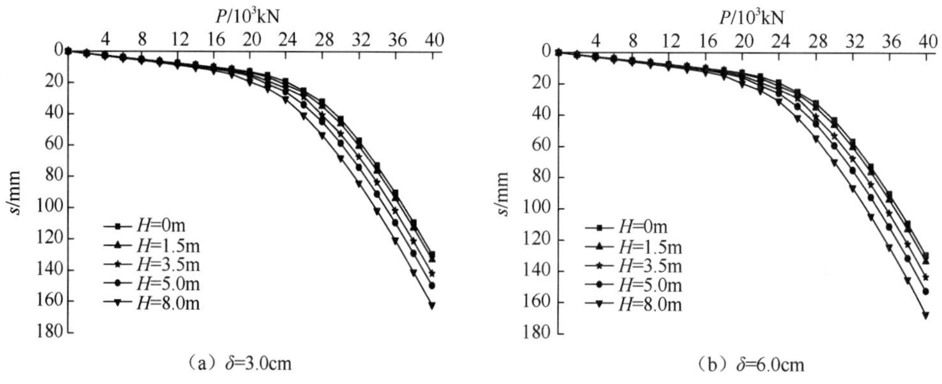

（a）δ=3.0cm　（b）δ=6.0cm

图 6-9　不同剥落厚度时桩基随腐蚀深度变化的承载力-位移曲线（L=40m、D=1.8m）

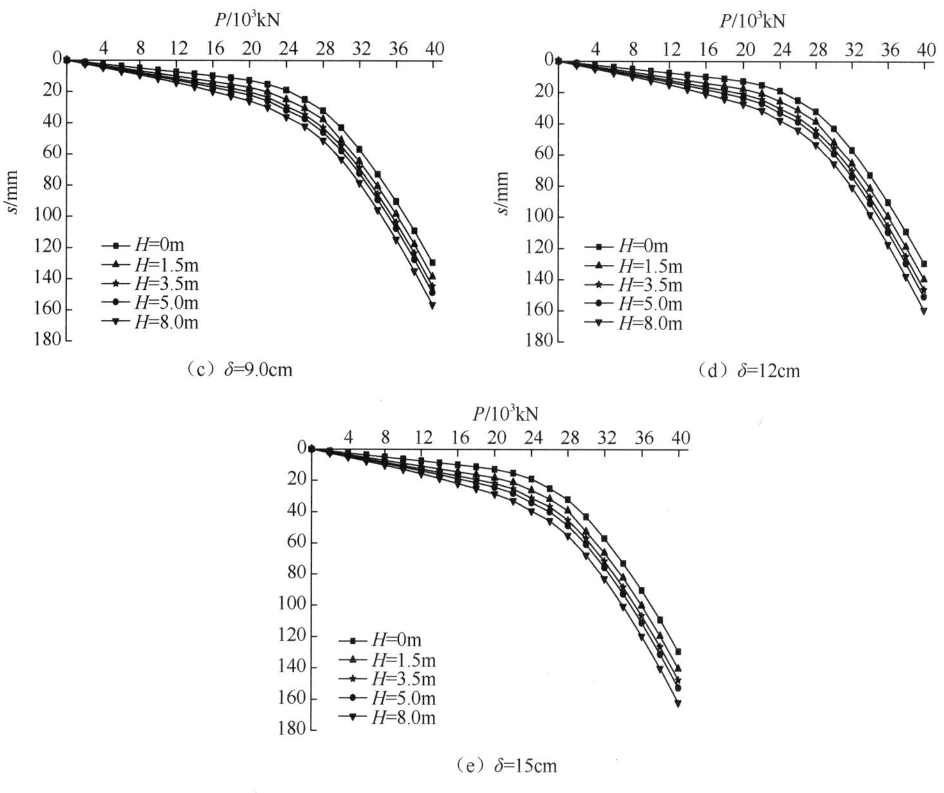

（c）δ=9.0cm

（d）δ=12cm

（e）δ=15cm

图 6-9（续）

表 6-16　不同剥落厚度时桩基随腐蚀深度变化的竖向极限承载力

剥落厚度 δ/cm	腐蚀深度 H/m	承载特性		
		P_j/kN	ΔP_j/kN	$(\Delta P_j/P_0)$/%
3.0	0	29 451	0	0
	1.5	28 948	503	1.7
	3.5	27 923	1 528	5.2
	5.0	27 143	2 308	7.8
	8.0	25 886	3 565	12.1
6.0	0	29 451	0	0
	1.5	28 936	515	1.7
	3.5	27 876	1 575	5.3
	5.0	27 063	2 388	8.1
	8.0	25 749	3 702	12.6

续表

剥落厚度 δ/cm	腐蚀深度 H/m	承载特性		
		P_j/kN	ΔP_j/kN	$(\Delta P_j/P_0)$/%
9.0	0	29 451	0	0
	1.5	28 353	1 098	3.7
	3.5	27 288	2 163	7.3
	5.0	26 651	2 800	9.5
	8.0	25 309	4 142	14.1
12.0	0	29 451	0	0
	1.5	28 239	1 212	4.1
	3.5	27 021	2 430	8.3
	5.0	26 329	3 122	10.6
	8.0	24 707	4 744	16.1
15.0	0	29 451	0	0
	1.5	28 139	1 312	4.5
	3.5	26 791	2 660	9.0
	5.0	26 202	3 249	11.0
	8.0	24 203	5 248	17.8

注：表中 P_j 为竖向极限承载力，ΔP_j 为竖向极限承载力相对于 P_0 的减少值，P_0 为腐蚀深度为 0m 时桩基的竖向极限承载力。

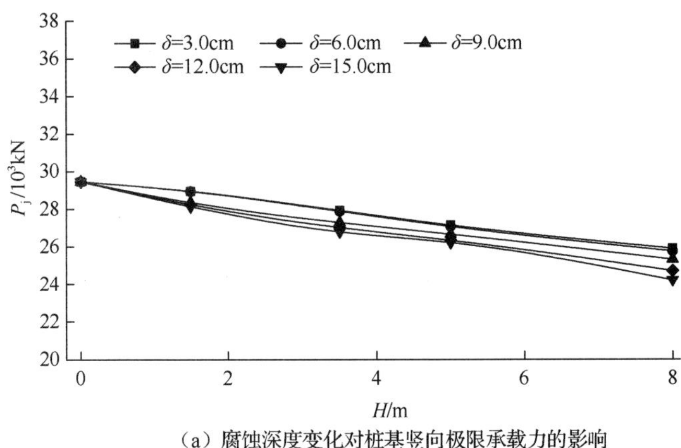

（a）腐蚀深度变化对桩基竖向极限承载力的影响

图 6-10　不同剥落厚度时腐蚀深度变化对桩基竖向极限承载力的影响规律

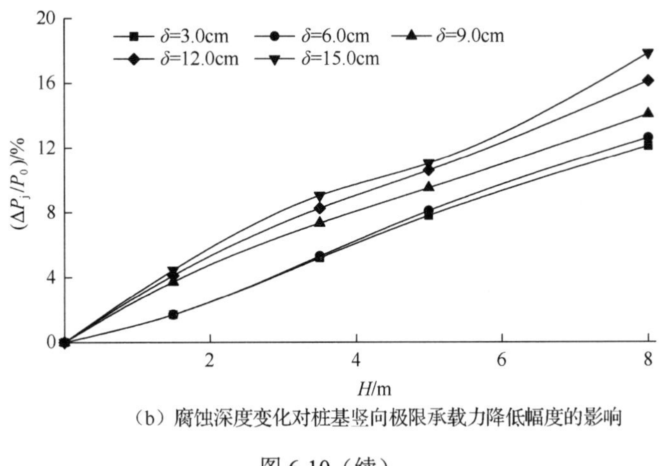

（b）腐蚀深度变化对桩基竖向极限承载力降低幅度的影响

图 6-10（续）

由图 6-9、图 6-10 及表 6-16 可知，随腐蚀深度的增大，桩基竖向极限承载力减小。以剥落厚度 9.0cm 的桩基为例，腐蚀深度为 1.5m、3.5m、5.0m 和 8.0m 时，其竖向极限承载力由 29 451kN 分别减少至 28 353kN、27 288kN、26 651kN 和 25 309kN。相比受腐蚀前，其竖向极限承载力分别降低了 3.7%、7.3%、9.5%和 14.1%。

6.5.2　剥落厚度变化对桩基竖向承载力的影响

1）桩长与剥落厚度变化时桩基竖向承载力

图 6-11 为桩径 1.8m、腐蚀深度 8.0m、不同桩长时桩基随剥落厚度变化的承载力-位移曲线；表 6-17 为不同桩长时桩基随剥落厚度变化的竖向极限承载力；图 6-12 为不同桩长时剥落厚度变化对桩基竖向极限承载力的影响规律。

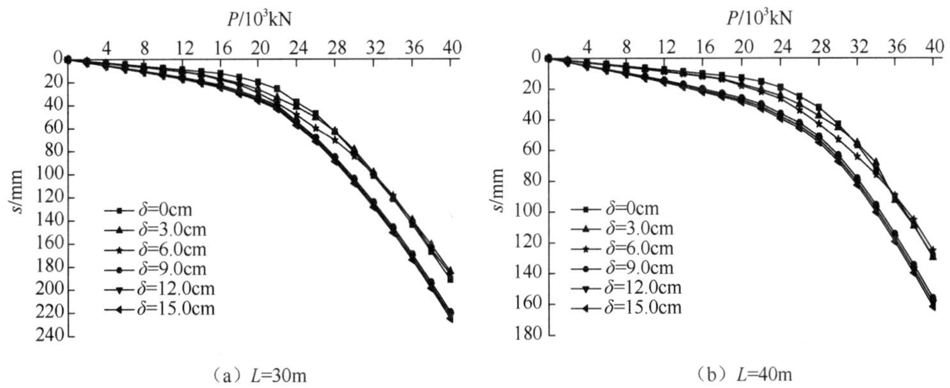

图 6-11　不同桩长时桩基随剥落厚度变化的承载力-位移曲线（D=1.8m，H=8.0m）

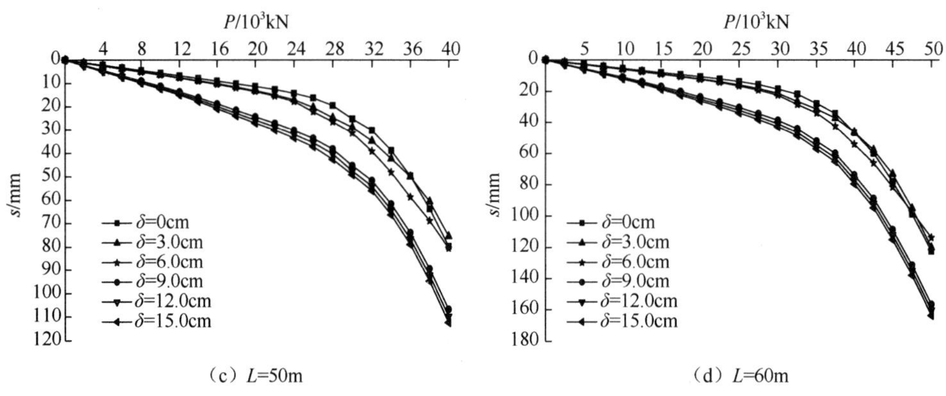

图 6-11（续）

表 6-17　不同桩长时桩基随剥落厚度变化的竖向极限承载力

桩长 L/m	剥落厚度 δ/cm	承载特性		
		P_j/kN	ΔP_j/kN	$(\Delta P_j/P_0)$/%
30	0	24 555	0	0
	3.0	23 685	870	3.5
	6.0	22 383	2 172	8.8
	9.0	21 994	2 561	10.4
	12.0	21 519	3 036	12.4
	15.0	21 136	3 419	13.9
40	0	29 451	0	0
	3.0	28 649	802	2.7
	6.0	27 366	2 085	7.1
	9.0	25 309	4 142	14.1
	12.0	24 707	4 744	16.1
	15.0	24 203	5 248	17.8
50	0	34 230	0	0
	3.0	33 387	843	2.5
	6.0	30 563	3 667	10.7
	9.0	28 504	5 726	16.7
	12.0	27 886	6 344	18.5
	15.0	27 037	7 193	21.0

续表

桩长 L/m	剥落厚度 δ/cm	承载特性		
		P_j/kN	ΔP_j/kN	$(\Delta P_j/P_0)$/%
60	0	38 680	0	0
	3.0	38 274	406	1.0
	6.0	36 765	1 915	5.0
	9.0	30 623	8 057	20.8
	12.0	29 524	9 156	23.7
	15.0	28 494	10 186	26.3

注：表中 P_j 为竖向极限承载力，ΔP_j 为竖向极限承载力相对于 P_0 的减少值，P_0 为腐蚀深度为 0m 时桩基的竖向极限承载力。

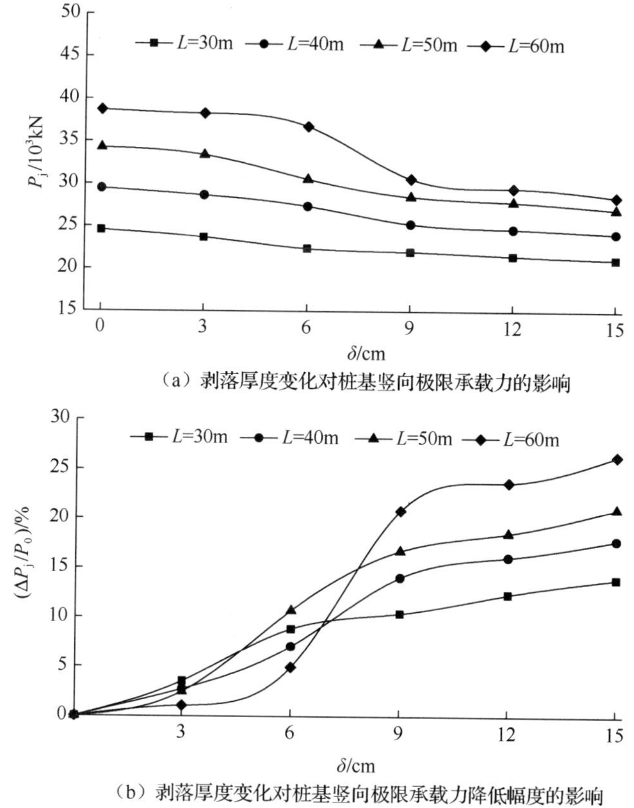

图 6-12　不同桩长时剥落厚度变化对桩基竖向极限承载力的影响规律

由图 6-11、图 6-12 及表 6-17 可知，随剥落厚度的增大，桩基竖向极限承载力减小。以桩长 40m 的桩基为例，剥落厚度为 3.0cm、6.0cm、9.0cm、12.0cm 和 15.0cm 时，其竖向极限承载力由 29 451kN 分别减少至 28 649kN、27 366kN、25 309kN、24 707kN 和 24 203kN。相比受腐蚀前，其竖向极限承载力分别降低了 2.7%、7.1%、14.1%、16.1%和 17.8%。剥落厚度由 6.0cm 增加至 9.0cm 时，桩基竖向极限承载力显著降低。原因是当剥落厚度达到 9.0cm 时，腐蚀区桩身等代弹性模量发生变化，导致承载力大幅降低。

2）桩径与剥落厚度变化时桩基竖向承载力

图 6-13 为桩长 40m、腐蚀深度 8.0m、不同桩径时桩基随剥落厚度变化的承载力-位移曲线；表 6-18 为不同桩径时桩基随剥落厚度变化的竖向极限承载力；图 6-14 为不同桩径时剥落厚度变化对桩基竖向极限承载力的影响规律。

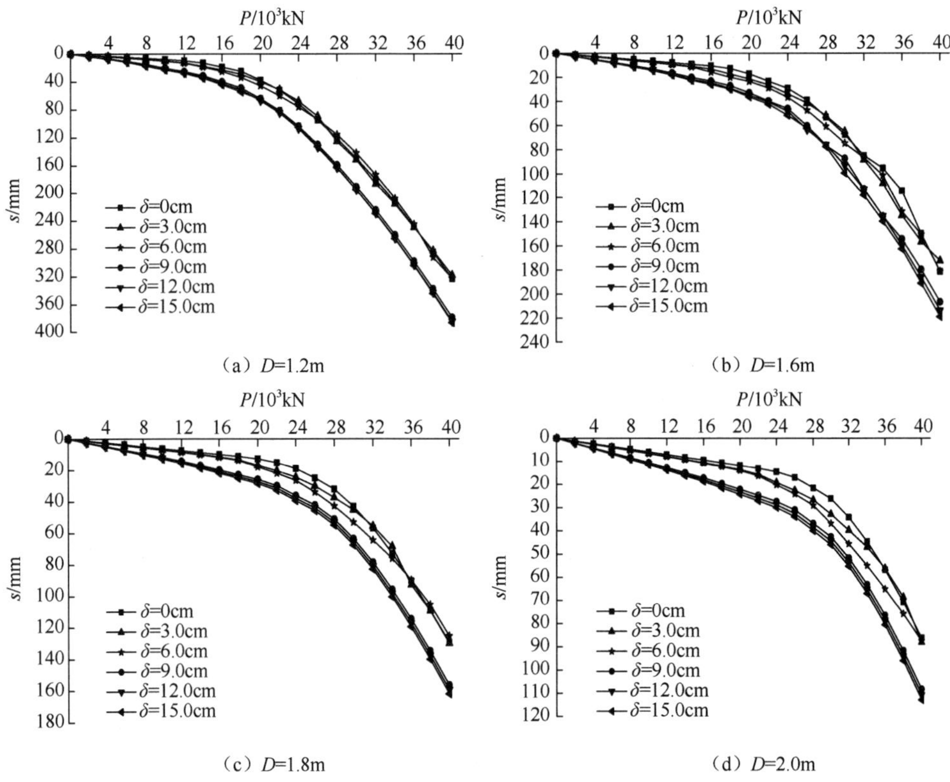

图 6-13　不同桩径时桩基随剥落厚度变化的承载力-位移曲线（L=40m，H=8.0m）

表 6-18　不同桩径时桩基随剥落厚度变化的竖向极限承载力

桩径 D/m	剥落厚度 δ/cm	承载特性		
		P_j/kN	ΔP_j/kN	$(\Delta P_j/P_0)$/%
1.2	0	20 322	0	0
	3.0	19 992	330	1.6
	6.0	19 002	1 320	6.5
	9.0	15 966	4 356	21.4
	12.0	15 450	4 872	24.0
	15.0	15 068	5 254	25.9
1.6	0	26 143	0	0
	3.0	25 637	506	1.9
	6.0	24 624	1 519	5.8
	9.0	22 104	4 039	15.4
	12.0	21 781	4 362	16.7
	15.0	21 220	4 923	18.8
1.8	0	29 451	0	0
	3.0	28 649	802	2.7
	6.0	27 366	2 085	7.1
	9.0	25 309	4 142	14.1
	12.0	24 707	4 744	16.1
	15.0	24 203	5 248	17.8
2.0	0	33 117	0	0
	3.0	32 071	1 046	3.2
	6.0	30 716	2 401	7.3
	9.0	29 107	4 010	12.1
	12.0	28 510	4 607	13.9
	15.0	28 005	5 112	15.4

注：表中 P_j 为竖向极限承载力，ΔP_j 为竖向极限承载力相对于 P_0 的减少值，P_0 为剥落厚度为 0cm 时桩基的竖向极限承载力。

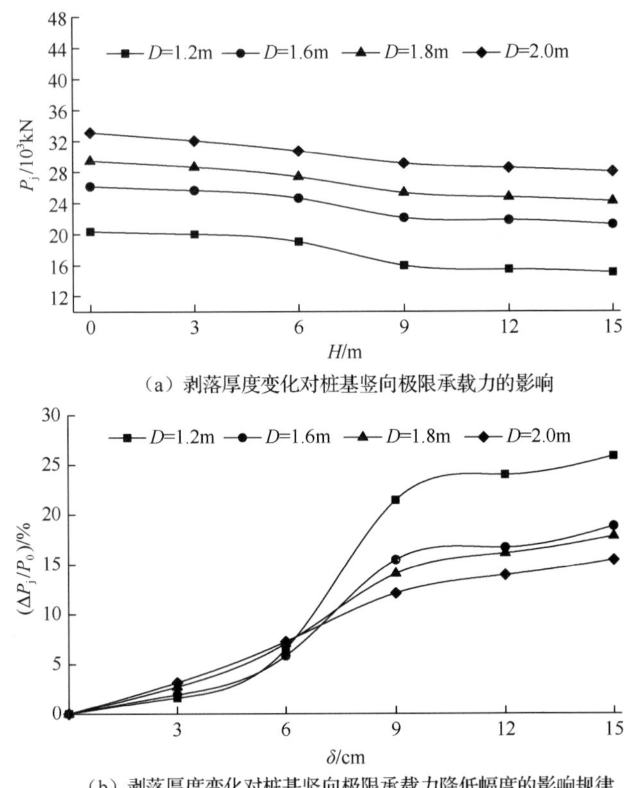

图 6-14 不同桩径时剥落厚度变化对桩基竖向极限承载力的影响规律

由图 6-13、图 6-14 及表 6-18 可知，随剥落厚度的增大，桩基竖向极限承载力减小。以桩径 2.0m 的桩基为例，剥落厚度为 3.0cm、6.0cm、9.0cm、12.0cm 和 15.0cm 时，其竖向极限承载力由 33 117kN 分别减少至 32 071kN、30 716kN、29 107kN、28 510kN 和 28 005kN。相比受腐蚀前，其竖向极限承载力分别降低了 3.2%、7.3%、12.1%、13.9%和 15.4%。

3）腐蚀深度与剥落厚度变化时桩基竖向承载力

图 6-15 为桩径 1.8m、桩长 40m、不同腐蚀深度时桩基随剥落厚度变化的承载力-位移曲线；表 6-19 为不同腐蚀深度时桩基随剥落厚度变化的竖向极限承载力；图 6-16 为不同腐蚀深度时剥落厚度变化对桩基竖向极限承载力的影响规律。

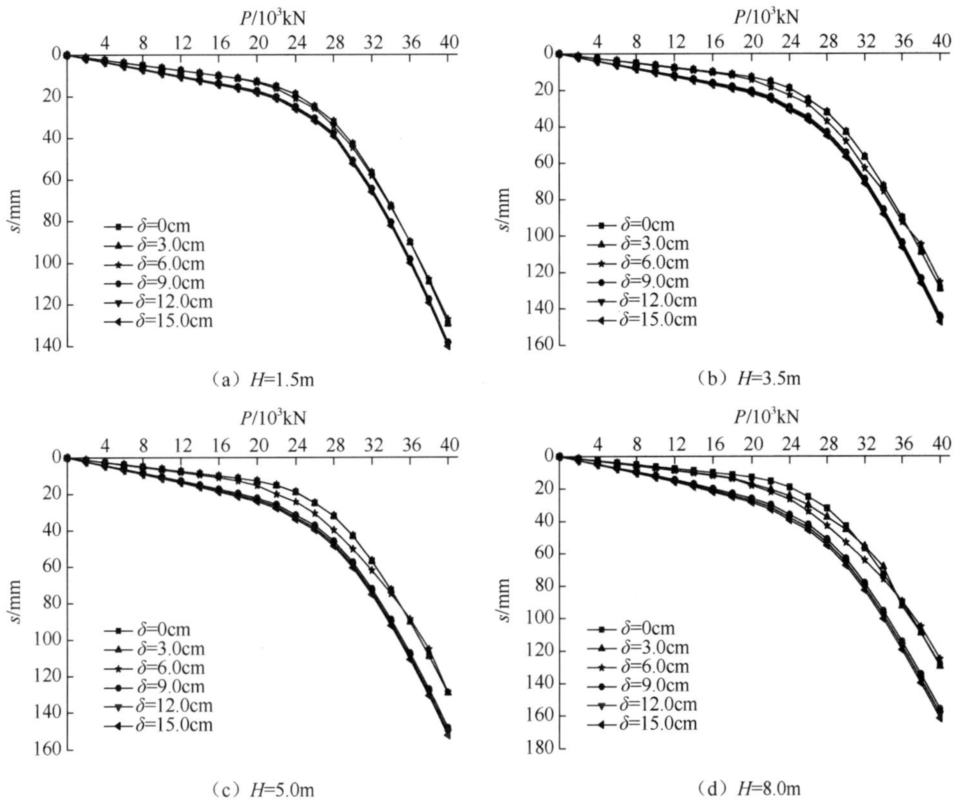

图 6-15　不同腐蚀深度时桩基随剥落厚度变化的承载力-位移曲线（D=1.8m，L=40m）

表 6-19　不同腐蚀深度时桩基随剥落厚度变化的竖向极限承载力

腐蚀深度 H/m	剥落厚度 δ/cm	承载特性		
		P_j/kN	ΔP_j/kN	$(\Delta P_j/P_0)$/%
1.5	0	29 451	0	0
	3.0	29 449	2	0.0
	6.0	29 039	412	1.4
	9.0	28 353	1 098	3.7
	12.0	28 239	1 212	4.1
	15.0	28 139	1 312	4.5
3.5	0	29 451	0	0
	3.0	29 441	10	0.0
	6.0	28 525	926	3.1

续表

腐蚀深度 H/m	剥落厚度 δ/cm	承载特性		
		P_j/kN	ΔP_j/kN	$(\Delta P_j/P_0)$/%
3.5	9.0	27 288	2 163	7.3
	12.0	27 021	2 430	8.3
	15.0	26 791	2 660	9.0
5.0	0	29 451	0	0
	3.0	29 436	15	0.1
	6.0	28 028	1 423	4.8
	9.0	26 651	2 800	9.5
	12.0	26 329	3 122	10.6
	15.0	26 502	2 949	10.0
8.0	0	29 451	0	0
	3.0	28 649	802	2.7
	6.0	27 366	2 085	7.1
	9.0	25 309	4 142	14.1
	12.0	24 707	4 744	16.1
	15.0	24 203	5 248	17.8

注：表中 P_j 为竖向极限承载力，ΔP_j 为竖向极限承载力相对于 P_0 的减少值，P_0 为剥落厚度为 0cm 时桩基的竖向极限承载力。

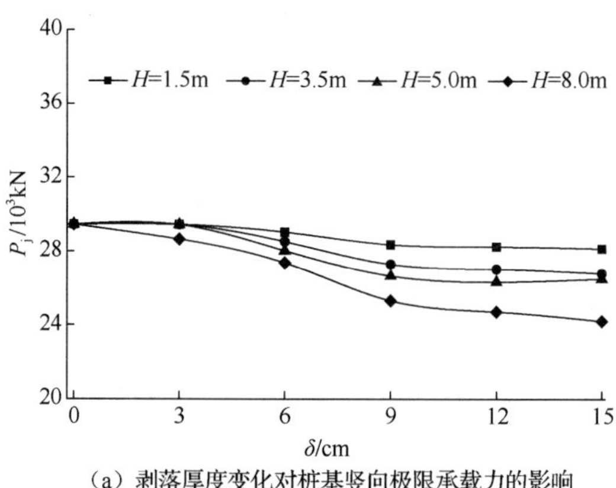

（a）剥落厚度变化对桩基竖向极限承载力的影响

图 6-16　不同腐蚀深度时剥落厚度变化对桩基竖向极限承载力的影响规律

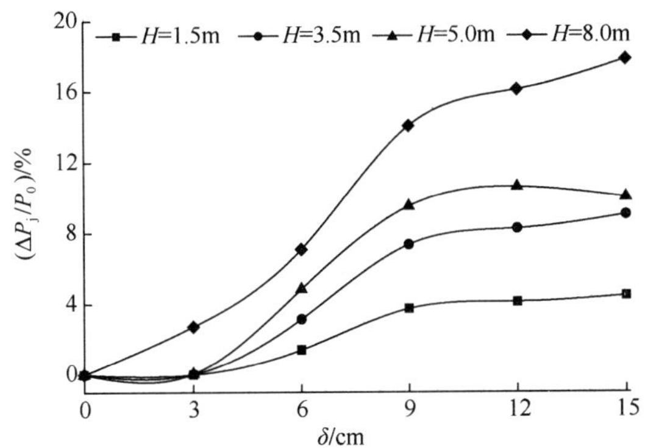

（b）剥落厚度变化对桩基竖向极限承载力降低幅度的影响

图 6-16（续）

由图 6-15、图 6-16 及表 6-19 可知，随剥落厚度的增大，桩基竖向极限承载力减小。以腐蚀深度 8m 的桩基为例，剥落厚度为 3.0cm、6.0cm、9.0cm、12.0cm 和 15.0cm 时，其竖向极限承载力由 29 451kN 分别减少至 28 649kN、27 366kN、25 309kN、24 707kN 和 24 203kN。相比受腐蚀前，其竖向极限承载力分别降低了 2.7%、7.1%、14.1%、16.1%和 17.8%。

对同一桩基，随腐蚀深度增加，其竖向极限承载力降低值也越大。若受腐蚀深度较浅，且剥落厚度较小，对桩基的竖向承载力影响较小。随着时间的延长，腐蚀深度增大，剥落剧烈，则影响变大，竖向极限承载力降低幅度最高能达 17.8%，故必须采用相应的防腐措施。

6.5.3　腐蚀深度变化对桩基横轴向承载力的影响

1）桩长与腐蚀深度变化时桩基横轴向承载力

图 6-17 为剥落厚度 6.0cm、桩径为 1.8m、不同桩长时桩基随腐蚀深度变化的水平承载力-位移曲线；图 6-18 为剥落厚度 9.0cm、桩径为 1.8m、不同桩长时桩基随腐蚀深度变化的水平承载力-位移曲线；图 6-19 为桩径 1.8m、不同剥落厚度和桩长时腐蚀深度变化对桩基横轴向极限承载力的影响；图 6-20 为桩径 1.8m、不同剥落厚度和桩长时腐蚀深度变化对桩基横轴向极限承载力降低幅度的影响。

由图 6-17～图 6-19 可知，当剥落厚度为 6.0cm 时，腐蚀深度对桩基横轴向承载力影响很小；当剥落厚度为 9.0cm 时，腐蚀深度对桩基横轴向承载力影响明显。

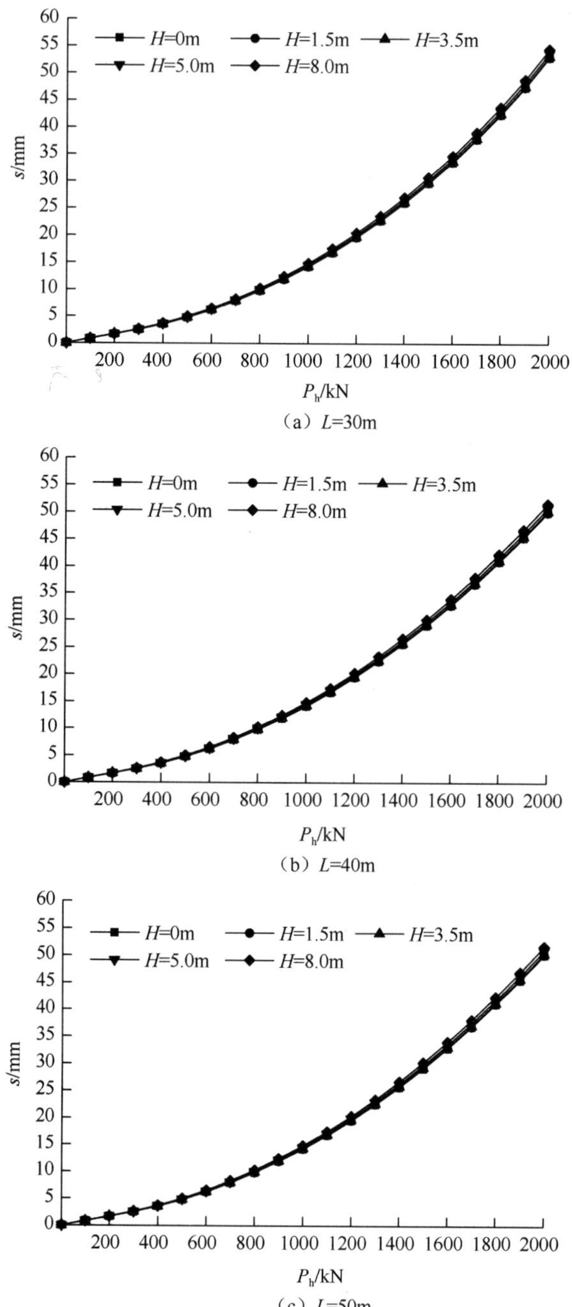

图 6-17　不同桩长时桩基随腐蚀深度变化的水平承载力-位移曲线（δ=6.0cm、D=1.8m）

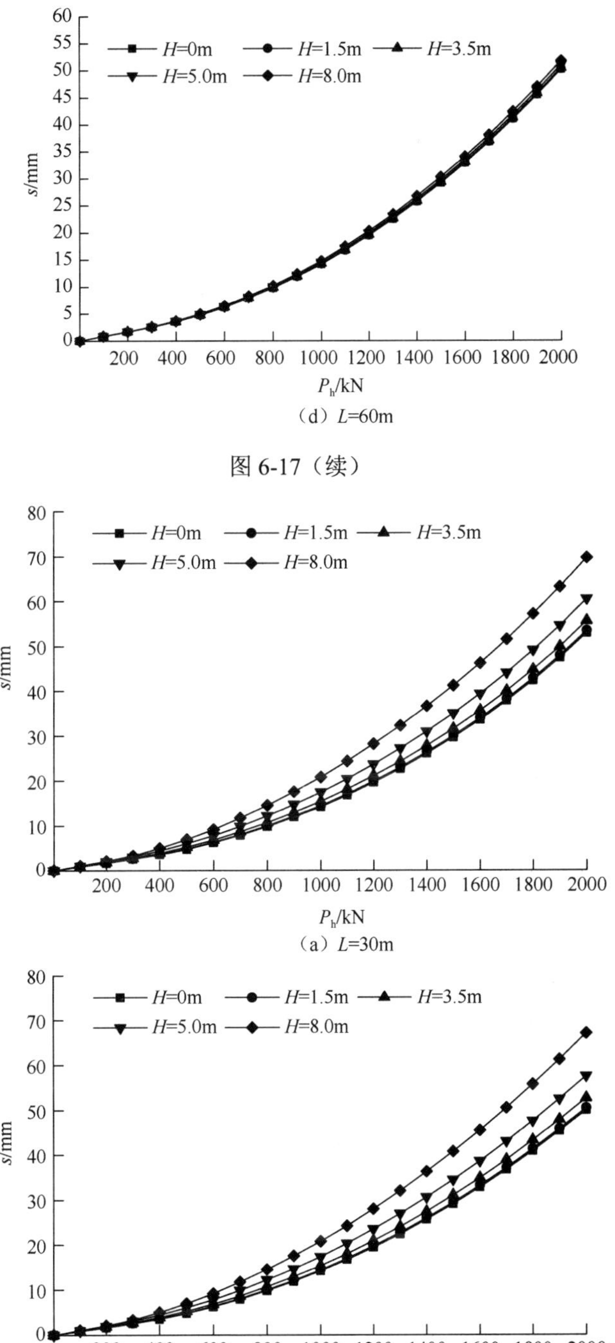

（d）L=60m

图 6-17（续）

（a）L=30m

（b）L=40m

图 6-18　不同桩长时桩基随腐蚀深度变化的水平承载力-位移曲线（δ=9.0cm、D=1.8m）

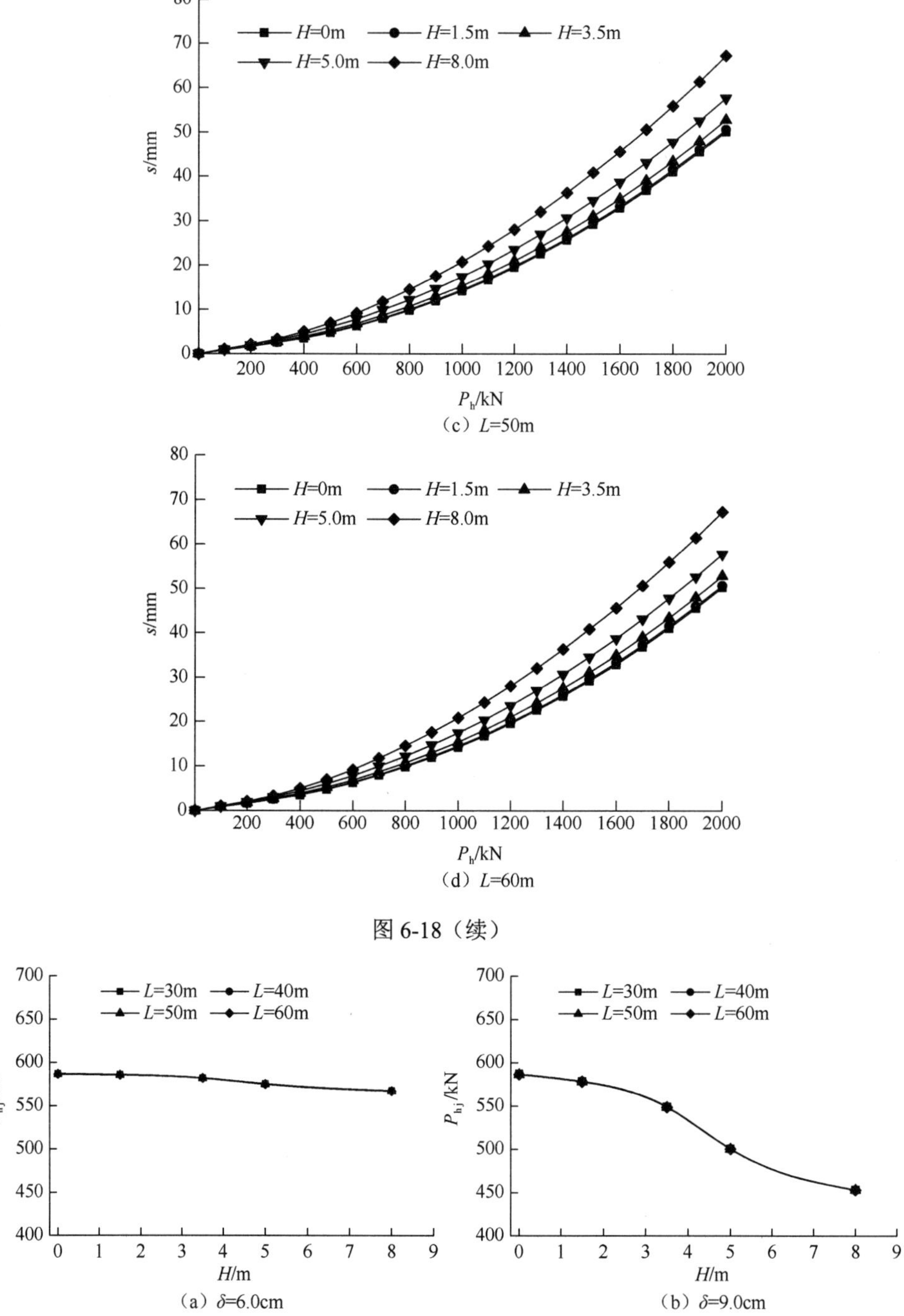

（c）L=50m

（d）L=60m

图 6-18（续）

（a）δ=6.0cm　（b）δ=9.0cm

图 6-19　不同剥落厚度和桩长时腐蚀深度变化对桩基横轴向极限承载力的影响（D=1.8m）

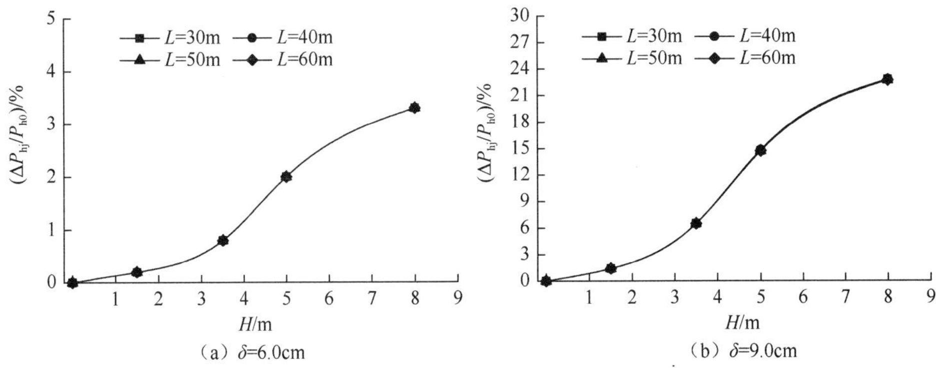

图 6-20　不同剥落厚度和桩长时腐蚀深度变化对桩基横轴向极限承载力降低幅度的影响（D=1.8m）

2）桩径与腐蚀深度变化时桩基横轴向承载力

图 6-21 为剥落厚度 6.0cm、桩长 40m、不同桩径时桩基随腐蚀深度变化的水平承载力-位移曲线；图 6-22 为剥落厚度 9.0cm、桩长 40m、不同桩径时桩基随腐蚀深度变化的水平承载力-位移曲线；图 6-23 为剥落厚度 6.0cm、桩长 40m、不同桩径时桩基横轴向极限承载力及其降低幅度的影响规律；图 6-24 为剥落厚度 9.0cm、桩长 40m、不同桩径时桩基横轴向极限承载力及其降低幅度的影响规律。

由图 6-21～图 6-24 可知，当剥落厚度为 6.0cm 时，腐蚀深度对桩基横轴向承载力影响很小；当剥落厚度为 9.0cm 时，腐蚀深度对桩基横轴向承载力影响明显。

3）剥落厚度与腐蚀深度变化时桩基横轴向承载力

图 6-25 为不同剥落厚度时桩基随腐蚀深度变化的水平承载力-位移曲线；图 6-26 为桩径 1.8m、桩长 40m、不同剥落厚度时腐蚀深度变化对桩基横轴向极限承载力的影响。

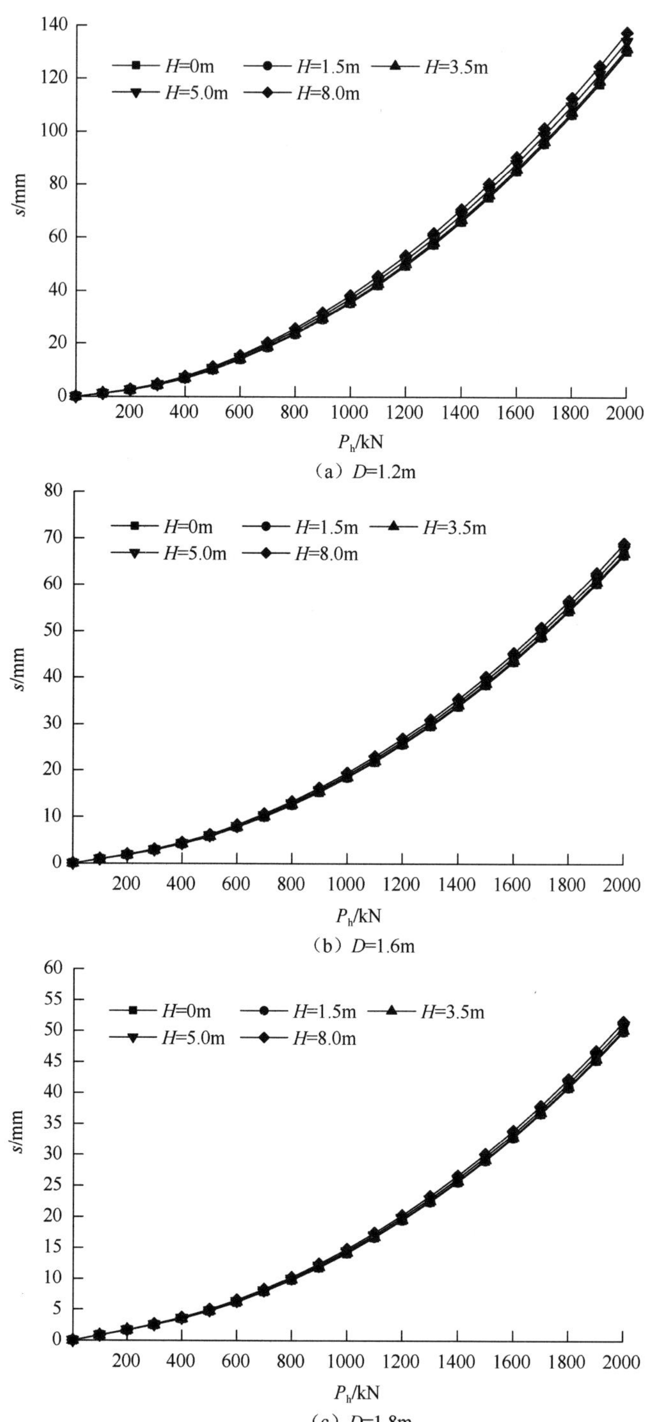

（a）D=1.2m

（b）D=1.6m

（c）D=1.8m

图 6-21　不同桩径时桩基随腐蚀深度变化的水平承载力-位移曲线（δ=6.0cm、L=40m）

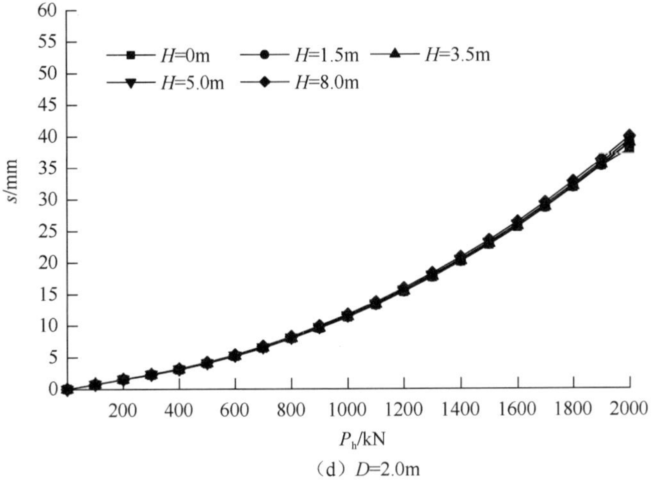

（d）D=2.0m

图 6-21（续）

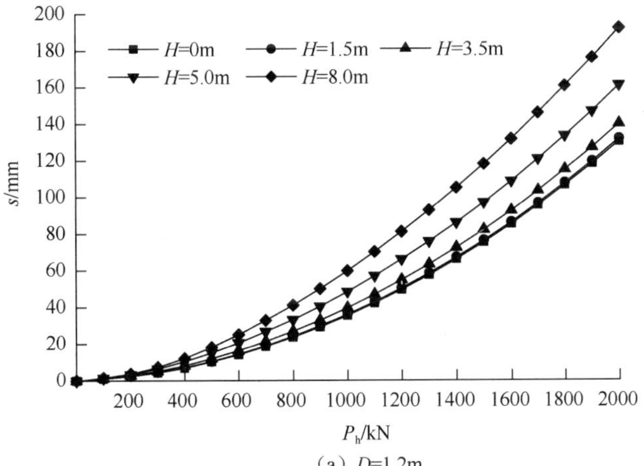

（a）D=1.2m

图 6-22　不同桩径时桩基随腐蚀深度变化的水平承载力-位移曲线（δ=9.0cm、L=40m）

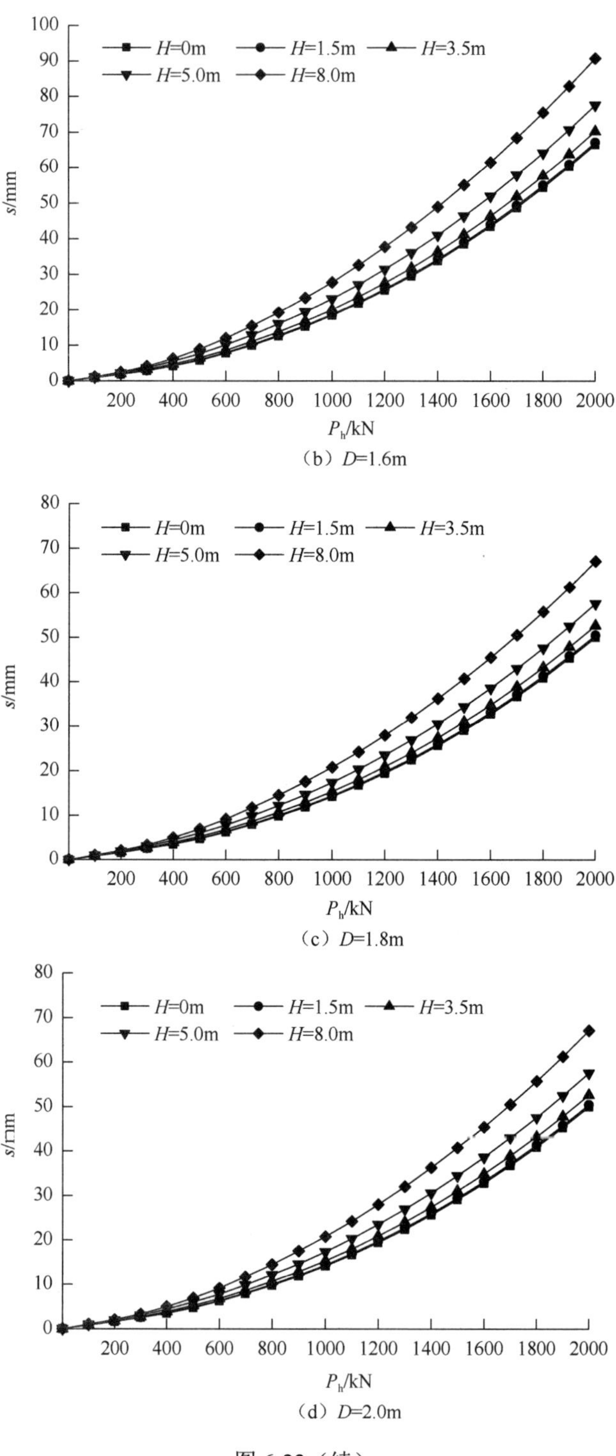

（b）D=1.6m

（c）D=1.8m

（d）D=2.0m

图 6-22（续）

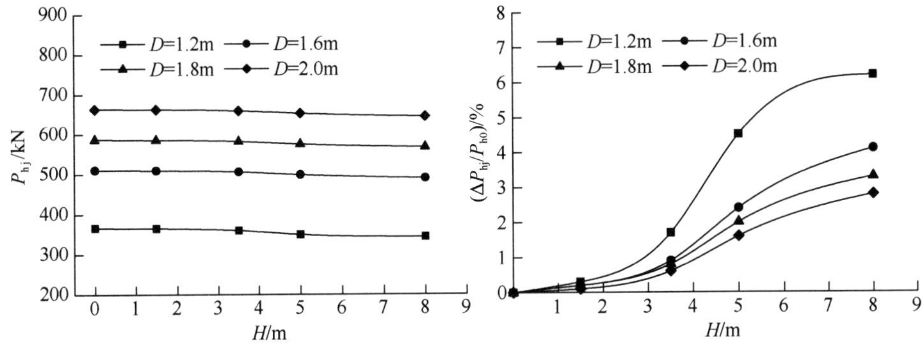

图 6-23　不同桩径时桩基横轴向极限承载力及其降低幅度的影响规律（δ=6.0cm、L=40m）

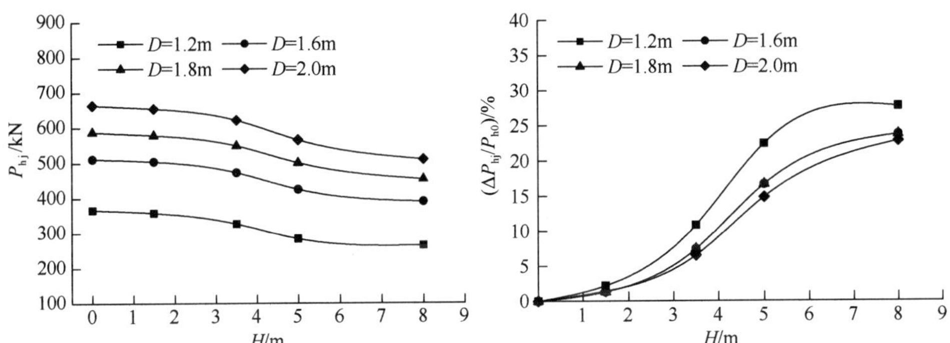

图 6-24　不同桩径时桩基横轴向极限承载力及其降低幅度的影响规律（δ=9.0cm、L=40m）

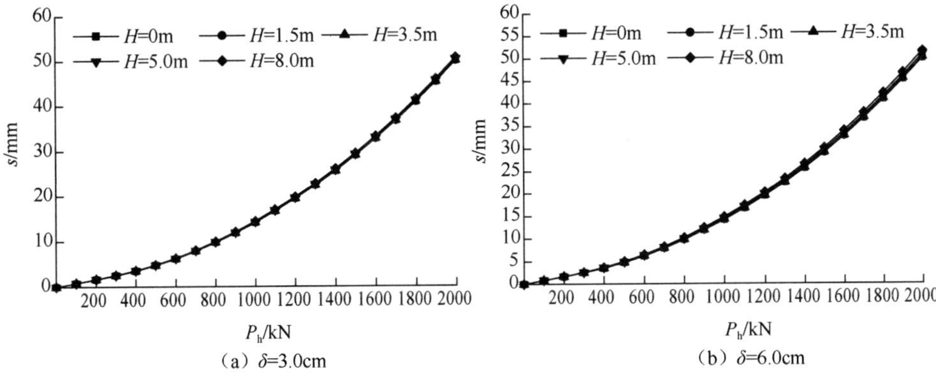

图 6-25　不同剥落厚度时桩基随腐蚀深度变化的水平承载力-位移曲线（D=1.8m、L=40m）

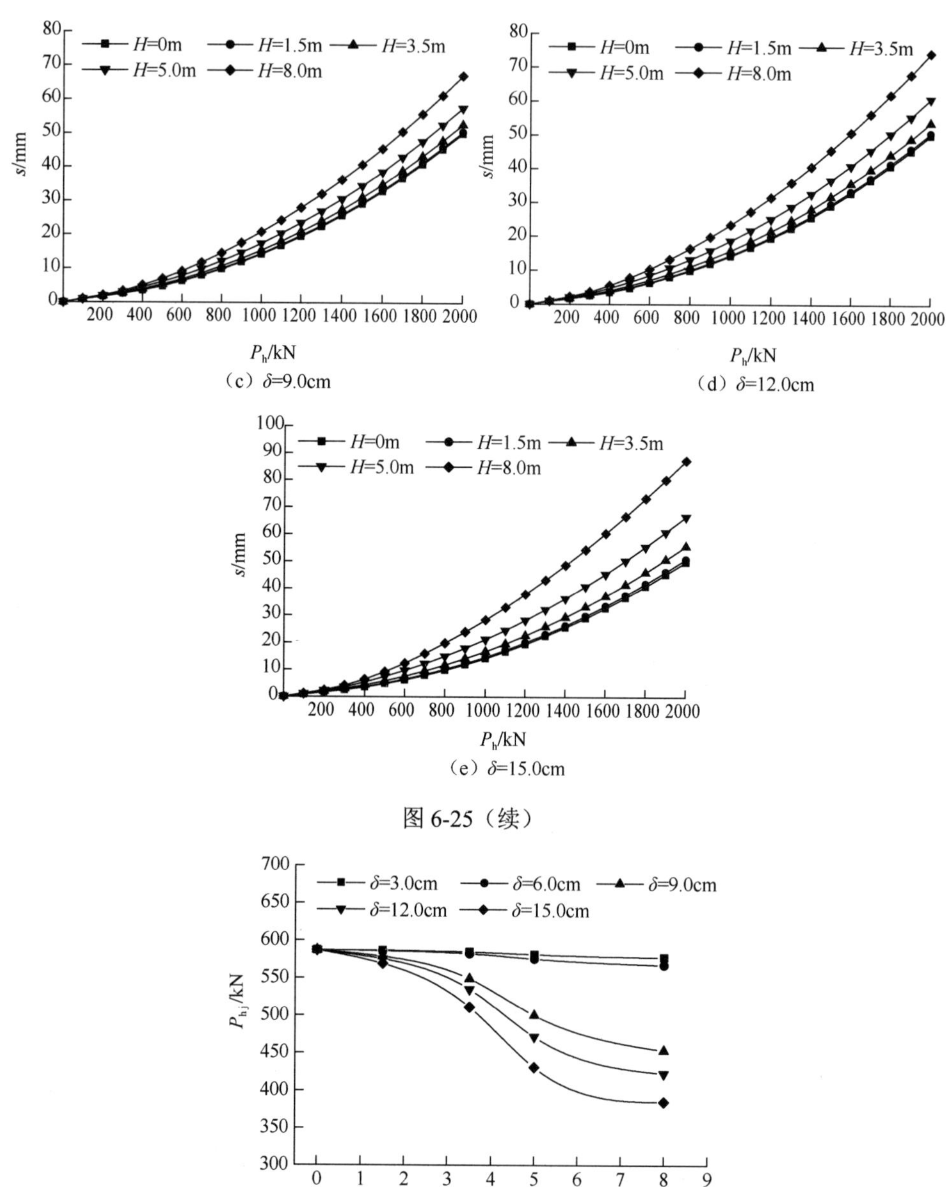

（c）δ=9.0cm

（d）δ=12.0cm

（e）δ=15.0cm

图 6-25（续）

图 6-26　不同剥落厚度时腐蚀深度变化对桩基横轴向极限承载力的影响（D=1.8m、L=40m）

由图 6-25 和图 6-26 可知，当剥落厚度为 6.0cm 时，腐蚀深度对桩基横轴向承载力影响很小；当剥落厚度为 9.0cm 时，腐蚀深度对桩基横轴向承载力影响明显。

6.5.4 剥落厚度变化对桩基横轴向承载力的影响

1）桩长与剥落厚度变化时桩基横轴向承载力

图 6-27 为桩径 1.8m、腐蚀深度 1.5m、不同桩长时桩基随剥落厚度变化的水平承载力-位移曲线；图 6-28 为桩径 1.8m、腐蚀深度 5.0m、不同桩长时桩基随剥落厚度变化的水平承载力-位移曲线；图 6-29 为桩径 1.8m、腐蚀深度 8.0m、不同桩长时桩基随剥落厚度变化的水平承载力-位移曲线；图 6-30 为不同桩长时剥落厚度变化对桩基横轴向极限承载力及其降低幅度的影响规律。

由图 6-27～图 6-30 可知，当腐蚀深度为 1.5m 时，剥落厚度对桩基横轴向承载力影响很小；当腐蚀深度为 5.0m 时，剥落厚度对桩基横轴向承载力影响明显。

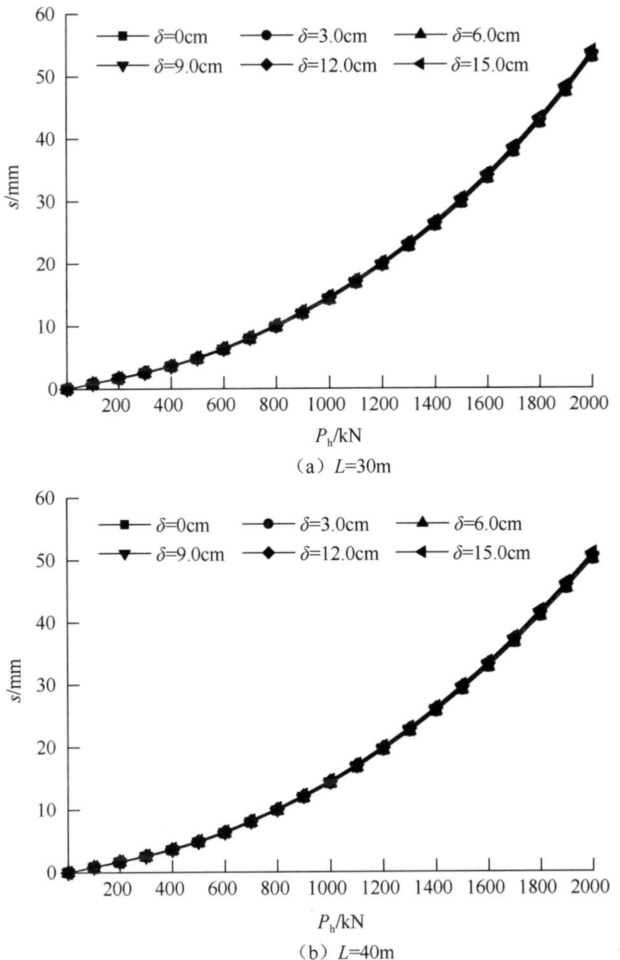

（a）L=30m

（b）L=40m

图 6-27 不同桩长时桩基随剥落厚度变化的水平承载力-位移曲线（D=1.8m、H=1.5m）

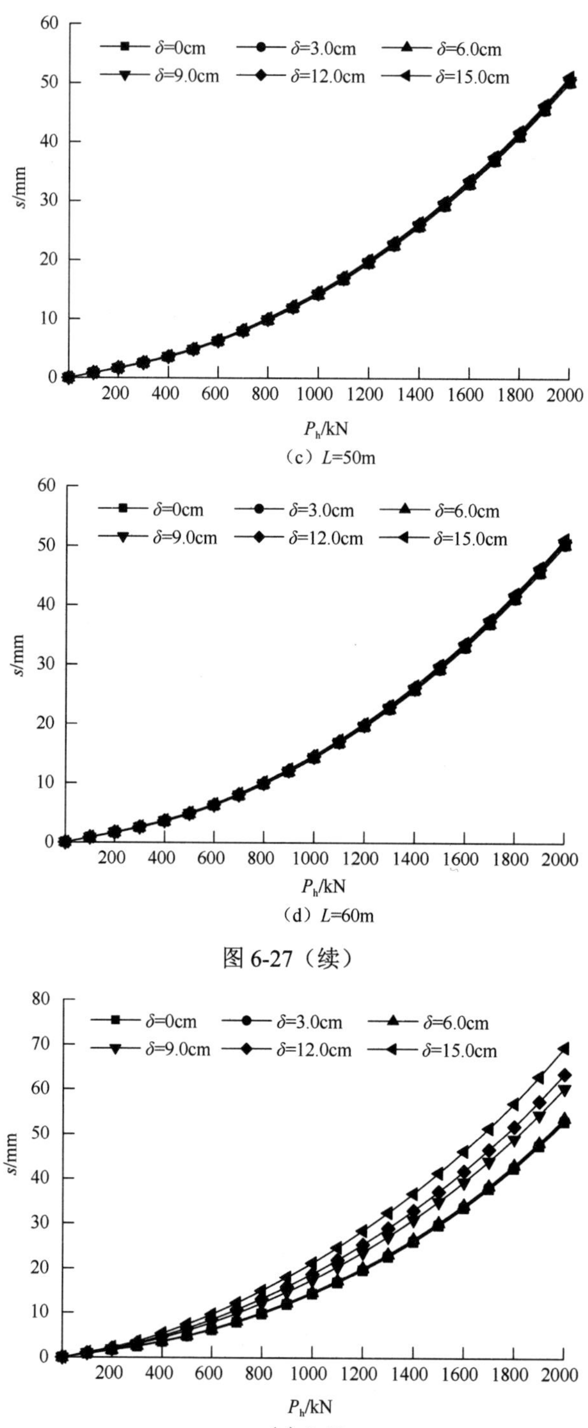

（c）L=50m

（d）L=60m

图 6-27（续）

（a）L=30m

图 6-28 不同桩长时桩基随剥落厚度变化的水平承载力-位移曲线（D=1.8m、H=5.0m）

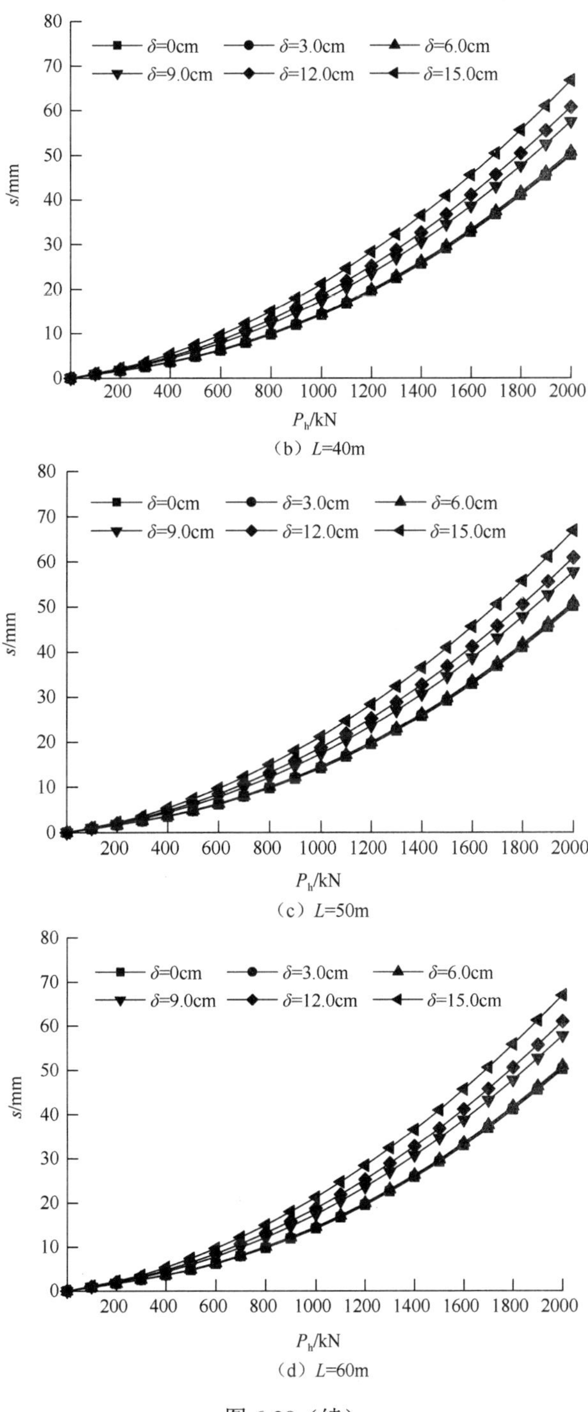

（b）L=40m

（c）L=50m

（d）L=60m

图 6-28（续）

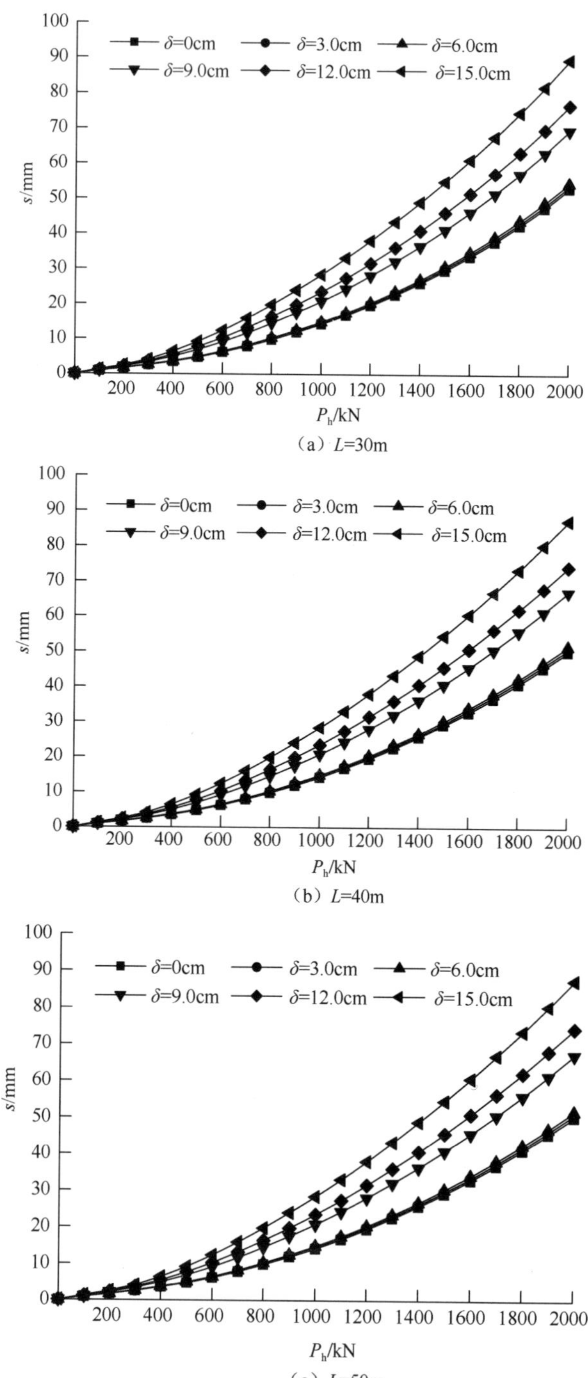

图 6-29　不同桩长时桩基随剥落厚度变化的水平承载力-位移曲线（D=1.8m、H=8.0m）

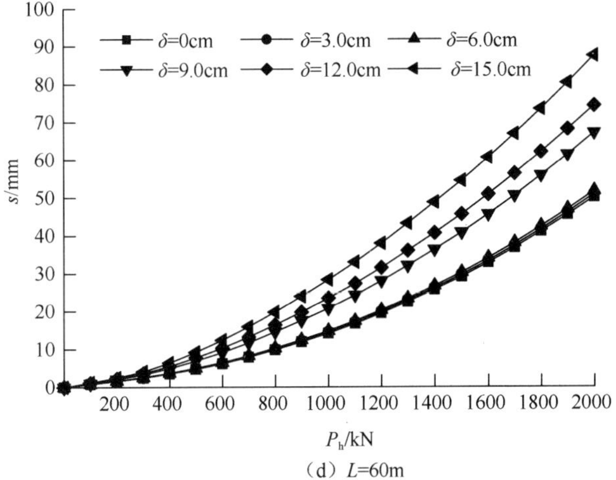

（d）L=60m

图 6-29（续）

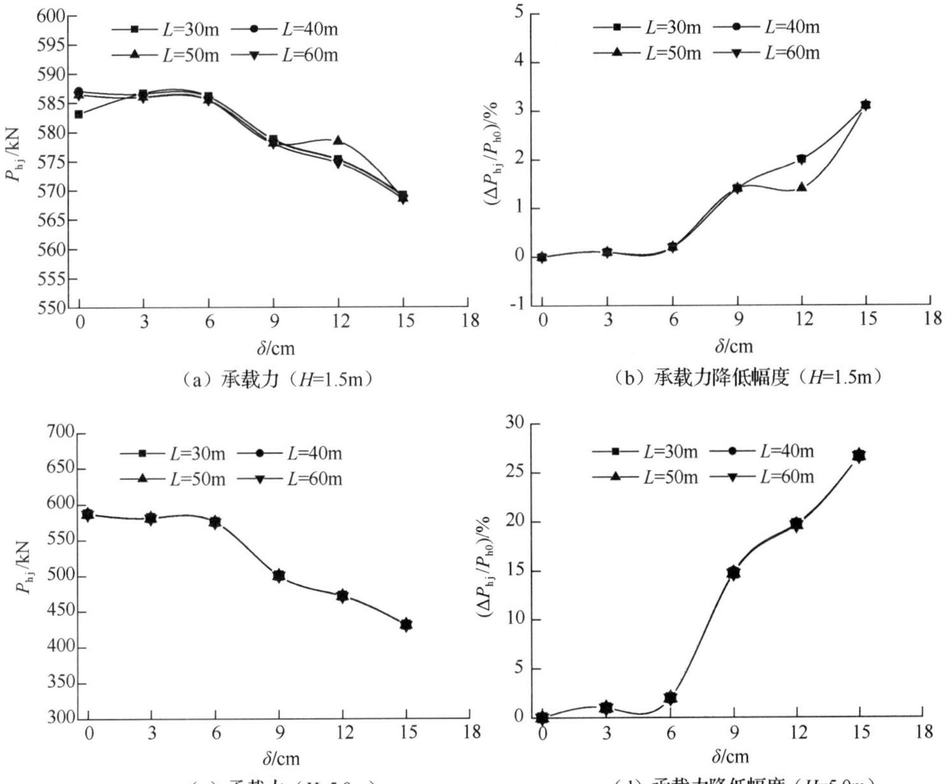

（a）承载力（H=1.5m）

（b）承载力降低幅度（H=1.5m）

（c）承载力（H=5.0m）

（d）承载力降低幅度（H=5.0m）

图 6-30　不同桩长时剥落厚度变化对桩基横轴向极限承载力及其降低幅度的影响规律

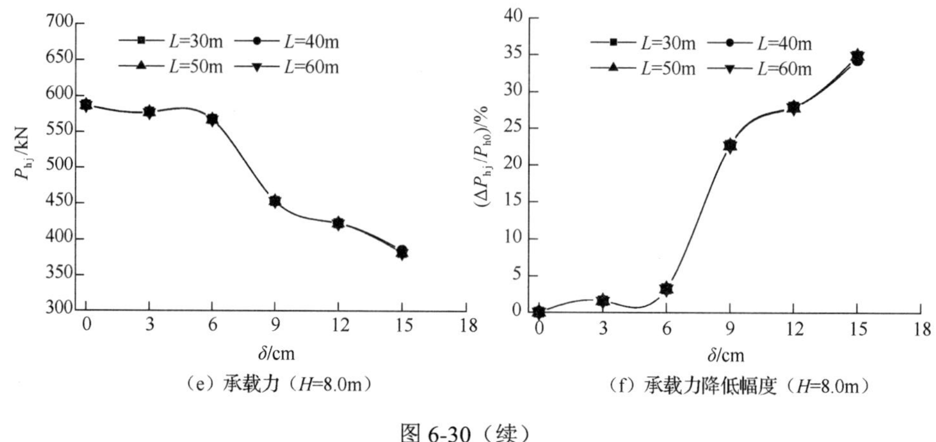

（e）承载力（H=8.0m）　　（f）承载力降低幅度（H=8.0m）

图 6-30（续）

2）桩径与剥落厚度变化时桩基横轴向承载力

图 6-31 为桩长 40m、腐蚀深度 1.5m、不同桩径时桩基随剥落厚度变化的水平承载力-位移曲线；图 6-32 为桩长 40m、腐蚀深度 5.0m、不同桩径时桩基随剥落厚度变化的水平承载力-位移曲线；图 6-33 为桩长 40m、腐蚀深度 8.0m、不同桩径时桩基随剥落厚度变化的水平承载力-位移曲线；图 6-34 为不同腐蚀深度、桩径时剥落厚度变化对桩基横轴向极限承载力的影响规律。

由图 6-31～图 6-34 可知，当腐蚀深度为 1.5m 时，剥落厚度对桩基横轴向承载力影响很小；当腐蚀深度为 5.0m 时，剥落厚度对桩基横轴向承载力影响明显。

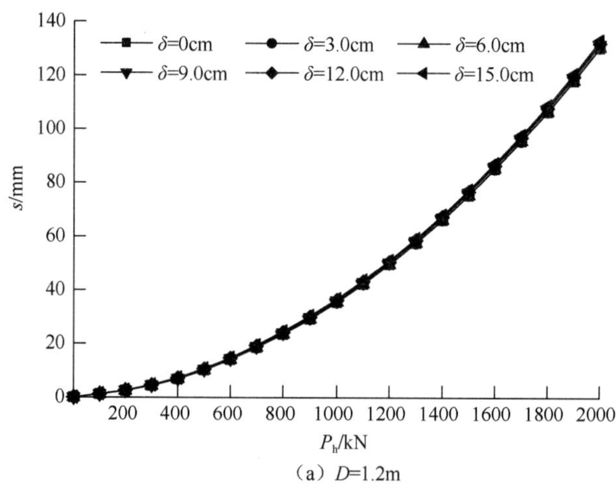

（a）D=1.2m

图 6-31　不同桩径时桩基随剥落厚度变化的水平承载力-位移曲线（L=40m、H=1.5m）

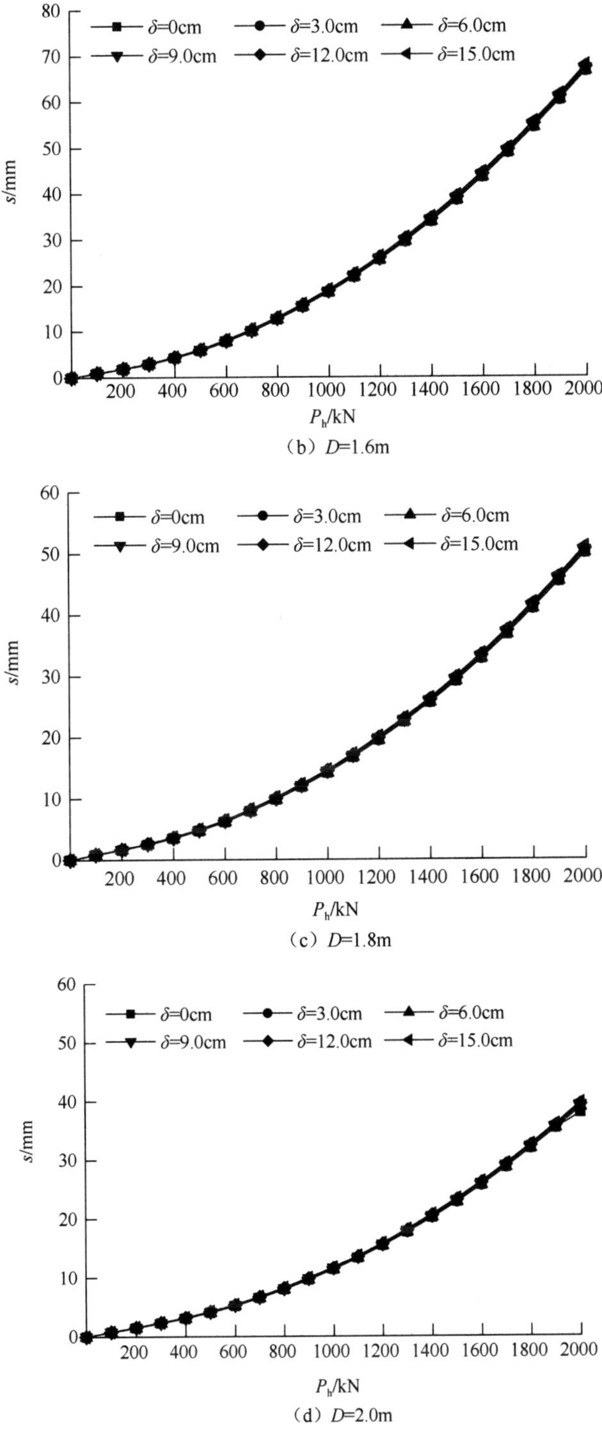

（b）D=1.6m

（c）D=1.8m

（d）D=2.0m

图 6-31（续）

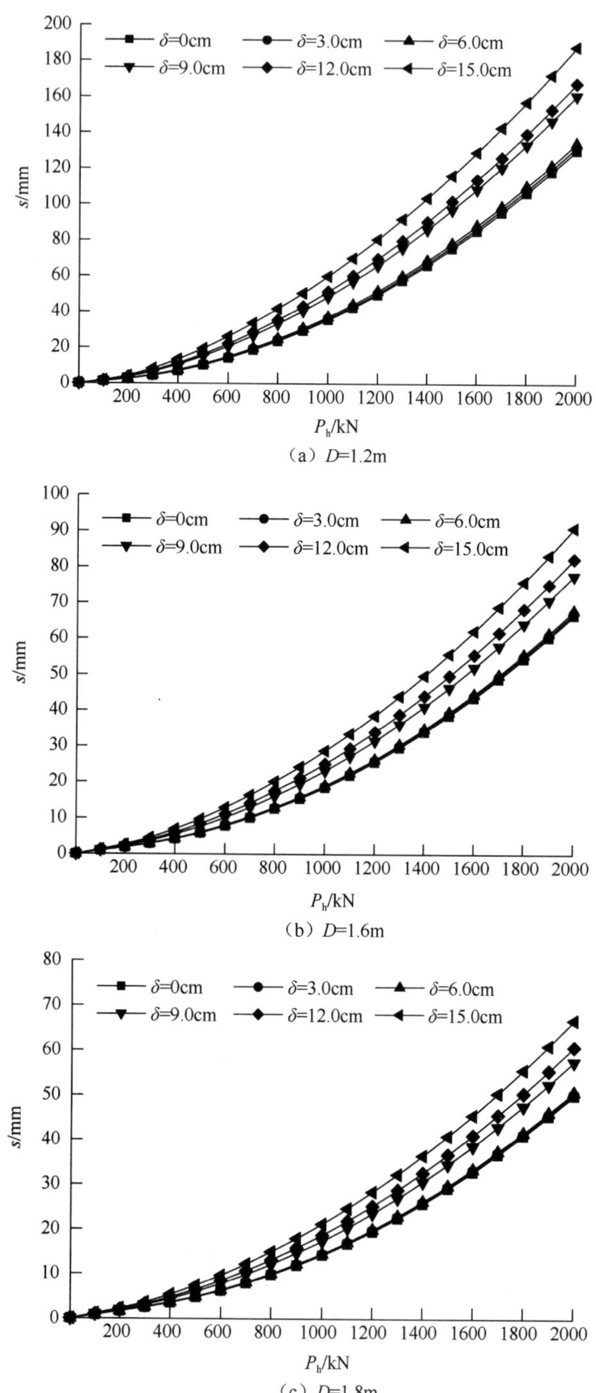

图 6-32　不同桩径时桩基随剥落厚度变化的水平承载力-位移曲线（L=40m、H=5.0m）

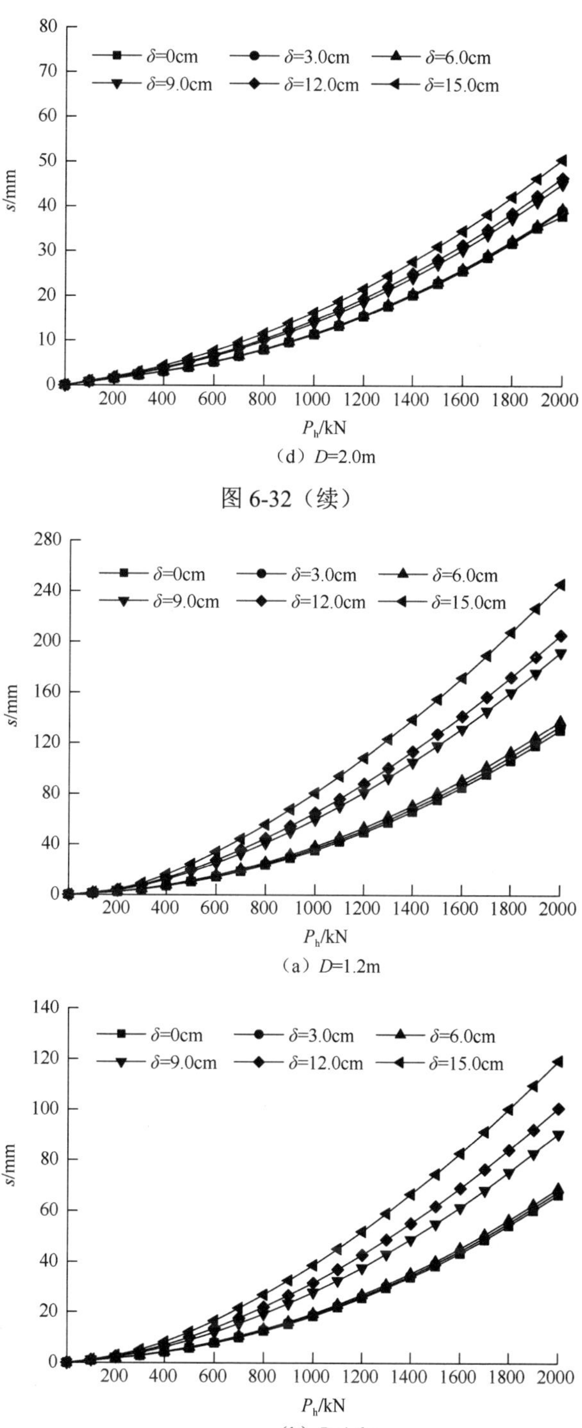

（d）D=2.0m

图 6-32（续）

（a）D=1.2m

（b）D=1.6m

图 6-33　不同桩径时桩基随剥落厚度变化的水平承载力-位移曲线（L=40m、H=8.0m）

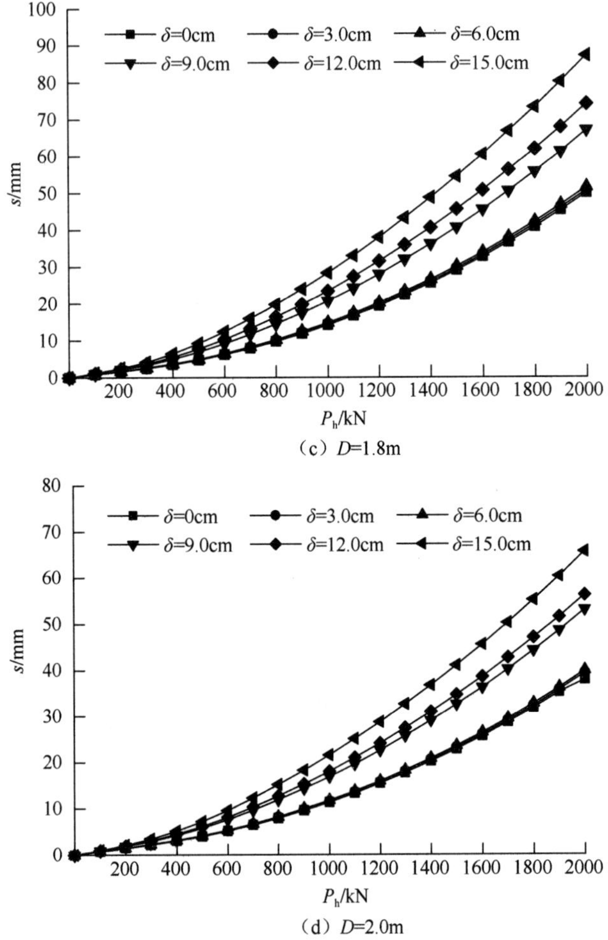

（c）D=1.8m

（d）D=2.0m

图 6-33（续）

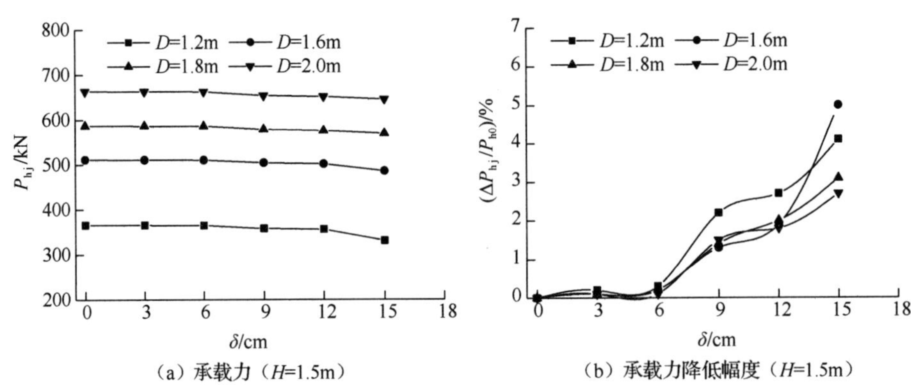

（a）承载力（H=1.5m）　　（b）承载力降低幅度（H=1.5m）

图 6-34　不同腐蚀深度和桩径时剥落厚度变化对桩基横轴向极限承载力的影响规律

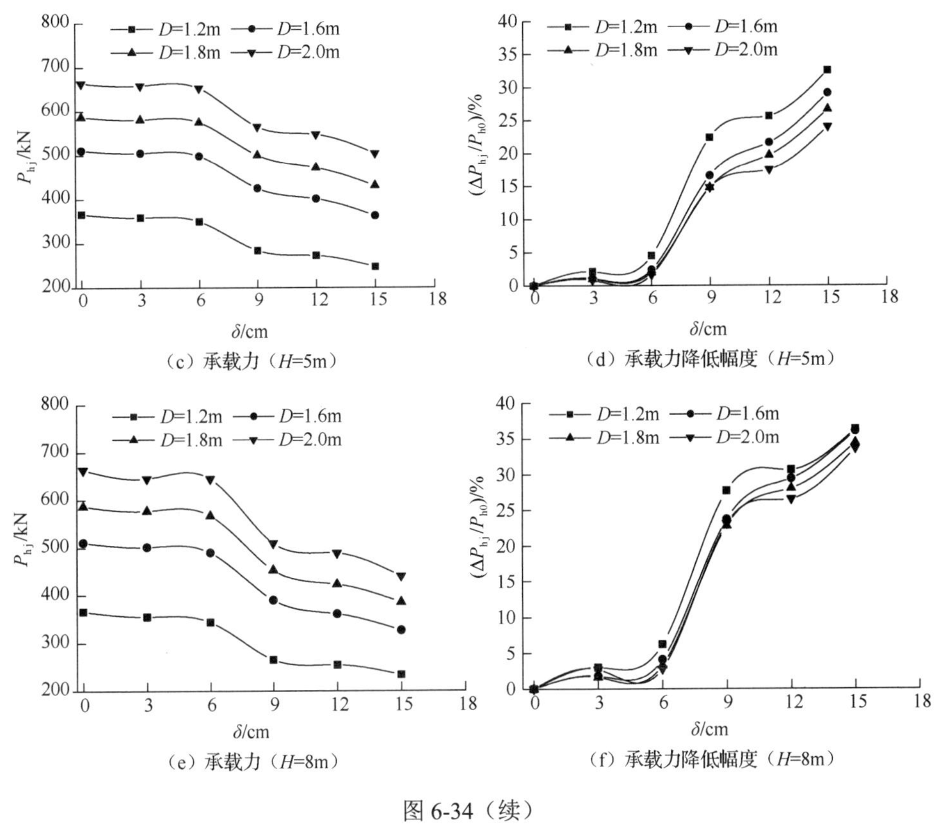

（c）承载力（H=5m）

（d）承载力降低幅度（H=5m）

（e）承载力（H=8m）

（f）承载力降低幅度（H=8m）

图 6-34（续）

6.6 小　　结

通过数值模拟，分析了桩基在腐蚀前后竖向与横轴向承载特性的变化规律，着重研究腐蚀深度和剥落厚度对桩基竖向与横轴向承载特性的影响，得出以下主要结论。

（1）桩基竖向极限承载力随腐蚀深度的增加明显降低，但桩长越大，腐蚀后桩基竖向极限承载力降低越缓慢。

（2）桩基竖向极限承载力随剥落厚度增加而降低可分为两个阶段：当剥落厚度不大于 6.0cm 时，桩基极限承载力变化不明显；当剥落厚度大于 9.0cm 时，桩基极限承载力明显降低。

（3）当剥落厚度较小时，腐蚀深度的变化对桩基横轴向承载力的影响较小；当剥落厚度较大时，腐蚀深度的变化对桩基横轴向承载力的影响较大。

（4）高寒盐沼泽区的设计应充分重视桩基损伤引起的承载能力下降的问题。

第七章　高寒盐沼泽区桥梁桩基安全评价技术

7.1　概　　述

目前，由于现有的桥梁桩基工程安全评价及维护技术不完善，大量的桥梁桩基缺乏足够的指导建议而受到各种安全隐患的威胁。由于滨海、海洋、盐渍土及盐沼泽等区域的环境更为复杂，桥梁桩基受损相对更加严重。高寒盐沼泽区复杂的环境条件威胁了桥梁桩基的承载特性，进一步影响了桥梁结构的安全。但对高寒盐沼泽区桥梁桩基的安全评价，目前仍缺乏系统的研究。

本章采用层次分析法与模糊数学综合评价法相结合的模糊层次综合评价法，建立盐沼泽区桥梁桩基的腐蚀损伤模型，提出盐沼泽区桥梁桩基的损伤指标体系及损伤评价等级，构建盐沼泽区桥梁桩基工程安全评价体系。

7.2　安全评价方法及适用性分析

7.2.1　安全评价方法概述

桥梁桩基安全性评价常用的评价方法包括：外观调查评价法、专家经验评价法（包括专家调查法与专家系统评价法）、层次分析法（AHP）、可靠性分析评价法、模糊神经网络评价法、模糊综合评价法、灰色理论分析法等[88]。

1. 外观调查评价法

根据外观调查进行损伤评定的方法是由有经验的桥梁技术人员对桥梁桩基进行详细检查，并根据检查结果进行评定。此种方法仅能进行定性评估，一般可在桥梁管理部门决定采用何种维护方法时采用，但不能给出定量的损伤程度，且受主观因素影响较明显，不同的评定人员，评定结果可能相差较大。

2. 专家经验评价法

根据解决问题的方式可将基于专家经验的方法分为专家调查法和专家系统评价法两种类型。

1）专家调查法

专家调查法也称为德尔菲法，是直接收集、分析、归纳专家意见，对某一事件的可能结果作出评估的方法。这一方法可采用“专家论证会”的形式进行，过程为：选择专家、情况介绍、讨论、问答、综合分析、重复调查、形成会议文件。在意见调查过程中可以采取一些措施，对不同专家的意见进行纠偏。实践表明，专家可在缺乏相关资料的情况下，综合有关信息，凭借其工程经验和判断能力，作出合理的量化估计。

专家调查法有如下特点。

（1）专家调查法能充分发挥各位专家的作用，集思广益，准确性高，可以把各位专家意见的分歧点表达出来，扬长避短。

（2）专家调查法虽然能汲取各专家之长，但是权威人士的意见能影响他人的观点；有些专家碍于情面，不愿意发表与其他人不同的意见，不愿意修改自己原来不全面的意见。

（3）专家调查法的主要缺点是过程比较复杂，花费时间较长。

2）专家系统评价法

对于复杂的问题要想采用精确的数学模型来描述是十分困难的，但近些年发展起来的人工智能技术（专家系统）可以解决这类问题。

3. 层次分析法

层次分析法（analytic hierarchy process，AHP）又被称作多层次权重分析法，是由匹兹堡大学美国运筹学家萨蒂教授在20世纪70年代提出的一种决策方法。层次分析法是一种定性分析和定量计算相结合的数据分析方法，可用于多准则、多目标的问题以及其他类型问题的决策分析。它将与决策有关的指标分解成为目标层、准则层、指标层等层次，在此基础之上进行定性分析和定量计算。此方法主要解决被考核的项目指标的体系结构设计问题，可以紧密地与决策者的主观判断和推理联系起来，对决策者的推理过程进行量化的描述，可以降低加权设计中的不确定因素，它将人的主观判断为主的定性分析进行量化，用数值表示指标的差异，供决策参考。

AHP 的基本思路与人对一个复杂问题的判断和思维过程大致上是一样的。首先把评价因素分解成若干个层次，其次自上而下对每个层次的评价结果进行综合，整理在一个评价因素即评价目标下，即可得到每个系统选择指标的优劣顺序。应用层次分析法解决实际问题，首先应该明确要分析的问题，并使其条理化、层次化，整理出递阶层次结构。层次分析法要求的递阶层次结构一般可由三个层次组成，即：①目标层（最高层），指解决问题的预定目标；②准则层（中间层），指影响目标实现的准则；③指标层（最低层），指促使目标实现的要素。具体递阶层次结构如图 7-1 所示。

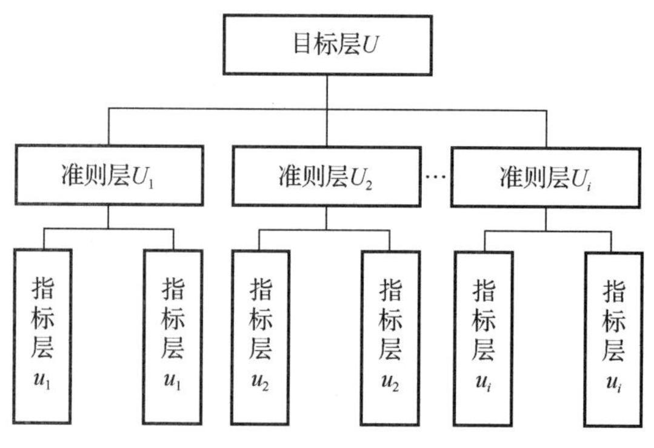

图 7-1　层次分析法递阶层次结构

有关研究表明：灰色关联方法在桥梁桩基工作状态评价指标的确定方面有一定的适用性，并建议采用斜率关联度方法进行单项评价指标的非均匀性变化系数的计算；同时指出采用变权综合法较常权综合法更能突出桩基础损伤影响因素的作用程度，评定结果更接近专家评估的思维模式，具有广泛的适用性。也有借助于多次模糊综合评判和直接打分法相结合，在专家咨询的基础上，分析确定影响桥梁桩基础安全性的各因素的权重和隶属度，从而计算出桥梁桩基础的总评分，该方法可使繁杂的评估工作科学、简洁而又实用。

4. 可靠性分析评价法

20 世纪 80 年代以来，国内外学者开展了大量的桩基可靠度研究，既考虑了单桩承载力可靠度、单桩沉降可靠度和采用随机场模拟确定桩周土体参数等方面，也考虑了桩、土、承台共同作用的可靠度问题。目前桩基础进行可靠性分析主要有以下三种方法。

1）校准法

校准法是在对收集的数据资料进行统计分析的基础上，给出桩抗力及荷载效应的统计参数（均值、方差、变异系数等），在已知桩的抗力和效应的统计特征的情况下，假定现行规范桩基础设计的安全系数法有关规定在总体上是合理的，对规范进行反演算出按现行规范设计的工程桩所能达到的可靠指标或失效概率，从而对现行规范进行校准。

2）概率极限状态直接设计方法

已知荷载效应和目标可靠性指标，求单桩极限状态下的抗力。

3）概率极限状态间接设计方法

由于概率运算的复杂性，一般采用多系数或单一系数的设计表达式，可使概率极限状态设计中的复杂概率运算得到极大简化，这就产生概率极限状态间接设计法。

损伤评估可采用可靠度理论作为评估的理论框架，具体实现方法有两种：一是直接计算桩基础的可靠指标 β，与目标可靠指标 β_T 进行对比；二是应用基于可靠度的桥梁评估规范。对于重要、复杂桥梁可应用直接计算 β 法，其主要包括失效模式、结构分析模型、荷载和抗力模型、目标可靠度 β_T 的确定，以及可靠指标 β 的计算和结构安全判别。此种方法的主要困难集中在系统失效模式和损伤结构抗力模型、目标可靠度 β_T 的确定，这需要在理论与工程实践相结合中加以解决。

5. 模糊神经网络评价法

模糊神经网络评价法是一种模式识别方法，是模拟人在思维时神经元的工作原理，是一个非线性的动力系统，与传统的模式识别方法相比，它具有很强的容错性和鲁棒性，并具有学习、记忆和联想的功能。强大的非线性映射能力和自适应学习的特点使得人工神经网络非常适合于解决这种反分析问题，该方法先对需识别的参数在可能范围内产生一批数据，计算出相应的结构动力特性参数后，构造出训练样本，以结构动力特性参数作为输入向量，待识别参数为输出向量，训练神经网络，再将实测的结构参数输入训练好的神经网络，其输出的就是待识别的参数，训练结果的好坏依赖于训练样本的构造和网络参数的选取。用于损伤识别最常用且最有效的两种神经网络是 BP 神经网络和自组织神经网络。

神经网络方法的应用不要求工程人员具有特别丰富的经验，并且比传统方法更方便、更准确，尤其是在复杂条件下用传统方法无法解决问题时，神经网络通过其独特的映射机制可以找到问题的一般规律从而解决问题。神经网络与传统方法结合更可以取长补短，使很多复杂的桩基础工程问题得到更好的解决。总之，神经网络技术在桩基础工程中的应用前景是非常广阔的。

6. 模糊综合评价法

模糊综合评价法以模糊数学为基础，应用模糊关系合成的原理，将一些边界不清、不易定量的因素定量化进行评估。模糊综合评价法较好地解决了事物的模糊性与算法的确定性这一矛盾，能很好地反映客观事物的本质。但是，如何选择模糊运算法则，如何合理确定隶属函数形式，评判矩阵形成时如何尽可能避免参评人员主观上的不确定性和随机性等问题还不可能得到根本解决。

7. 灰色理论分析法

灰色理论分析法包括灰色关联度分析法和灰色局势分析法，其中应用最广泛的是关联度分析方法。关联度反映各评价对象对理想对象的接近次序，即评价对象的优劣次序，其中灰色关联度最大的评价对象为最佳。

灰色理论分析法的特点如下所述。

（1）灰色理论分析法思路明确、计算方法规范，而且在方案决策时避免专家参与，减少了专家的主观意见对评判结果的影响。

（2）灰色理论分析法主要采用数学方法，计算量大，它的两种分析方法均不需要专家的参与，缺少专业指导，而且对各方案中的各个评价指标不进行相对重要度的分析，这也是灰色理论分析法的不足之处。

7.2.2 安全评价方法适用性分析

前面介绍的几种评价方法是目前在桥梁桩基础安全评价领域中应用较为广泛的几种评价方法，它们也都有着各自的优缺点及适用范围，具体比较分析见表 7-1。

表 7-1 评价方法的比较分析

方法	概念	优点	缺点	适用范围
外观调查评价法	由有经验的桥梁技术人员对桥梁桩基础进行详细检查，根据检查结果进行评定	过程简单，结果易于处理分析	仅能进行定性评估，不能给出定量的损伤程度；人为因素较多，不同的评定人员，评定结果可能相差较大	一般可在桥梁管理部门决定采用何种维护方法时采用

续表

方法		概念	优点	缺点	适用范围
专家经验评价法	专家调查法	根据模糊数学的隶属度理论把定性评价转化为定量评价，即用模糊数学对受到多种因素制约的事物或对象做出一个总体的评价	结果清晰，系统性强	权重、隶属度的确定方法较多，需视具体情况准确选用	能较好地解决模糊的、难以量化的问题，适用于各种非确定性问题的解决
	专家系统评价法	是用计算机模拟有经验专家的决策机理，对损伤桩基础进行综合评估	可以解决影响因素众多，关系复杂，其间包含许多不定因素的复杂问题，并给出专家水平的结果	对具体情况的权重等问题考虑不足	具有处理、表达和推断的能力，实现桥梁桩基础损伤评估的模糊处理
层次分析法		将与评价有关的元素分解成目标、准则、方案等层次，在此基础之上进行定性和定量分析的决策方法	能够较好地将定性分析与定量分析相结合；具有系统性，简洁、实用	指标过多时统计量大，且权重难以确定；定量数据较少，定性成分多	适用于解决一些难以定量的复杂问题；不适用于精度要求很高的问题
可靠性分析评价法		可靠性理论所采用的是概率统计方法，就是以随机过程和随机现象为研究对象，用来研究桩基础评定在很大程度上可以改善和弥补确定性方法的不足	考虑了单桩承载力可靠度、单桩沉降可靠度和采用随机场模拟确定桩周土参数等方面，也考虑了桩、土、承台共同作用的可靠度问题	主要困难集中在系统失效模式和损伤结构抗力模型、目标可靠度的确定，这需要在理论与工程实践相结合中加以解决	适用于难以定量的不确定因素较多的情况
模糊神经网络评价法		一种模式识别方法，模拟人在思维时神经元的工作原理，是一个非线性的动力系统	与传统的模式识别方法相比，它具有很强的容错性和鲁棒性，并具有学习、记忆和联想的功能	计算量大，网络结构通用性较差，数选取的不确定性较强	强大的非线性映射能力和自适应学习的特点使得人工神经网络非常适合于解决复杂的反分析问题
模糊综合评价法		根据模糊数学的隶属度理论把定性评价转化为定量评价，即用模糊数学对受到多种因素制约的事物或对象做出一个总体的评价	结果清晰，系统性强	权重、隶属度的确定方法较多，需视具体情况准确选用	能较好地解决模糊的、难以量化的问题，适用于各种非确定性问题的解决
灰色理论分析法		关联度反映各评价对象对理想对象的接近次序，即评价对象的优劣次序，其中灰色关联度最大的评价对象为最佳	思路明确，计算方法规范	计算量大；不需要专家的参与，缺少专业指导；对方案中各评价指标未进行相对重要度的分析	对于一个系统发展变化态势提供了量化的度量，非常适合动态历程分析

7.3　高寒盐沼泽区桥梁桩基安全评价方法及安全评价模型建立

7.3.1　高寒盐沼泽区桥梁桩基安全评价方法研究

通过对以上几种安全评价方法的比较并结合各评价指标体系的自身特点，选取层次分析法与模糊综合评价法相结合的模糊层次综合评价法建立评价模型，如图 7-2 所示，运用这种评价方法对高寒盐沼泽区桥梁桩基安全情况进行量化评价。

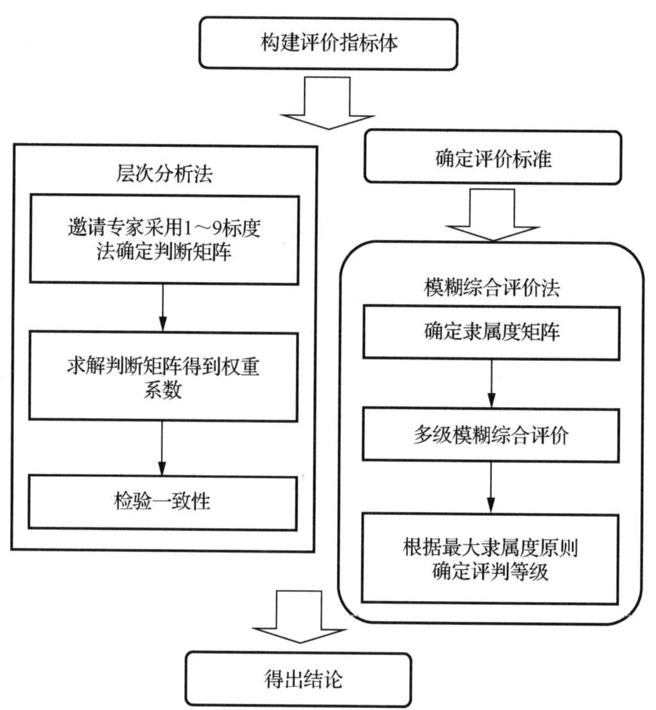

图 7-2　模糊层次综合评价模型

层次分析法的引入解决了评价要素权重确定过程中的主观性问题，克服了以往模型中指标权重主要是依靠统计试验或专家打分的缺陷，它不需要人为给出的数值，也不需要利用评价专家给出确切的数值直接进行评价排列，而是用数学的方法将两两比较的评价结果进行综合，只要两两对比的结果大部分是正确的，那么就可以保证各层指标权重配置的准确性。利用层次分析法把指标的不确定性从基本原理上进行了过滤，改变了传统的权重确定方法由于人为的误差而导致的最终评价结果失真的现象，为下一步的模糊综合评价奠定了一个可靠的基础。

模糊综合评价方法是对受多种因素影响的事物做出全面评价的一种十分有效的多因素决策方法。通过模糊算子的模糊综合运算，不但考虑各种因素对所研究问题的影响，综合了多个评价主体的意见，而且有效地解决了评价过程中出现的模糊性问题，进行了较为科学的定量化处理，将定性与定量有机地结合起来。因而，大大提高了绩效评估的准确度。在此基础上引入层次分析法构成模糊层次综合评价法，使定性问题定量化，从而提高考核的科学性和可靠性。

模糊层次综合评价法集成了层次分析法和模糊综合评价法的双重优点，具有系统性和模糊性的两种特点，是解决人的主观认知评判问题的一个有效方法。它能有机地将被评价对象定性和定量方法相结合，做出全面性、综合性和客观性的评价。该方法将层次分析法作为模糊综合评价的关键步骤来加以研究，把层次分析法放大化分析，因为该方法是现在确定权重分配以及判断决策顺序的一种较科学有效的数学方法。这两种方法的结合主要体现在将评价指标体系分成树状层次结构，运用层次分析法确定各指标的权重，再分层次进行模糊综合评价，进而综合得出总评价结果。

模糊层次综合评价法不仅可以对评价对象按综合分值的大小进行评价和排序，而且可以根据模糊评价集上的值按最大隶属原则评定对象所属的等级。该方法主要包含以下三个方面问题。

1. 评价指标权重的确定

确定评价指标的权重时，可采用熵权表示权重，因为信息熵可以用来度量不同指标的信息效用值，它可以消除各指标权重计算的人为干扰，使评价结果更符合实际；也可采用主观赋权法，如层次分析法、德尔菲法等，这类方法的缺点是评价结果可能因人的主观因素而形成偏差，但是可以充分利用专家的实践经验，提高方案优选效率。

评价指标体系的特点是采用层次分析法的主要依据。评价指标体系由各种不同的系统组成，它们之间相互作用，相互制约，而且每一个系统又受到多种因素的影响，可以分解成不同的子指标，从而构成复杂的“树”状体系。这种“树”状体系不仅为层次分析法提供了“结构”基础，而且也增加了评价体系在实际应用中的灵活性。层次分析法的基本步骤如下所述。

1）层次分析模型建立

深入分析后，将问题中所包含的因素划分为几个不同层次，如目标层、准则层、指标层等，并用框图形式表明层次的递阶结构及各因素的隶属关系。

2）判断矩阵构造

层次分析模型建立之后，需要对每一层次各因素的相对重要性给出判断，这些判断用数值表示出来，写成矩阵形式就是判断矩阵。判断矩阵表示对上一层次而言，本层次所有指标之间的相对重要度的比较。例如，对准则层 B 而言，记指标层 C 中指标 x_i 与 x_j 的相对重要度为 u_{ij}（i, j=1,2,…,n），则判断矩阵的表格形式见表 7-2。

表 7-2　判断矩阵的表格形式

B	x_1	x_2	…	x_n
x_1	u_{11}	u_{12}	…	u_{1n}
x_2	u_{21}	u_{22}	…	u_{2n}
⋮	⋮	⋮	⋱	⋮
x_n	u_{n1}	u_{n2}	…	u_{nn}

令 $\boldsymbol{A}=[u_{ij}]_{n\times n}$，则 $\boldsymbol{A}$ 为判断矩阵，且有

$$\begin{cases} u_{ij} > 0 \\ u_{ij} = \dfrac{1}{u_{ji}} \\ u_{ii} = 1 \end{cases} \quad i, j=1,2,\cdots,n \tag{7-1}$$

两指标之间相对重要性的认识可用 1～9 标度法来量化，具体标度及含义见表 7-3。

表 7-3　相对重要性标度及含义

标度	含义
1	表示指标 x_i 与 x_j 比较，具有同等重要性（equal importance）
3	表示指标 x_i 与 x_j 比较，x_i 比 x_j 稍微重要（weak importance）
5	表示指标 x_i 与 x_j 比较，x_i 比 x_j 明显重要（strong importance）
7	表示指标 x_i 与 x_j 比较，x_i 比 x_j 强烈重要（very strong importance）
9	表示指标 x_i 与 x_j 比较，x_i 比 x_j 极端重要（absolute importance）
2，4，6，8	分别表示标度 1～3、3～5、5～7、7～9 的中间值
倒数	若 x_i 与 x_j 比较得 u_{ij}，则 x_j 与 x_i 比较得 $1/u_{ij}$

3）层次单排序权重计算

层次单排序权重即各下属指标相对于上属指标的重要性程度的量化，是把判断矩阵 $\boldsymbol{A}$ 的最大特征值 $\lambda_{\max}$ 所对应的特征向量 $\boldsymbol{W}=[w_1 \quad w_2 \quad \cdots \quad w_n]$经过归一化处理得到的。其中 w_i（$i=1,2,\cdots,n$）的算法有多种，本研究采用根法进行计算。

（1）对 $\boldsymbol{A}$ 按行求积，再求 $1/n$ 次幂，得

$$\overline{w_i}=\left(\prod_{j=1}^{n}u_{ij}\right)^{\frac{1}{n}} \quad i,j=1,2,\cdots,n \tag{7-2}$$

（2）规范化，即得权重系数 w_i 为

$$w_i=\frac{\overline{w_i}}{\sum_{i=1}^{n}\overline{w_i}} \tag{7-3}$$

4）层次单排序权重一致性检验

由于客观事物的复杂性和人为判断的多样性，使得每一个判断矩阵并不具有完全一致性。层次分析法中并不要求判断矩阵完全一致，允许存在一定偏差，但是要求判断具有大体的一致性，不能出现明显的逻辑错误，如“x_1 比 x_2 明显重要，x_2 比 x_3 明显重要，x_3 比 x_1 明显重要”的逻辑错误。因此，为了防止评价结果偏差过大，确保分析结果的合理，必须对构造矩阵进行一致性检验。一致性检验步骤如下所述[89]。

（1）计算判断矩阵 $\boldsymbol{A}$ 的最大特征根 $\lambda_{\max}$ 为

$$\lambda_{\max}=\frac{1}{n}\sum_{i=1}^{n}\frac{(\boldsymbol{AW})_i}{w_i} \tag{7-4}$$

（2）计算一致性指标 CI 为

$$\mathrm{CI}=\frac{\lambda_{\max}-n}{n-1} \tag{7-5}$$

当 CI=0，即 $\lambda=n$ 时，判断矩阵 $\boldsymbol{A}$ 是一致的；CI 越大，判断矩阵 $\boldsymbol{A}$ 的不一致程度越严重。

（3）计算随机一致性比率 CR 为

$$\mathrm{CR}=\frac{\mathrm{CI}}{\mathrm{RI}} \tag{7-6}$$

式中，RI 为平均随机一致性指标，见表 7-4。

表 7-4　平均随机一致性指标 RI

矩阵的阶数 n	RI 的值
1	0
2	0
3	0.52
4	0.89
5	1.12
6	1.26
7	1.36
8	1.41
9	1.46
10	1.49

（4）决定是否接受比较矩阵的判断及求得的权重系数，CR 值越小，说明判断矩阵的偏差越小，也就越接近实际情况。若 CR<0.1，可认为判断矩阵具有满意的一致性，对应所得的权重向量即可作为评价指标的权重向量；否则需对判断矩阵 $\boldsymbol{A}$ 加以调整，重新计算。

通过步骤（3）、（4）计算可得，准则层相对于目标层 U 的权重系数为 $\boldsymbol{W}=[\boldsymbol{W}_1\quad \boldsymbol{W}_2\quad \cdots\quad \boldsymbol{W}_m]$，指标层相对于准则层指标 U_i 的权重系数为 $\boldsymbol{W}_i=[w_{i1}\quad w_{i2}\quad \cdots\quad w_{in_i}]$，其中 m 为准则层的指标个数，n_i 为准则层指标 U_i 的指标个数。按照以上方法，可求出安全评价指标体系中准则层和指标层的判断矩阵及权重系数。

5）层次总排序权重计算及一致性检验

层次总排序权重通过自上而下地将层次单排序权重进行合成而得到。考虑 3 个层次的决策问题：目标层只有一个指标，准则层有 m 个指标，指标层有 n 个指标。设准则层相对于目标层的权重系数为 $\boldsymbol{W}=[W_1\quad W_2\quad \cdots\quad W_m]$，每个指标层指标相对于准则层的权重系数为 $\boldsymbol{W}_k=[w_{1k}\quad w_{2k}\quad \cdots\quad w_{mk}]^{\mathrm{T}}$，其中 $k=1,2,\cdots,n$，且当指标层指标与准则层指标为非直属关系时有 $w_{ik}=0$，则指标层相对于目标层 U 的权重系数为

$$\boldsymbol{W}'=[W_1\ W_2\ \cdots\ W_m]\cdot\begin{bmatrix} w_{11} & w_{12}\cdots & w_{1n} \\ w_{21} & w_{22}\cdots & w_{2n} \\ \vdots & \vdots\ \ddots & \vdots \\ w_{m1} & w_{m2}\cdots & w_{mn} \end{bmatrix} \tag{7-7}$$

已知准则层相对于目标层的单排序权重一致性比率为CR，指标层相对于准则层的单排序权重一致性指标为CI_1、CI_2、…、CI_m，平均随机一致性指标为RI_1、RI_2、…、RI_m，令$CI'=[CI_1 \quad CI_2 \quad \cdots \quad CI_m]\boldsymbol{W}$，$CR'=[CR_1 \quad CR_2 \quad \cdots \quad CR_m]\boldsymbol{W}$，则指标层相对于目标层$U$的总排序权重一致性比率为

$$\mathrm{CR}' = \mathrm{CR} + \frac{\mathrm{CI}'}{\mathrm{RI}'} \tag{7-8}$$

当$CR'<0.1$时，就认为整个层次结构的比较判断可通过一致性检验，具有满意的一致性。

2. 评价指标隶属度的确定

由于评价指标体系中同时包含定性指标和定量指标，因此应分别采用不同的方法确定各指标的隶属度。

1）定性指标隶属度的确定

定性指标隶属度确定典型方法是模糊统计法，该方法是将定性指标划分为若干个取值等级，如“A、B、C、D、E”五级，再由专家进行判断，根据专家评价结果进行频率统计，得到该定性指标隶属于某一评语等级的程度，即为定性指标的量化值。可根据最大隶属度原则确定该指标所处的等级，亦可采用加权平均的方法确定该指标的量化值。

2）定量指标隶属度的确定

确定定量指标隶属度的主要方法是根据评语集V确定各个评语集对应的临界值，再将实际指标值通过线性内插公式进行处理，即可计算出各个指标对应评语等级量化值。定量指标的量化可分为效益型指标（越大越好的指标）和成本型指标（越小越好的指标）两种情况考虑。

（1）效益型指标的量化。

假定某效益型指标的指标值为x，相对于“A级”“B级”“C级”“D级”“E级”评语等级的临界值为s_1、s_2、s_3、s_4、s_5（$s_1>s_2>s_3>s_4>s_5$），则该指标相对于各评语等级的量化值$R_1(x)$、$R_2(x)$、$R_3(x)$、$R_4(x)$、$R_5(x)$计算方法为

$$R_1(x) = \begin{cases} 1 & x \geqslant s_1 \\ (x-s_2)/(s_1-s_2) & s_2 < x < s_1 \\ 0 & x \leqslant s_2 \end{cases} \tag{7-9}$$

$$R_2(x)=\begin{cases}1-R_1(x) & s_2\leqslant x<s_1\\(x-s_3)/(s_2-s_3) & s_3<x<s_2\\0 & x\geqslant s_1,x\leqslant s_3\end{cases}\tag{7-10}$$

$$R_3(x)=\begin{cases}1-R_2(x) & s_3\leqslant x<s_2\\(x-s_4)/(s_3-s_4) & s_4<x<s_3\\0 & x\geqslant s_2,x\leqslant s_4\end{cases}\tag{7-11}$$

$$R_4(x)=\begin{cases}1-R_3(x) & s_4\leqslant x<s_3\\(x-s_5)/(s_4-s_5) & s_5<x<s_4\\0 & x\geqslant s_3,x\leqslant s_5\end{cases}\tag{7-12}$$

$$R_5(x)=\begin{cases}0 & x\geqslant s_4\\1-R_4(x) & s_5<x<s_4\\1 & x\leqslant s_5\end{cases}\tag{7-13}$$

（2）成本型指标的量化。

假定某成本型指标的指标值为 x，相对于“A 级”“B 级”“C 级”“D 级”“E 级”评语等级的临界值为 s_1、s_2、s_3、s_4、s_5（$s_1<s_2<s_3<s_4<s_5$），则该指标相对于各评语等级的量化值 $R_1(x)$、$R_2(x)$、$R_3(x)$、$R_4(x)$、$R_5(x)$计算方法为

$$R_1(x)=\begin{cases}1 & x\leqslant s_1\\(s_2-x)/(s_2-s_1) & s_1<x<s_2\\0 & x\geqslant s_2\end{cases}\tag{7-14}$$

$$R_2(x)=\begin{cases}1-R_1(x) & s_1<x\leqslant s_2\\(s_3-x)/(s_3-s_2) & s_2<x<s_3\\0 & x\leqslant s_1,x\geqslant s_3\end{cases}\tag{7-15}$$

$$R_3(x)=\begin{cases}1-R_2(x) & s_2<x\leqslant s_3\\(s_4-x)/(s_4-s_3) & s_3<x<s_4\\0 & x\leqslant s_2,x\geqslant s_4\end{cases}\tag{7-16}$$

$$R_4(x)=\begin{cases}1-R_3(x) & s_3<x\leqslant s_4\\(s_5-x)/(s_5-s_4) & s_4<x<s_5\\0 & x\leqslant s_3,x\geqslant s_5\end{cases}\tag{7-17}$$

$$R_5(x)=\begin{cases}0 & x\leqslant s_4\\1-R_4(x) & s_4<x<s_5\\1 & x\geqslant s_5\end{cases} \tag{7-18}$$

3. 模糊层次综合评价步骤

模糊层次综合评价法是按照模糊变换原则和最大隶属度原则，考虑与被评价对象相关的各个因素，对其所做的综合评价。由于选取的评价指标体系是多级的，需要运用多级模糊综合评价对其进行综合评价，使经低层次评价得到的上一层次的综合评价向量可以继续参与上一层次的评价。这样便可避免由于在一层中指标过多而使每个指标所分得的权重过小，造成指标权重的“淹没”。分层次的模糊层次综合评价的基本思想是：先按最低层次的各个指标进行综合评价，再按上一层次的各个指标进行综合评价，逐层向上进行，直到最后的一个层次（最高层），得出最后的综合评价结果。假设评价指标体系中由目标层、准则层和指标层组成，两级模糊层次综合评价的基本步骤如下所述。

1）建立评价指标集 $\boldsymbol{U}$ 和评语集 $\boldsymbol{V}$

根据所建立的指标体系层次结构，将目标层 $\boldsymbol{U}$ 细分为 m 个准则层指标，其中准则层指标 $\boldsymbol{U}_i$ 又由 n_i 个指标层指标组成。

$$\boldsymbol{U}=[\boldsymbol{U}_1\ \ \boldsymbol{U}_2\ \ \cdots\ \ \boldsymbol{U}_i\ \ \cdots\ \ \boldsymbol{U}_m]\quad i=1,2,\cdots,m \tag{7-19}$$

$$\boldsymbol{U}_i=[u_{i1}\ \ u_{i2}\ \ \cdots\ \ u_{ij}\ \ \cdots\ \ u_{in_i}]\quad j=1,2,\cdots,n_i \tag{7-20}$$

评语集 $\boldsymbol{V}=[V_1\quad V_2\quad \cdots\quad V_k]$，其中 k 是指标个数，即等级数或评语档次数。这一集合规定了某一指标其评价结果的选择范围。评语集的元素既可以是定性的描述，也可以是量化的分值。

2）建立判断矩阵 $\boldsymbol{A}$ 和权重集 $\boldsymbol{W}$

判断矩阵的建立方法参考表 7-3 和表 7-4。根据准则层指标的重要程度，赋予每个准则层指标相应的权重。设第 i 个指标 $\boldsymbol{U}_i$（i=1,2,⋯,m）的权重为 $\boldsymbol{W}_i$（i=1,2,⋯,m），则准则层相对于目标层 $\boldsymbol{U}$ 的权重集为

$$\boldsymbol{W}=[\boldsymbol{W}_1\ \ \boldsymbol{W}_2\ \ \cdots\ \ \boldsymbol{W}_i\ \ \cdots\ \ \boldsymbol{W}_m] \tag{7-21}$$

准则层指标的权重确定后，需对各准则层指标中的指标层指标确定相应的权重。假设准则层指标 $\boldsymbol{U}_i$ 中指标层指标 U_{ij}（i=1,2,⋯,m；j=1,2,⋯,n_i）的权重为 W_{ij}，则指标层相对于准则层指标 $\boldsymbol{U}_i$ 的权重集为

$$\boldsymbol{W}_i = [W_{i1} \ \ W_{i2} \ \ \cdots \ \ W_{ij} \ \ \cdots \ \ W_{in_i}] \tag{7-22}$$

3）层次单排序及总排序权重一致性检验

一致性检验方法已在评价指标权重的确定叙述中详细介绍。

4）确定评价矩阵 $\boldsymbol{R}$

假设对准则层指标 $\boldsymbol{U}_i$ 中的指标层指标 U_{ij} 进行评价，其隶属于评语集 $\boldsymbol{V}$ 中第 p（p=1,2,⋯,k）个等级 $\boldsymbol{V}_p$ 的隶属度为 r_{ijp}（i=1,2,⋯,m；j=1,2,⋯,n；p=1,2,⋯,k），则指标层相对于准则层指标 $\boldsymbol{U}_i$ 的评价矩阵 $\boldsymbol{R}_i$（i=1,2,⋯,m）为

$$\boldsymbol{R}_i = \begin{bmatrix} r_{i11} & r_{i12} \cdots & r_{i1k} \\ r_{i21} & r_{i22} \cdots & r_{i2k} \\ \vdots & \vdots \ddots & \vdots \\ r_{in1} & r_{in2} \cdots & r_{ink} \end{bmatrix} \tag{7-23}$$

5）进行一级模糊综合评价

根据指标层相对于准则层指标 $\boldsymbol{U}_i$ 的权重集 $\boldsymbol{W}_i$ 和模糊关系矩阵 $\boldsymbol{R}_i$，得准则层指标 $\boldsymbol{U}_i$ 的模糊综合评价结果 $\boldsymbol{B}_i$。

$$\boldsymbol{B}_i = \boldsymbol{W}_i \cdot \boldsymbol{R}_i = [W_{i1} \ \ W_{i2} \ \ \cdots W_{in}] \begin{bmatrix} r_{i11} & r_{i12} \cdots & r_{i1k} \\ r_{i21} & r_{i22} \cdots & r_{i2k} \\ \vdots & \vdots \ddots & \vdots \\ r_{in1} & r_{in2} \cdots & r_{ink} \end{bmatrix} = [b_{i1} \ \ b_{i2} \ \ \cdots \ \ b_{ik}] \tag{7-24}$$

6）进行二级模糊综合评价

得出一级模糊综合评价结果后，即可进行二级模糊综合评价，以得出目标层的综合评价结果。准则层相对于目标层 $\boldsymbol{U}$ 的模糊关系矩阵 $\boldsymbol{R}$ 为

$$\boldsymbol{R} = \begin{bmatrix} \boldsymbol{B}_1 \\ \boldsymbol{B}_2 \\ \vdots \\ \boldsymbol{B}_m \end{bmatrix} = \begin{bmatrix} \boldsymbol{W}_1 \cdot \boldsymbol{R}_1 \\ \boldsymbol{W}_2 \cdot \boldsymbol{R}_2 \\ \vdots \\ \boldsymbol{W}_m \cdot \boldsymbol{R}_m \end{bmatrix} \tag{7-25}$$

根据准则层相对于目标层 $\boldsymbol{U}$ 的权重集 $\boldsymbol{W}$ 和模糊关系矩阵 $\boldsymbol{R}$，得二级模糊综合评价结果 $\boldsymbol{B}$ 为

$$B = W \cdot R = W \cdot \begin{pmatrix} W_1 \cdot R_1 \\ W_2 \cdot R_2 \\ \vdots \\ W_m \cdot R_m \end{pmatrix} = [b_1 \ \ b_2 \ \ \cdots \ \ b_k] \tag{7-26}$$

若各类因素还可以再分层，则可按照上述步骤继续进行多级综合评价。上述分析表明：在多级模糊综合评价中，只要给出各级的权重值矩阵与单因素评价矩阵，即可进行任意层次的综合评价以及目标层的最终综合评价。

7.3.2　高寒盐沼泽区桥梁桩基损伤安全评价模型建立

高寒盐沼泽区桥梁桩基，一方面，在各种环境因素的作用下会出现各种损伤，产生各种病害，自身技术状况与承载特性都会出现相应的下降；另一方面，桥梁桩基所处的高寒盐沼泽区特殊恶劣环境中，相关气候、环境作用会对桥梁桩基产生程度不一的腐蚀损伤，这给运营中的桥梁桩基工程造成巨大的安全隐患。基于以上两点考虑，将高寒盐沼泽区桥梁桩基安全评价分为桥梁桩基现有损伤安全评价以及高寒盐沼泽区桥梁桩基气候、环境作用风险评价两部分。

1. 模型建立

1）指标体系

通过对现有桥梁桩基损伤类型进行分析，可将现有桥梁桩基损伤状况的评价指标分为 3 个一级指标：材料腐蚀破坏 B_1，结构变位 B_2，基础受冲刷 B_3；各一级指标下对应二级指标。高寒盐沼泽区桥梁桩基现有损伤安全评价指标体系结构如图 7-3 所示。

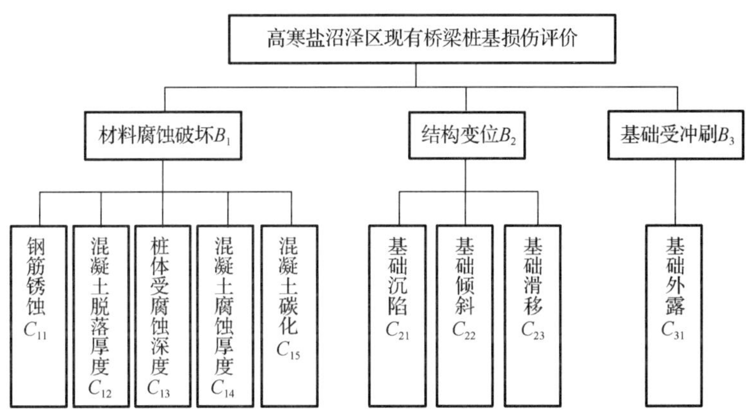

图 7-3　高寒盐沼泽区桥梁桩基现有损伤安全评价指标体系结构

2）判断矩阵

判断矩阵指的是对上一级而言，本级所有指标之间的相对重要度的分析。例如，对准则层 B 而言，记指标层 C 中指标 y_i 与 y_j 的相对重要度为 u_{ij}（i, j=1,2,⋯,n），则判断矩阵的表格形式见表 7-5。两指标之间相对重要性的认识采用第五章数值模拟的结论并结合 1～9 标度法来量化，相对重要性标度及含义见表 7-6。准则层、指标层①和指标层②指标判断矩阵见表 7-7～表 7-9。

表 7-5　判断矩阵

B	y_1	y_2	⋯	y_n
y_1	u_{11}	u_{12}	⋯	u_{1n}
y_2	u_{21}	u_{22}	⋯	u_{2n}
⋮	⋮	⋮	⋱	⋮
y_n	u_{n1}	u_{n2}	⋯	u_{nn}

令 $\boldsymbol{A}=[u_{ij}]_{n\times n}$，则 $\boldsymbol{A}$ 为判断矩阵，且有如下特点

$$\begin{cases} u_{ij}>0 \\ u_{ij}=\dfrac{1}{u_{ji}} \quad i, j=1,2,\cdots,n \\ u_{ii}=1 \end{cases} \tag{7-27}$$

表 7-6　相对重要性标度及含义

标度	含义
1	表示 y_i 与 y_j 重要性相同
3	表示 y_i 比 y_j 重要一点
5	表示 y_i 比 y_j 重要得多
7	表示 y_i 比 y_j 很重要
9	表示 y_i 比 y_j 非常重要
2、4、6、8	表示标度 1～3、3～5、5～7、7～9 的中间值
若 y_i 与 $y_j\rightarrow u_{ij}$，那么 y_j 与 $y_i\rightarrow 1/u_{ij}$	

（1）准则层：$\boldsymbol{A}=[\boldsymbol{B}_1\quad \boldsymbol{B}_2\quad \boldsymbol{B}_3]$=[材料腐蚀破坏　结构变位　基础受冲刷]。

表 7-7　准则层指标判断矩阵

$\boldsymbol{A}$	$\boldsymbol{B}_1$	$\boldsymbol{B}_2$	$\boldsymbol{B}_3$
$\boldsymbol{B}_1$	1	1	1
$\boldsymbol{B}_2$	1	1	1
$\boldsymbol{B}_3$	1	1	1

（2）指标层①：$\boldsymbol{B}_1$=[C_{11}　C_{12}　C_{13}　C_{14}　C_{15}]=[钢筋锈蚀　混凝土脱落厚度　受腐蚀长度　受腐蚀厚度　混凝土碳化]。

表 7-8　指标层①要素判断矩阵

$\boldsymbol{B}_1$	C_{11}	C_{12}	C_{13}	C_{14}	C_{15}
C_{11}	1	1/4	1/5	2	3
C_{12}	4	1	1/3	2	3
C_{13}	5	3	1	3	4
C_{14}	1/2	1/2	1/3	1	2
C_{15}	1/3	1/3	1/4	1/2	1

（3）指标层②：$\boldsymbol{B}_2$=[C_{21}　C_{22}　C_{23}]=[基础沉陷　基础倾斜　基础滑移]。

（4）指标层③：$\boldsymbol{B}_3$=[C_{31}]=[基础外露]。

3）层次单排序权重计算及其一致性检验

表 7-9　指标层②指标判断矩阵

$\boldsymbol{B}_2$	C_{21}	C_{22}	C_{23}
C_{21}	1	1	1
C_{22}	1	1	1
C_{23}	1	1	1

由于实际情况客观事物的复杂性与专家评判的多样性，使得每一个判断矩阵并不具有完全一致性。因此，为了防止评价结果偏差过大，确保分析结果的合理，必须对构造矩阵进行一致性检验。一致性检验步骤按式（7-4）～式（7-6）。其中平均随机一致性指标 RI，见表 7-10。

表 7-10　平均随机一致性指标 RI

矩阵的阶数 n	3	4	5	6
RI 的值	0.52	0.89	1.12	1.26

准则层相对于目标层 U 的权重系数为 $\boldsymbol{W}=[\boldsymbol{W}_1 \quad \boldsymbol{W}_2 \quad \cdots \quad \boldsymbol{W}_m]$，指标层相对于准则层指标 $\boldsymbol{U}_i$ 的权重系数为 $\boldsymbol{W}_i=[w_{i1} \quad w_{i2} \quad \cdots \quad w_{in_i}]$，其中 m 为准则层的指标个数，n_i 为准则层指标 $\boldsymbol{U}_i$ 的指标个数。按照以上方法，可求出高寒盐沼泽区桥梁桩基损伤安全评价指标体系中准则层和指标层的判断矩阵及权重系数（表 7-11）。

表 7-11　评价指标的权重计算结果

矩阵	计算结果		
	$\boldsymbol{W}_i$	λ_{max}	CR
$\boldsymbol{A}$	[0.333　0.334　0.333]	3.00	0
$\boldsymbol{B}_1$	[0.126　0.242　0.452　0.112　0.068]	5.38	0.08
$\boldsymbol{B}_2$	[0.333　0.334　0.333]	3.00	0

4）指标分级标准

桥梁桩基安全状况损伤评定等级见表 7-12，结合德令哈至香日德高速公路桥梁桩基工程，确定各安全指标的危险度评估等级划分与评判标准，见表 7-13～表 7-20。

表 7-12　损伤评定等级

桩基损伤评定等级/级	桩基技术状况描述
Ⅰ	桩基功能完好
Ⅱ	桩基有轻微损伤，但可以正常使用
Ⅲ	桩基有中等损伤，但可以维持使用
Ⅳ	桩基损伤比较大，严重影响了公路桥梁桩基的承载力，不能正常使用
Ⅴ	桩基损伤比较严重，桥梁已经十分危险，不能正常使用

（1）钢筋锈蚀。

高寒盐沼泽区桥梁桩基受腐蚀后钢筋锈蚀，导致混凝土截面损失、钢筋截面损失以及黏结力损失，从而引起桩基承载力的降低。

根据数值模拟结果，对桥梁桩基钢筋面积锈蚀率对承载力的影响状况进行评估，见表 7-13。

表 7-13　钢筋面积锈蚀率对承载力的影响状况评估

钢筋面积锈蚀率/%	评估等级
<5	A
5～10	B
10～15	C

续表

钢筋面积锈蚀率/%	评估等级
15～20	D
>20	E

（2）混凝土脱落厚度。

根据理论分析和数值模拟结果，对桥梁桩基混凝土脱落厚度对承载力的影响状况进行评估，见表 7-14。

表 7-14　桥梁桩基脱落厚度对承载力的影响状况评估

表面脱落厚度/cm	评估等级
<3	A
3～6	B
6～9	C
9～12	D
12～15	E

（3）桩体受腐蚀深度。

根据理论分析和数值模拟结果，对桥梁桩基受腐蚀深度对承载力的影响状况进行评估，见表 7-15。

表 7-15　受腐蚀深度对承载力的影响状况评估

桥梁桩基沿桩身方向的腐蚀深度/m	评估等级
<1.5	A
1.5～3	B
3～6	C
6～8	D
>8	E

（4）混凝土受腐蚀厚度。

根据理论分析和数值模拟结果，对桥梁桩基混凝土受腐蚀厚度对承载力的影响状况进行评估，见表 7-16。

表 7-16　桥梁桩基受腐蚀厚度对承载力的影响状况评估

混凝土受腐蚀厚度/cm	评估等级
完好或轻微腐蚀	A
<4	B
4～8	C
8～12	D
12～16	E

（5）基础混凝土碳化。

桩基混凝土碳化深度可采用钻孔并涂抹酚酞酒精溶液的方法测量，一般测多组，求平均值。一般将桥梁桩基混凝土的平均碳化深度 X_c 值与其钢筋保护层平均厚度 S 的比值作为桥梁桩基混凝土碳化影响的分级指标，按照模糊划分原则可得混凝土碳化的分级隶属函数，如图 7-4 所示。

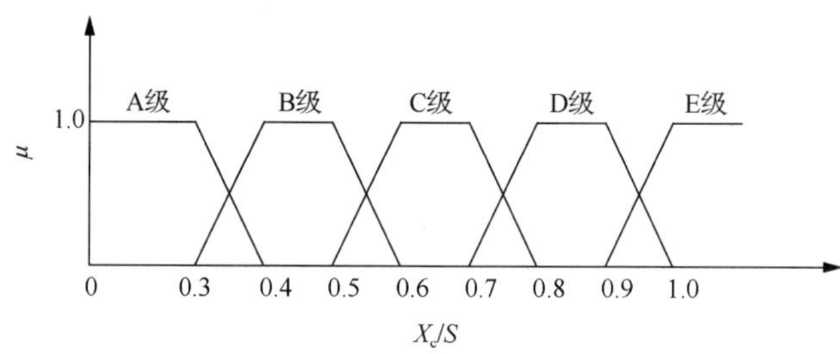

图 7-4　混凝土碳化的分级隶属函数

（6）基础沉陷。

桩基沉陷程度评估见表 7-17[88]。

表 7-17　桩基沉陷程度评估

基础沉陷状况	评估等级
桩基基本无沉陷变形	A
桩基有较小的沉陷变形，不影响使用	B
桩基有一定程度的沉陷变形，对使用有一定影响	C
桩基有较大的沉陷变形，已严重影响使用	D
桩基产生较严重的沉陷变形，不能使用	E

（7）基础倾斜。

基础倾斜导致其承载能力显著下降，严重影响高寒盐沼泽区在役桥梁桩基安全运营。桥梁桩基倾斜评估见表 7-18[88]。

表 7-18　桥梁桩基倾斜评估

基础倾斜状况	评估等级
桩基没有明显倾斜	A
桩基有较小的倾斜，但不影响使用	B
桩基有一定程度的倾斜，对使用有一定程度的影响	C
桩基有较大程度的倾斜，使用功能受到较大影响	D
桩基存在严重的倾斜，不能使用	E

（8）基础滑移。

桩基滑移通常会造成断桩，对桩基的承载力造成重大影响。桩基滑移评估见表 7-19[88]。

表 7-19　桩基滑移评估

基础滑移状况	评估等级
桩基基本无滑移	A
桩基有少量的滑移，但不影响使用	B
桩基有一定程度的滑移，使用功能有一定影响	C
桩基存在较大滑移，使用功能影响很大	D
桩基发生严重滑移，不能使用	E

（9）基础外露。

处于流水冲蚀环境下的桥梁桩基外露表现为基础周围土体缺失，桥梁桩基会造成桩侧摩阻力的下降，引起桩基承载力的降低；高寒盐沼泽区环境下，暴露于外部环境之中的混凝土以及钢筋材料的耐久性将会受到严重影响，从而影响桩基的承载性状。冲刷深度是反映基础外露的重要指标，因此可以用冲刷深度对桩基外露状况进行评定，具体见表 7-20[88]。

表 7-20　桩基外露状况评定

基础外露状况	评估等级
桩基基本没有外露	A
桩基有局部外露	B
桩基外露有一定程度，但小于设计值	C
桩基外露较大，已经大于设计值	D
桩基外露比较严重，已经大于设计值 20%以上	E

5）指标隶属度的确定

对于定性指标和定量指标分别采用不同的方法来确定其隶属度。确定方法见 7.3.1 节。

6）模糊层次综合评价步骤

模糊层次综合评价步骤方法见 7.3.1 节。

2. 工程实例

1）工程概况

灶火 4 号桥是德令哈至香日德高速公路的大型桥梁，该桥上部构造设计为 12～20m 装配式预应力混凝土连续箱梁，下部结构采用柱式墩台，钻孔灌注桩基，桥梁全长为 247.0m，桩基直径 1.4m，桩长 40m。

2）单指标隶属度确定

灶火 4 号桥建成 4 年左右，根据灶火 4 号桥的实际损伤情况，组成 20 人的专家评价组，依据每个指标等级划分的标准，来综合评价每个指标的安全等级情况，最后计算出每个指标相应的隶属度并组成评判矩阵，见表 7-21。

表 7-21　桩基现有损伤专家评判矩阵

目标层	一级指标	二级指标	评判等级				
			A	B	C	D	E
桩基现有损伤安全评价	材料腐蚀破坏	钢筋锈蚀	19	1	0	0	0
		混凝土脱落厚度	20	0	0	0	0
		桩体受腐蚀深度	17	3	0	0	0
		混凝土受腐蚀厚度	19	1	0	0	0
		基础混凝土碳化	17	2	1	0	0
	结构变位	基础沉陷	19	1	0	0	0
		基础倾斜	20	0	0	0	0
		基础滑移	18	2	0	0	0
	基础受冲刷	基础外露	19	1	0	0	0

由表 7-21 可知，材料腐蚀破坏矩阵 $\boldsymbol{R}_1$、结构变位矩阵 $\boldsymbol{R}_2$、基础受冲刷矩阵 $\boldsymbol{R}_3$ 分别为

$$R_1=\begin{bmatrix}0.95&0.05&0.00&0.00&0.00\\1.00&0.00&0.00&0.00&0.00\\0.85&0.15&0.00&0.00&0.00\\0.95&0.05&0.00&0.00&0.00\\0.85&0.10&0.05&0.00&0.00\end{bmatrix}\quad R_2=\begin{bmatrix}0.95&0.05&0.00&0.00&0.00\\1.00&0.00&0.00&0.00&0.00\\0.90&0.10&0.00&0.00&0.00\end{bmatrix}$$

$$R_3=[0.95\quad 0.05\quad 0.00\quad 0.00\quad 0.00]$$

3）模糊评价计算

（1）一级模糊综合评价。

① 材料腐蚀破坏一级向量为

$$B_1=W_1\cdot R_1=[0.126\quad 0.242\quad 0.452\quad 0.112\quad 0.068]\cdot\begin{bmatrix}0.95&0.05&0.00&0.00&0.00\\1.00&0.00&0.00&0.00&0.00\\0.85&0.15&0.00&0.00&0.00\\0.95&0.05&0.00&0.00&0.00\\0.85&0.10&0.05&0.00&0.00\end{bmatrix}$$

$$=[0.910\quad 0.087\quad 0.003\quad 0.000\quad 0.006]$$

② 结构变位一级向量为

$$B_2=W_2\cdot R_2=\left[0.333\quad 0.334\quad 0.333\right]\cdot\begin{bmatrix}0.95&0.05&0.00&0.00&0.00\\1.00&0.00&0.00&0.00&0.00\\0.90&0.10&0.00&0.00&0.00\end{bmatrix}$$

$$=[0.950\quad 0.050\quad 0.000\quad 0.000\quad 0.000]$$

③ 基础受冲刷一级向量为

$$B_3=W_3\cdot R_3=[1]\cdot[0.95\quad 0.05\quad 0.00\quad 0.00\quad 0.00]=[0.95\quad 0.05\quad 0.00\quad 0.00\quad 0.00]$$

（2）二级模糊综合评价。

① 准则层相应于目标层的模糊关系矩阵 R 为

$$R=\begin{bmatrix}B_1\\B_2\\\vdots\\B_m\end{bmatrix}=\begin{bmatrix}W_1\cdot R_1\\W_2\cdot R_2\\\vdots\\W_m\cdot R_m\end{bmatrix}=\begin{bmatrix}0.910&0.087&0.003&0.00&0.006\\0.950&0.050&0.000&0.000&0.000\\0.950&0.050&0.000&0.000&0.000\end{bmatrix}$$

② 根据准则层相对于目标层 U 的权重集 W 和模糊关系矩阵 R，可得二级评价结果 B 为

$$
\boldsymbol{B}=\boldsymbol{W}\cdot\boldsymbol{R}=[0.333\quad 0.334\quad 0.333]\cdot\begin{bmatrix}0.910 & 0.087 & 0.003 & 0.00 & 0.006\\ 0.950 & 0.050 & 0.000 & 0.000 & 0.000\\ 0.950 & 0.050 & 0.000 & 0.000 & 0.000\end{bmatrix}
$$

$$
=[0.937\quad 0.062\quad 0.001\quad 0.000\quad 0.002]
$$

根据上述两级评价矩阵，评判向量 $\boldsymbol{B}$ 最大评判指标项所相应的评价集为评判结果。因此，灶火 4 号公路桥梁桩基安全等级为 I 级，属于全新状态，功能完好。

7.3.3　高寒盐沼泽区桥梁桩基气候、环境作用风险评价

修建于高寒盐沼泽区的桥梁桩基，常常处于硫酸根、氯离子、碳酸根、碳酸氢根等腐蚀性离子含量丰富的土体、水体环境中，加之周围恶劣气候环境的影响，使桥梁桩基使用年限很难达到设计要求，其运营状态的安全性也难以保证，因此开展高寒盐沼泽区桥梁桩基气候、环境作用下风险评价的安全评价研究具有重要的工程实践意义。

1. 模型建立

1）指标体系

选择高寒盐沼泽区桥梁桩基气候、环境作用风险评价中重要的技术评价指标。设定 2 个一级指标自然因素 X_1 和人为因素 X_2，自然因素主要包括：复合盐浓度 X_{11}，浸泡冻融循环 X_{12}，养护冻融循环 X_{13}，干湿循环 X_{14}，长期浸泡 X_{15}，干湿-冻融循环 X_{16}。人为因素主要包括：施工规范程度 X_{21}，基础的设计 X_{22}，防腐措施 X_{23}，建材优劣 X_{24}，基础结构形式 X_{25}，基础位置 X_{26}。高寒盐沼泽区桥梁桩基气候、环境作用安全评价模型，如图 7-5 所示。

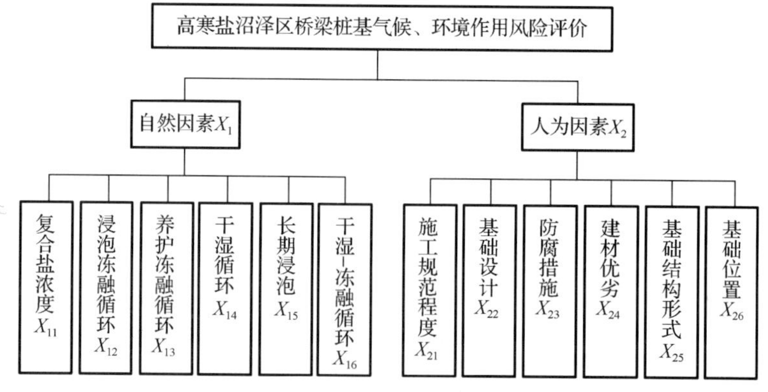

图 7-5　高寒盐沼泽区桥梁桩基气候、环境作用风险评价模型

2）判断矩阵

采用本书第四章影响混凝土耐久性因素的重要度的结论并结合 1～9 标度法对每个指标的相对重要性进行分析比较，确定判断矩阵（表 7-22～表 7-24）。确定出最大特征根和相应的特征向量以及每个层次的单排序，最后进行判断矩阵的一致性检验，其结果如下所述

（1）准则层：$\boldsymbol{X}$=[X_1　X_2]=[自然因素　人为因素]。

表 7-22　准则层指标判断矩阵

	X_1	X_2
X_1	1	1
X_2	1	1

（2）指标层①：$\boldsymbol{X}_1$=[X_{11}　X_{12}　X_{13}　X_{14}　X_{15}　X_{16}]=[复合盐浓度　浸泡冻融循环　养护冻融循环　干湿循环　长期浸泡　干湿-冻融循环]。

表 7-23　指标层①要素判断矩阵

	X_{11}	X_{12}	X_{13}	X_{14}	X_{15}	X_{16}
X_{11}	1	2	1/3	2	4	1/3
X_{12}	1/2	1	1/2	1	3	1/4
X_{13}	3	1	1	1/2	4	1/2
X_{14}	1/2	1	1/3	1	2	1/5
X_{15}	1/4	1/2	1/4	1/2	1	1/7
X_{16}	3	4	2	5	7	1

（3）指标层②：$\boldsymbol{X}_2$=[X_{21}　X_{22}　X_{23}　X_{24}　X_{25}　X_{26}]=[施工规范程度　基础设计　防腐措施　建材优劣　基础结构形式　基础位置]。

表 7-24　指标层②要素判断矩阵

	X_{21}	X_{22}	X_{23}	X_{24}	X_{25}	X_{26}
X_{21}	1	1/3	1	1/2	1/2	1
X_{22}	3	1	3	2	1	2
X_{23}	1	1/3	1	1/2	1/3	1
X_{24}	2	1/2	2	1	1/2	2
X_{25}	2	1	3	2	1	3
X_{26}	1	1/2	1	1/2	1/3	1

3）层次单排序权重计算及其一致性检验

根据前面所述方法，计算出 3 个判断矩阵的权重，见表 7-25。

表 7-25　评价指标的权重计算结果

矩阵	计算结果		
	W_i	λ_{max}	CR
X	[0.5　0.5]	2	0
X_1	[0.154　0.106　0.168　0.089　0.051　0.431]	6.05	0.01
X_2	[0.099　0.271　0.092　0.168　0.271　0.099]	6.06	0.01

4）指标分级标准

通过分析桥梁桩基受腐蚀的主要影响因素，并结合青海德令哈至香日德高速公路沿线现场实际情况，结合桥梁设计、相关技术规范和第四章不同环境条件下损伤度（基准浓度）经验公式，提出适用于高寒盐沼泽公路桥梁桩基气候、环境作用影响的安全评价指标分级标准，标准分为：Ⅰ安全、Ⅱ基本安全、Ⅲ不安全，各评价指标的风险程度的等级和评价标准见表 7-26。

表 7-26　各评价指标的风险程度的等级和评价标准

评价指标	各危险度等级的评判标准		
	Ⅰ（安全）	Ⅱ（基本安全）	Ⅲ（不安全）
复合盐质量分数/%	<1.5	>5	1.5～5
浸泡冻融循环	冻融次数 260 次以内	冻融次数 260～310 次	冻融次数 310 次以上
养护冻融循环	冻融次数 190 次以内	冻融次数 190～215 次	冻融次数 215 次以上
干湿循环	干湿循环次数 300 次以内	干湿循环次数 300～410 次	干湿循环次数 410 次以上
长期浸泡	浸泡 75 年以内	浸泡 75～90 年	浸泡 90 年以上
干湿-冻融循环	干湿冻融次数 38 次以内	干湿冻融次数 38～42 次	干湿冻融次数 42 次以上
施工规范程度	严格按施工操作规范操作，基础换填、夯实。公路桥梁桩基处于稳定可靠基础上	施工中混凝土拌合时，用了含易溶盐的水，导致下部结构混凝土中含盐量增加	在施工中未严格按照腐蚀防治技术措施进行规范操作，钢筋绑扎外露、防腐涂层未涂抹完全、钢筋环氧树脂涂刷不规范
基础设计	桩长、桩径设计合理，增加桩长为主要设计思路，保护层厚度达 8cm 以上	桥梁基础桩基设计满足承载力要求，保护层厚度达到设计要求	桩长、桩径基本满足承载力需求，保护层厚度小于 6cm

续表

评价指标	各危险度等级的评判标准		
	Ⅰ（安全）	Ⅱ（基本安全）	Ⅲ（不安全）
防腐措施	钢筋采用环氧树脂涂抹，采用通过外掺剂的添加增加混凝土密实性	主要从材料方面着手，采用增加混凝土密实度的方式进行腐蚀防治	防腐措施未采用，桩基按常规基础进行设计与施工
建材优劣	建筑材料基本性能满足设计、规范要求，耐久性好	建筑材料基本性能满足设计、规范要求	建筑材料基本性能不满足规范要求
基础结构形式	结构尺寸达到设计要求，满足规范规定，且在设计基础上预留安全储备	基础结构尺寸满足规范要求，尺寸合理	基础尺寸没有预留有安全储备，尺寸大小只满足基础设计承载能力的要求
基础位置	公路桥梁桩基的位置设置合理，桥下水流无阻，河床良好	公路桥梁桩基的位置设置基本合理，桥下水流基本无阻，河床基本没有变形	公路桥梁桩基位置设置不合理，桥下水流有阻，河床出现变形比较大

5）指标隶属度的确定

参考本章高寒盐沼泽区现有公路桥梁桩基损伤安全评价中隶属度确定方法。

6）模糊层次综合评价

参考本章高寒盐沼泽区现有公路桥梁桩基损伤安全评价中模糊层次综合评价方法。

2. 工程实例

1）工程概况

马鞍子桥是德令哈至香日德高速公路的大型桥梁，该桥上部构造采用 8～20m 装配式预应力混凝土连续箱梁，下部结构 0 号桥台采用肋板台，8 号桥台采用柱式台，桥墩采用柱式墩，墩台采用钻孔灌注桩基，桥梁全长为 167.0m，桩基直径 1.2m，桩长 40m。

2）单指标隶属度确定

马鞍子大桥建成 4 年左右，根据马鞍子大桥的实际损伤情况，组成 20 人的专家评价组，依据每个指标等级划分的标准，计算出每个指标的安全等级，再计算出每个指标相应的隶属度，最后组成判断矩阵，桩基气候、环境作用风险评价专家打分判断矩阵见表 7-27。

表 7-27　桩基气候、环境作用风险评价专家打分判断矩阵

目标层	一级指标	二级指标	评定等级		
			A	B	C
桩基现有损伤安全评价	自然因素	复合盐浓度	0	15	5
		浸泡冻融循环	19	1	0
		养护冻融循环	18	2	0
		干湿循环	20	0	0
		长期浸泡	20	0	0
		干湿-冻融循环	19	1	0
	人为因素	施工规范程度	15	4	1
		基础设计	17	2	1
		防腐措施	18	2	0
		建材优劣	16	4	0
		基础结构形式	15	5	0
		基础位置	18	2	0

自然因素矩阵 $\boldsymbol{R}_1$、人为因素矩阵 $\boldsymbol{R}_2$ 分别为

$$\boldsymbol{R}_1=\begin{bmatrix}0.00 & 0.75 & 0.25\\ 0.95 & 0.05 & 0.00\\ 0.90 & 0.10 & 0.00\\ 1.00 & 0.00 & 0.00\\ 1.00 & 0.00 & 0.00\\ 0.95 & 0.05 & 0.00\end{bmatrix}\quad \boldsymbol{R}_2=\begin{bmatrix}0.75 & 0.20 & 0.05\\ 0.85 & 0.10 & 0.05\\ 0.90 & 0.10 & 0.00\\ 0.80 & 0.20 & 0.00\\ 0.75 & 0.25 & 0.00\\ 0.90 & 0.10 & 0.00\end{bmatrix}$$

3）模糊评价计算

（1）一级模糊综合评价。

① 自然因素一级向量为

$$\boldsymbol{B}_1=\boldsymbol{W}_1\cdot\boldsymbol{R}_1=[0.154\quad 0.106\quad 0.168\quad 0.089\quad 0.051\quad 0.431]\cdot\begin{bmatrix}0.00 & 0.75 & 0.25\\ 0.95 & 0.05 & 0.00\\ 0.90 & 0.10 & 0.00\\ 1.00 & 0.00 & 0.00\\ 1.00 & 0.00 & 0.00\\ 0.95 & 0.05 & 0.00\end{bmatrix}$$

$$=[0.801\quad 0.159\quad 0.039]$$

② 人为因素一级向量为

$$\boldsymbol{B}_2=\boldsymbol{W}_2\cdot\boldsymbol{R}_2=[0.099\quad 0.271\quad 0.092\quad 0.168\quad 0.271\quad 0.099]\cdot\begin{bmatrix}0.75 & 0.20 & 0.05\\0.85 & 0.10 & 0.05\\0.90 & 0.10 & 0.00\\0.80 & 0.20 & 0.00\\0.75 & 0.25 & 0.00\\0.90 & 0.10 & 0.00\end{bmatrix}$$

$$=[0.814\quad 0.167\quad 0.019]$$

（2）二级模糊综合评价。

① 准则层相应于目标层的模糊关系矩阵 $\boldsymbol{R}$ 为

$$\boldsymbol{R}=\begin{bmatrix}\boldsymbol{B}_1\\\boldsymbol{B}_2\\\vdots\\\boldsymbol{B}_m\end{bmatrix}=\begin{bmatrix}\boldsymbol{W}_1\cdot\boldsymbol{R}_1\\\boldsymbol{W}_2\cdot\boldsymbol{R}_2\\\vdots\\\boldsymbol{W}_m\cdot\boldsymbol{R}_m\end{bmatrix}=\begin{bmatrix}0.801 & 0.159 & 0.039\\0.814 & 0.167 & 0.019\end{bmatrix}$$

② 根据准则层相对于目标层 $\boldsymbol{U}$ 的权重集 $\boldsymbol{W}$ 和模糊关系矩阵 $\boldsymbol{R}$，可得二级评价结果 $\boldsymbol{B}$ 为

$$\boldsymbol{B}=\boldsymbol{W}\cdot\boldsymbol{R}=[0.50\quad 0.50]\cdot\begin{bmatrix}0.801 & 0.159 & 0.039\\0.814 & 0.167 & 0.019\end{bmatrix}=[0.808\quad 0.163\quad 0.029]$$

根据上述两级评价矩阵，评判向量 $\boldsymbol{B}$ 最大评判指标项所相应的评价集为评判结果。因此，马鞍子大桥公路桥梁桩基安全等级为Ⅰ级，属于全新状态，功能完好。

7.4　小　　结

基于高寒盐沼泽区桥梁桩基工程的实地调研、现场试验、室内试验、理论研究和数值模拟的研究成果，采用层次分析法与模糊数学综合评价法相结合的模糊层次综合评价法，建立了适用于高寒盐沼泽区桥梁桩基损伤安全评价体系和高寒盐沼泽区桥梁桩基气候、环境作用风险评价体系。通过实例分析，该评价体系可准确评价高寒盐沼泽区桥梁桩基安全性。

第八章 高寒盐沼泽区桥梁桩基设计技术

8.1 概 述

高寒盐沼泽区桥梁桩基在设计时不但要遵循普通桥梁桩基的设计原则，还要考虑高寒盐沼泽区腐蚀、冻融循环、干湿循环等因素的影响。桥梁桩基构造物设计必须采取防护措施来减少盐沼泽对桥梁桩基混凝土及钢筋的腐蚀，从而达到规范要求的使用年限。本章针对高寒盐沼泽区独特的腐蚀环境，从耐腐蚀混凝土技术、钢筋阻锈技术、隔离防腐技术等几个方面，提出适于高寒盐沼泽区桥梁桩基的设计技术。

8.2 耐腐蚀混凝土技术

盐沼泽环境下各种腐蚀性离子的侵蚀是桥梁桩基混凝土耐久性的一个重要内容，同时也是影响因素较为复杂、危害性较大的一种侵蚀环境。影响桥梁桩基混凝土耐久性的因素较多，主要包括内因和外因。外因主要是环境因素的影响，比如盐沼泽环境下腐蚀性离子的浓度、pH 值、冻融循环次数、干湿循环次数、冻结深度等。内因主要是指混凝土本身组成的材料，比如，水灰比、掺合料、外加剂等。外因常常是无法避免的，因此，我们常常从内因着手研究混凝土的耐久性影响。一般情况下，水灰比越小，桥梁桩基混凝土密实性越大，外界环境侵蚀条件下腐蚀性离子就越难进入混凝土内部，抗侵蚀性能就越强。另外，掺合料的加入提高了桥梁桩基混凝土的密实性，从而加强了混凝土的抗侵蚀性能。但掺合料掺入的多少以及如何搭配都对桥梁桩基混凝土的密实性影响较大，因此，要在详细了解各种掺合料性能的基础上，采用最佳组合来掺入混凝土，将会大大提高桥梁桩基混凝土的耐久性。

8.2.1 掺合料

1. 粉煤灰

粉煤灰作为混凝土常用的掺合料之一，在混凝土抗侵蚀方面起着积极重要的作用，主要表现以下几个方面。

（1）粉煤灰效应使混凝土的密实度大大提高。

（2）粉煤灰活性混合材代替了一部分水泥后，相对降低了 C_3A 的含量，从而降低了其水化产物水化氯酸钙的浓度，减少了钙矾石的生成。

（3）因粉煤灰的二次水化反应，吸收部分 $Ca(OH)_2$，导致水泥石中的 $Ca(OH)_2$ 浓度降低。粉煤灰推荐掺量为胶凝材料质量的 20%～40%。

2. 硅灰

硅灰作为一种超细颗粒的填充材料对混凝土抗冻性能的影响较为复杂。加入硅灰有两个作用。

（1）硅灰掺入混凝土可以提高混凝土的密实性，从而提高了混凝土抗硫酸盐侵蚀性能。

（2）硅灰主要成分是二氧化硅，可以与氢氧化钙反应，从而降低了生成钙矾石的概率。

硅灰作为混凝土的掺合料之一，推荐掺量为胶凝材料质量的 5%～10%。

3. 矿渣

矿渣是一种在高炉冶炼生铁时产生的以硅酸盐和硅酸铝盐玻璃体为主要成分的副产品，具有潜在化学活性。早在 19 世纪矿渣就开始应用于水泥产品或混凝土中，并被证明可以明显改变水泥或混凝土的综合性能。

矿渣建议采用超细矿渣粉，比表面积最好在 $800m^2/kg$ 以上。超细矿渣粉推荐掺量为胶凝材料质量的 20%～40%。

4. 膨胀剂

膨胀剂掺入混凝土中产生大量的钙矾石引起填充、堵塞和切断毛细孔和其他孔隙，使混凝土总孔隙率降低，毛细孔变小，改善了混凝土的孔结构，使混凝土变得密实，从而降低了混凝土的透水性，掺膨胀剂混凝土的抗渗标号可提高 2～5 倍。推荐膨胀剂的掺量为胶凝材料质量的 10%～12%。

1）掺入方法

膨胀剂与矿物掺合料组合能发挥最大的抗腐蚀性能，矿物掺合料主要有粉煤灰、硅灰和矿渣，经过试验验证，膨胀剂与矿渣掺和能够发挥最大的抗侵蚀性能，掺入方法为内掺，即在拌和混凝土时，将膨胀剂与水泥、砂石骨料一起拌和。

2）掺入膨胀剂混凝土拌合工艺

（1）由于 UEA 膨胀剂掺量的准确和拌和的均匀程度是混凝土能否均匀膨胀的关键，因此，在投料顺序方面必须注意合理性，即在加水前按石子、砂、水泥、矿渣（等量替代水泥）、膨胀剂的加料顺序进行干拌，确保 UEA 膨胀剂与干料拌和均匀，在此前提下再加水湿拌，搅拌时间应比普通混凝土延长 1min，搅拌时间不少于 3.5min。

（2）在搅拌混凝土时必须严格控制配合比，水胶比是影响混凝土强度的重要因素，且对膨胀率也有一定的影响，须对水灰比进行认真控制，指定专人负责，按配合比用定量容器精确掺用 UEA 膨胀剂。

（3）加强对混凝土的养护，必须确保在水湿情况下充分发挥 UEA 混凝土的膨胀性能，混凝土终凝后即分段蓄水养护，蓄水深度不少于 10cm。目前我国在膨胀剂使用过程中还存在一些问题，表明它的发展速度与需要相比，还是相当缓慢的，目前对膨胀剂的使用还存在以下问题：有人对使用膨胀剂的功效提出了质疑，尚有使用了膨胀剂反而导致开裂、劣化工程质量的实例；膨胀混凝土中掺加膨胀剂不同，其表现出来的性质也不同；尤其长期性能的研究，不同膨胀剂在相应掺量下缺少横向性质比较的资料。

5. 水泥基自愈合防水材料

根据施工方法的不同，分为掺入型防水材料系列和涂刷型防水材料系列。

掺入型防水材料系列在混凝土搅拌时将防水材料作为一种原材料与水泥同步加入，防水材料掺量为胶凝材料质量的 1%。

涂刷型防水材料系列是将其在混凝土表面涂刷，它是一种重要的表面防护涂层，可以有效地阻止外界环境侵蚀，提高混凝土的耐腐蚀性能。其主要作用机理是材料中的活性化学物质通过水的溶解，逐步渗透到混凝土结构物内部的孔隙中，在孔隙中产生一种不溶于水的纤维状结晶物，使混凝土结构缝隙致密，同时也能使结构中的微小缝隙（小于 0.4mm）得到自愈，从而阻断了结构内部的渗水通道，达到了防水、防潮的目的。

涂刷型防水材料系列试验的主要步骤如下所述。

（1）在高压釜中取出试件后，先将试件放置在室内冷却 24h，对混凝土试件施加 60%、80%的应力水平，以抗压强度的设计应力水平对混凝土施加压力并保持速度在 6～8kN/S，当应力达到设计水平时关闭阀门并持荷 2min，再卸载。压完后将试件放置在室内常温养护 1d。

（2）第二天选取试件的底面进行打磨，将试件表面用自来水冲洗干净，用布抹干试件至表面无明显水珠存留，随后配制涂刷型防水材料灰浆，一次配料按体积用 5 份料、2 份水调和，用量为 1.0kg/m^2。

（3）刷涂第一道赛柏斯防水材料，刷涂过程采用质量控制法，每次用量为 0.5kg/m^2。待表面硬化后，用水稍稍润湿表面，刷涂第二道赛柏斯防水材料，两次刷涂时间间隔不超过 48h，直至砂浆硬化。

8.2.2 耐腐蚀混凝土配合比

粉煤灰、硅灰和矿渣等单掺不能较好地发挥混凝土的抗侵蚀性能，甚至有些会降低混凝土的抗侵蚀性能，但粉煤灰、硅灰和矿渣等采用不同组合掺入混凝土能够相互补充发挥较好的抗侵蚀性能，如果再加上膨胀剂，能更好地发挥混凝土的抗侵蚀性能，有效提高混凝土的抗侵蚀能力。因此，针对高寒盐沼泽环境下的桥梁桩基混凝土，提出推荐的耐腐蚀性混凝土配合比（具体的比例可参考第二章和第三章）如下所述。

（1）在普通混凝土（水泥、砂子、石子、高效减水剂、引气剂）中掺入矿渣和 UEA 型膨胀剂。

（2）在普通混凝土（水泥、砂子、石子、高效减水剂、引气剂）中掺入水泥基自愈合防水材料和硅灰。

（3）在普通混凝土（水泥、砂子、石子、高效减水剂、引气剂）中掺入粉煤灰、硅灰和膨胀剂。

8.3 钢筋阻锈技术

8.3.1 钢筋锈蚀危害

影响混凝土耐久性的因素按重要性递减的顺序分别是钢筋锈蚀、冻融破坏、侵蚀环境的物理化学作用。钢筋腐蚀是钢筋混凝土结构破坏的主要原因。

钢筋腐蚀对钢筋混凝土结构性能的影响主要体现在以下三个方面。

（1）钢筋腐蚀使钢筋截面减小，从而使钢筋承载能力下降，极限延伸率减小。

（2）钢筋腐蚀产物的体积比腐蚀前的体积大得多，一般可达到 2～6 倍，体积膨胀压力可使混凝土产生顺筋开裂，严重时使混凝土保护层剥落。混凝土开裂后，进一步丧失了对钢筋的保护，腐蚀介质更容易到达钢筋表面，导致钢筋腐蚀的进一步加剧，加速了钢筋混凝土结构的破坏，使结构耐久性能降低。

（3）钢筋腐蚀使钢筋与混凝土之间的黏结力下降，破坏了钢筋和混凝土协同工作的基础，使结构的可靠度降低。

钢筋腐蚀对结构的承载力和适用性都造成了严重影响，因此，需采取合理措施防止钢筋腐蚀。

8.3.2　环氧树脂阻锈

环氧树脂涂层可为钢筋提供一种保护薄膜，防止高寒盐沼泽区腐蚀溶液的侵蚀。环氧树脂涂层韧性很大，并且完全可以适应钢筋的弯曲和现场准加工。环氧树脂不与酸碱反应，化学稳定性高。且延性大、干缩小，与金属表面具有极佳的黏着性。

1. 环氧树脂涂层材料的要求

环氧树脂涂层的性能必须与涂层材料兼容、在混凝土中呈惰性，且应符合《环氧树脂涂层钢筋》（JG/T 502—2016）的要求。

2. 对涂层钢筋的质量要求

（1）使用的涂层钢筋，必须是在严格控制的工厂流水线上，采用静电喷涂环氧粉末工艺制造的产品。

（2）涂层钢筋的质量应符合有关国家现行标准的规定，其表面不得有尖角、毛刺或其他影响涂层质量的缺陷，并避免盐、油、脂污染。

（3）对环氧涂层的质量要求主要有：固化后的涂层厚度、涂层的连续性、涂层与钢筋的黏着性。

环氧涂层的质量对保证涂层钢筋的防腐性能非常重要。对环氧涂层的质量要求如下所述。

① 涂层厚度。要求固化后的环氧涂层厚度为 0.18～0.36mm。在每根被测钢筋的全部涂层厚度记录中，至少有 90%厚度记录在上述规定范围内，且不得有低于

0.13mm 厚度记录。

② 涂层的连续性。固化后的环氧涂层应连续，不应有孔洞、空隙、裂缝和肉眼可见的其他涂层缺陷；涂层钢筋每米长度上的微孔（肉眼不可见之针孔）数目平均不应超过 3 个。

③ 涂层的黏着性。涂层钢筋具有良好的黏着性是涂层防腐方法成功与否的最基本条件，高的黏着力亦是保护涂层钢筋在运输及工地操作时不受磨损、破坏的关键。各国标准都是采用“弯曲法”检验，仅是对弯心的直径大小规定有差别，具体要求是钢筋在弯曲试验中被弯曲钢筋的外圆范围内不得有肉眼可见的裂缝或失去黏着的现象出现。

3. 环氧涂层修补

涂层钢筋在制作过程中出现的缺陷应由制造厂家按规定及时修补外，尚应特别注意这种钢筋在搬运和工地加工过程中肉眼能发现的涂层缺陷、破损均应及时修补，以免影响钢筋的防腐蚀性能。环氧涂层修补应按照环氧修补材料生产厂家的建议进行。钢筋在搬运、加工、架立过程中的涂层破损应在 4h 内修补，以免降低环氧涂层与钢筋的黏着性。

4. 涂层钢筋的包装、标志、搬运和存放

由于环氧树脂这种材料抗老化性能较差，在紫外线作用下易变脆而影响环氧涂层的黏着性。因此，涂层钢筋应以抗紫外线辐射性能的塑料布包装，存放时应避免阳光暴晒。现场存放期不宜超过 6 个月，应以“随到随用”原则尽量减少现场堆放时间。因此，要求每捆涂层钢筋除应保留原钢筋的标志内外，尚应标出生产厂家、生产日期、产品名称及代号等，并做出合格标志。

在搬运和存放过程中应避免损坏环氧涂层，因此，吊装时应采用不损坏涂层的绑带及多支点吊装系统。接触区域设置垫片，以防止钢筋与吊索之间及钢筋与钢筋之间因碰撞、摩擦等造成的涂层损坏。堆放时涂层钢筋与地面之间以及各捆涂层钢筋之间均应以垫木隔开。成捆堆放层数不得超过 5 层，每捆涂层钢筋重量不应超过 2t。

5. 施工过程中应注意事项

生产商严格按有关标准生产出质量合格的涂层钢筋是海洋环境中环氧涂层对钢筋提供良好保护的必要条件，然而，更重要的是还应特别注意改善和提高工地对涂层钢筋的保护，以免涂层受到损坏。

6. 液态环氧树脂的涂刷方法

液态环氧树脂的涂刷方法有涂刷法、喷涂法和浸涂法三种。液态树脂的涂刷工艺较简单。只需用刷子（或咬枪）把树脂涂刷（或喷涂）在钢筋表面。在涂刷前，钢筋必须经过预处理。喷砂是十分有效的预处理方法之一，可除去钢筋表面有害于黏结的结疤，还能使钢筋表面变粗糙。液态涂料含有一定量的溶剂，蒸发后涂膜中留下许多针孔。溶剂含量越大。针孔数量越多，防腐蚀性能也就越差。为保证涂膜的耐蚀性，必须增加涂膜厚度。

8.3.3 钢筋阻锈剂

1）混凝土中钢筋的腐蚀机理

混凝土的孔溶液呈碱性，新拌混凝土的 pH 值一般在 12～13，在这样强的碱性环境下，钢筋表面会生成一层钝化膜，它是厚度一般为 $2\times10^{-9}\sim6\times10^{-9}$ m 的水化氧化产物 $(\gamma-Fe_2O_3nH_2O)$，阻止了钢筋的锈蚀，但是当 pH 值低于 11.8 时，钝化膜将被破坏，钢筋就会发生锈蚀。

钢筋表面发生的腐蚀分为化学腐蚀和电化学腐蚀，化学腐蚀是钢筋表面与气体或介质溶液接触发生的腐蚀，这种腐蚀没有电子的流动，只是腐蚀现象的一小部分；而电化学腐蚀是钢筋表面与腐蚀介质发生电化学反应而引起的腐蚀。绝大部分腐蚀属于电化学腐蚀。

钢筋表面发生电化学腐蚀的条件是当钢筋表面有水分存在时，就发生铁电离的阳极反应和溶液态氧还原的阴极反应，其反应方程式为

$$\text{阳极：}\ Fe \rightarrow Fe^{2+} + 2e$$

$$\text{阴极：}\ 0.5O_2 + H_2O + 2e \rightarrow 2OH^-$$

总的反应是阴阳极反应的组合，并在钢筋表面析出氢氧化铁，即

$$Fe^{2+} + 2OH^- \rightarrow Fe(OH)_2$$

$$Fe(OH)_2 + 0.5H_2O + 0.25O_2 \rightarrow Fe(OH)_3$$

氢氧化铁 $Fe(OH)_3$ 进一步氧化生成红锈 $nFe_2O_3\cdot mH_2O$，一部分氧化不完全的生成黑锈 Fe_3O_4，在钢筋表面形成锈层，铁锈的体积最大可膨胀至原来体积的 6 倍。钢筋膨胀使周围的混凝土产生较强的拉应力，当混凝土中拉应力超过混凝土的抗拉强度时，混凝土将沿钢筋方向开裂，即顺筋开裂，严重的使混凝土保护层

剥落。混凝土开裂后，进一步丧失了对钢筋的保护，使得腐蚀介质更容易达到钢筋表面，导致钢筋腐蚀的进一步加剧，如此周而复始，加剧了钢筋混凝土结构的破坏。

混凝土中钢筋钝化状态被破坏的主要原因是混凝土保护层的碳化和氯化物的作用。混凝土碳化时，pH 值显著降低，一般降到 8～9，在这种状态下，钢筋将不处于钝化状态，极易发生腐蚀。相对于碳化，Cl^-的危害一旦发生后果要严重得多。Cl^-半径小，穿透能力强，可以很容易穿透钢筋表面的钝化膜，进而吸附在钢筋的表面，将使该处的 pH 值显著降低，导致局部酸化，促成严重的电化学腐蚀。Cl^-除了去钝化作用外还有搬运作用，Cl^-可以与 Fe^{2+}生成 $FeCl_2$，加速了阳极过程，$FeCl_2$是可溶的，向混凝土内扩散时遇到 OH^-便生成 $Fe(OH)_2$沉淀，进而生成氧化铁即铁锈。Cl^-不会被消耗掉，只是起到了“迁移”作用，如此周而复始，大大加速了钢筋的锈蚀。此外，Cl^-的存在加大了混凝土的导电性，更易发生电化学的腐蚀，对钢筋的防腐蚀极为不利。

2）钢筋阻锈剂的分类

钢筋阻锈剂有多种分类方式。按作用方式和应用对象分为掺入型阻锈剂和渗入型阻锈剂。

（1）掺入型阻锈剂：掺加到混凝土中，直接作用于钢筋的阻锈剂。主要用于新建工程，也可用于修复工程。

（2）渗入型阻锈剂：渗入型阻锈剂可以涂（或喷）在混凝土表面，由毛细孔的表面张力吸入混凝土内部，到达钢筋表面，形成保护薄膜。还能将钢筋表面已有的氯离子置换出来，使钢筋重新钝化。这种阻锈剂既可在表面喷涂，又可作为添加剂拌入混凝土中。按形态分为水剂型[约含 70%（质量分数）的水]和粉剂型两大类。其中粉剂型阻锈剂为固体粉状物，大多溶于水。按作用原理可划分为阳极型、阴极型和混合型。按化学成分分为主要由无机物质组成的无机型、主要由有机物质组成的有机型以及由无机和有机物质组成的混合型。

3）阻锈剂（亚硝酸钙）的掺量

质量分数为 30%的亚硝酸钙阻锈剂溶液推荐掺量，可按表 8-1 选取。所选定的亚硝酸钙掺量应符合盐水浸烘试验的质量合格标准。其他阻锈剂的掺量，可按生产厂家建议值和预期的氯化物含量，通过盐水浸烘试验确定。

表 8-1　质量分数为 30%的亚硝酸钙阻锈剂溶液推荐掺量

钢筋周围混凝土的酸溶性氯化物含量预测值/（kg/m^3）	阻锈剂掺量/（L/m^3）
1.2	5
2.4	10
3.6	15
4.8	20
5.9	25
7.2	30

8.4　隔离防腐技术

8.4.1　桥梁桩基隔离防腐

1. 钢护筒隔离

由现场调查可知，高寒盐沼泽区地表以下 3.5m 范围内干湿、冻融及冲蚀作用显著。为隔离盐沼泽内复盐水体及土体与混凝土的直接接触，基桩顶部 3.5m 范围采用表面经过防腐处理过的钢护筒包裹(图 8-1)，钢护筒需插入承台不少于 15cm。钢护筒不仅起到稳定孔壁、防止坍孔、导向钻头、固定桩位及保护操作原地面的作用，还能隔离盐沼泽区具腐蚀性的水体与土体，以保护桩基顶部，确保桩基承载力。

图 8-1　钢护筒

对于钢护筒的防腐，需在钢护筒外壁、内壁涂防腐层。钢护筒外壁：采用高性能复合加强双层熔融结合环氧粉末涂层，内层为耐腐蚀型涂层，厚度≥300μm；面层为抗划伤耐磨涂层，厚度≥700μm，涂层总厚度≥1000μm。钢护筒内壁：采用高性能无溶剂液体环氧涂层，环氧涂层厚度设计为加强级≥300μm；为了提高内防腐涂层与钢管内部灌注混凝土的相对黏结强度，在内壁防腐涂层上再喷涂一层耐磨防滑涂层，涂层厚度≥50μm。此外，还可考虑钢护筒预留腐蚀厚度。

2. 涂层隔离防腐技术

混凝土预制桩可采用涂层隔离防腐技术。

1）沥青

沥青是一种理想的隔离防腐材料，兼具防水、防潮特性，本身具有憎水性，不透水，也几乎不溶于水。采用三涂环氧沥青+防水层防护的措施用以隔离盐沼泽区风积作用累积的复盐，并可减缓桩基顶部干湿作用，达到腐蚀防治的目的。

2）硅烷

硅烷浸渍既是一种具有良好渗透性、耐久性、环保型的有机硅防水、防腐剂，又是一种性能优良的混凝土表面密封剂。硅烷浸渍技术可有效解决混凝土盐冻破坏问题和氯离子腐蚀问题。

（1）硅烷浸渍的作用。

① 抗冻融循环性能。当环境温度降低到冰点以下，混凝土空隙中的水结冻膨胀，体积膨胀大约可增加 9%，如果这种冻融循环长期持续，结果可使混凝土开裂，甚至是崩裂。

硅烷是一种性能优异的渗透型浸渍剂，具有小分子结构，深层渗透混凝土毛细孔壁，与水化的水泥发生反应形成聚硅氧烷互穿网络结构，通过牢固的化学键合反应，赋予混凝土表面的微观结构长期的憎水性，大大降低了水和有害氯离子等的侵入，可减缓冻融引起的混凝土剥落。

② 恶劣条件下防腐。盐沼泽中 SO_4^{2-} 含量较高，硫酸盐溶液与水泥中的 $Ca(OH)_2$ 及水化铝酸钙发生反应，生成石膏和硫铝酸钙，使混凝土破坏。硅烷可有效防止水渗入混凝土，从而减缓病害的发生，延长桥梁桩基的使用寿命。

（2）硅烷浸渍混凝土防腐施工。

① 表面处理。先对混凝土进行清理，清洁混凝土表面，将欲处理表面的碱垢、污物清除干净。若表面有浮浆皮、油污等污染物采用人工凿除，也可对拟进行浸渍表面采用高压喷水或喷细砂清洗。用水清洗后，拟浸渍表面应在浸渍前自然干燥；修补好混凝土表面明显的破损，不得有空鼓、疏松等现象。喷涂硅烷防护剂的修补混凝土应不少于 16d。

② 喷涂施工。大规模施工前应进行喷涂试验。试验面积为 1～5m^2，施工工艺参照《水运工程结构防腐蚀施工规范》（JTS/T 209—2020）。试验结果满足要求后，再进行大量施工；所有工作均应符合相关职业卫生和安全要求。施工环境要求为当作业环境温度低于 4℃、高于 45℃，或是表干前（约 10h）可能下雨、风力大于 5 级（此时产品会加快蒸发，造成浪费）时，不要施工。施工可采用辊涂、密封喷枪等方式。施工工具可采用密封喷枪、滚筒和刷子。如使用刷子或滚筒施工，应当重复涂抹，直到表面润湿。大面积施工建议使用低压喷涂方式，这样可以减少材料的损耗。如采用连续循环的泵送系统，应注意喷枪的压力不能超 60～70kPa，并防止水进入设备的任何部位；对于垂直面，应采用连续喷涂技术、自最低处向上进行，达到饱和浸渍，经处理区域应至少有 5s 的“光面”效果；对于水平面或接近水平的表面，应采用连续喷涂技术达到饱和浸渍，使表面饱和浸渍，经处理区域应至少有 5s 的“光面”效果；对底面喷涂，应采用连续喷涂技术喷涂，经处理区域应至少有 5s 的“光面”效果；喷涂层数应由预喷涂试验确定，建议喷涂三层以上，第二层应在第一层喷涂后表层未干前，第三层喷涂应与前一层喷涂间隔不少于 6h。使用量：最小喷涂率应由试验确定，每遍至少 300mL/m^2，应在两遍以上，第一遍至少喷涂两层以上。养护期：大气区施工后 24h 内不湿水自然风干，3d 完全固化即可产生最佳的防水防腐效果。

③ 涂层缺陷部分应该重新喷涂，次数按照操作规程程序；采用钻芯取样，取样后部位应修补后喷涂硅烷。

④ 施工注意事项。施工时，混凝土表面温度应在 5～45℃之间，现场不允许明火并保持通风；本品固化反应过程中会释放乙醇，应注意安全预防措施。施工现场保持通风良好，远离火花、明火；密封闭光保存本品，禁止与酸、碱、胺和重金属或其化合物一起贮存，也不能放置在被其污染的场所。

⑤ 验收。参照中华人民共和国交通运输部《水运工程结构防腐蚀施工规范》

（JTS/T 209—2020）和《公路工程混凝土结构耐久性设计规范》（JTG/T 3310—2019），在墩承台上各取两个芯样进行吸水率、硅烷浸渍深度和氯化物吸收量的降低效果的测试，当任一验收批硅烷质量的三项测试结果中任一项不满足下列要求时，该验收批应重新浸渍硅烷：a. 吸水率平均值不应大于 0.01mm/min；b. 硅烷浸渍深度应达到 2mm 以上；c. 氯化物吸收量的降低效果平均值不小于 90%。

3. 防腐袋隔离

大直径袋装混凝土灌注桩采用一种具有防腐蚀、抗渗透、强度高、耐磨损、寿命长等特点的专用防腐土工布袋（以下简称“防腐袋”），将混凝土桩体与盐沼泽完全隔离，从而有效阻断盐沼泽对桩体材料的腐蚀破坏，保证强腐蚀地区桥梁桩基的耐久性。“大直径袋装混凝土灌注桩”技术与其他防腐蚀技术比较，具备以下优点：大直径袋装混凝土灌注桩技术将桩基混凝土与盐沼泽环境完全隔离，大大提高了桩基混凝土的耐久性，降低了对桩基混凝土性能的要求；相对于打入钢管桩、打入钢板桩围堰以及高性能混凝土防腐等技术方案，降低了工程造价，而且可靠度高，基础变形小，减少了对上部结构形式的限制；施工采用的排水注浆法具备很强的可操作性；此法明确了混凝土桩基寿命的可预测性。

防腐袋的材料性能和加工工艺，对于大直径袋装混凝土灌注桩的防腐效果至关重要。

1）防腐袋材质

防腐袋是按照设计基桩直径和桩长在工厂加工而成的定型专用产品，由三布（丙纶）两膜（高密度聚乙烯）的复合土工布（膜）焊接而成，复合土工布（膜）是由长丝机织土工织物、高分子材料（HDPE 膜）两种以上的材料复合加工而成的土工合成材料，它以土工织物为导水层和保护层，以高分子 HDPE 膜为防渗层。防腐袋接缝处搭接宽度≥200mm，袋底完全密封。制作时用超声波检测焊接质量，用充气法检测复合土工布袋的密封性。

“三布两膜”防腐袋具备以下两个功能。

（1）基本保持基桩与桩侧土相互作用的摩擦阻力以及防腐袋与混凝土的黏合力。

（2）起隔水、阻水、防渗和阻气作用，隔绝桩基混凝土与桩侧腐蚀成分，达到防腐效果。

因此，要求防腐袋能耐盐、耐腐蚀、抗老化，同时具备耐压、强度高、耐磨损、耐低温、无毒性、防渗功能高等特点。防腐袋直径应较设计桩径大100mm，以保证灌注充填后桩壁与孔壁严密接触，长度大于桩的设计长度4m，便于保护桩头和上部的防水处理。

2）防腐袋的强度特性

由于施工现场环境较差，防腐袋与机械设备接触较多，因此要求防腐袋有较高强度，在安装和使用过程中不会被破坏。复合土工布（膜）强度特性主要由它的力学特性指标表征，主要为抗拉伸强度、撕裂强度和顶破强度。

3）防腐袋与桩侧土界面摩擦特性

界面摩擦特性主要反映桩壁与土的摩阻力，即桩的侧阻力，是袋装混凝土灌注桩承载力特征值计算时的重要参数。土工布与土之间的摩擦角和土的颗粒大小、形状、密度，以及土工布的种类、厚度等因素有关。

国内外大量的直接剪切试验结果表明，砂土、细砂、粉土（土粒径小于土工布孔隙）以及中等颗粒的土与土工布之间的摩擦角接近于土体的内摩擦角。机制粗线（>0.2mm）和针刺无纺织物的内摩擦角较大，相反土与土工膜和无纺织物之间内摩擦角较小。因为机制土工布是用高强度复合（多股）长丝经纬线编织而成，布面粗糙多孔隙，内层土工布与混凝土桩体可紧密结合，外层的土工布与土层也会产生较大摩阻力。

因此，大直径袋装混凝土灌注桩单桩极限承载力标准值的设计计算可以采用《建筑桩基技术规范》（JGJ 94—2008）中式（5.3）。根据试桩处的钻孔资料，考虑防腐袋的影响，各地层的桩侧摩阻力按照设计值的90%进行计算。

4）防腐袋的渗透特性

防腐袋主要目的是阻止腐蚀物渗入混凝土桩体，要求防腐袋不透水。在工程上，不透水材料的渗透系数$k<10^{-8}\mathrm{cm/s}$，可依据《公路工程土工合成材料试验规程》（JTGE 50—2006）中规定的方法，检测防腐袋的透水性。

5）防腐袋的耐久性

（1）抗化学腐蚀性能。

袋装混凝土灌注桩的防腐袋作用是防止腐蚀物质侵入桩体，因此防腐袋本身的抗化学腐蚀能力至关重要。可用酸、碱溶液长期浸泡后的强度保持率作为抗化学腐蚀性能的评价指标。

（2）抗老化性能。

抗老化也是土工材料的重要性能。土工合成材料是高分子聚合物，老化现象产生的主要原因是高分子聚合物具有链节结构，受外界因素的影响发生降解反应或交联反应。在引起老化的各种因素中，阳光（紫外线）辐射是主要因素，而袋装混凝土灌注桩使用的防腐袋一般在地下，不受阳光照射，延缓了材料的老化。

6）防腐袋防划伤措施

为避免施工时防腐袋的划伤划破，应采取以下措施：设置于桩顶部的钢护筒必须进行倒角磨边处理，孔口卡盘边缘应打磨光滑；当钢筋笼螺旋钢筋与主筋点焊焊缝的外侧有尖刺状部分时，应进行打磨处理；若采用细扎丝绑扎，加工过程中应严格检查扎丝端头，确保其端头朝向桩内；钢筋笼不得采用钢筋定位，建议采用预制的圆饼型混凝土预制块，其外轮廓不得存在明显棱角，避免棱角对防腐袋的挤压剪切；采用土工布包裹钢筋笼底部焊接处，减少钢筋笼底部焊接端头对防腐袋的划伤；防腐袋下端束口尽量选用高强麻绳或紧口卡带，避免使用钢丝绳绑扎，防止尖头刺破防腐袋；拔注水管和抽水管时，应缓慢进行，以防刺破防腐袋；钢筋笼在现场焊接接长时，应在孔口安装遮挡装置，并将袋内水灌满，同时确保孔口卡盘处未浸泡在泥浆中的防腐袋的潮湿，防止焊接过程中电弧焊火花及焊渣烧蚀防腐袋。

7）防腐袋抗浮措施

由于防腐袋较轻且桩长较长，在下放过程中容易发生上浮，故在防腐袋底部配重，使得配重大于浮力。配重宜用预制混凝土块，其直径不得大于桩基孔径的0.7倍，宜为1000mm，高度不宜大于800mm，预留隐形吊勾。

8.4.2　桥梁桩基隔离防腐优化

对于高寒盐沼泽区桥梁桩基，其腐蚀范围并非通长的，因此在桩长范围内采取桩基础的保护措施必然会产生浪费，针对上述调研及试验成果可知，其剥落厚度和腐蚀深度会随着时间有一定的变化，因此我们可以在腐蚀范围内采用增大桩径、埋设钢护筒或者采取化学方式（削减周围氧气、腐蚀离子等），以削减腐蚀的发生。此外，我们还可以在采用防腐袋对桥梁桩基进行防腐。隔离防腐如图8-2所示。

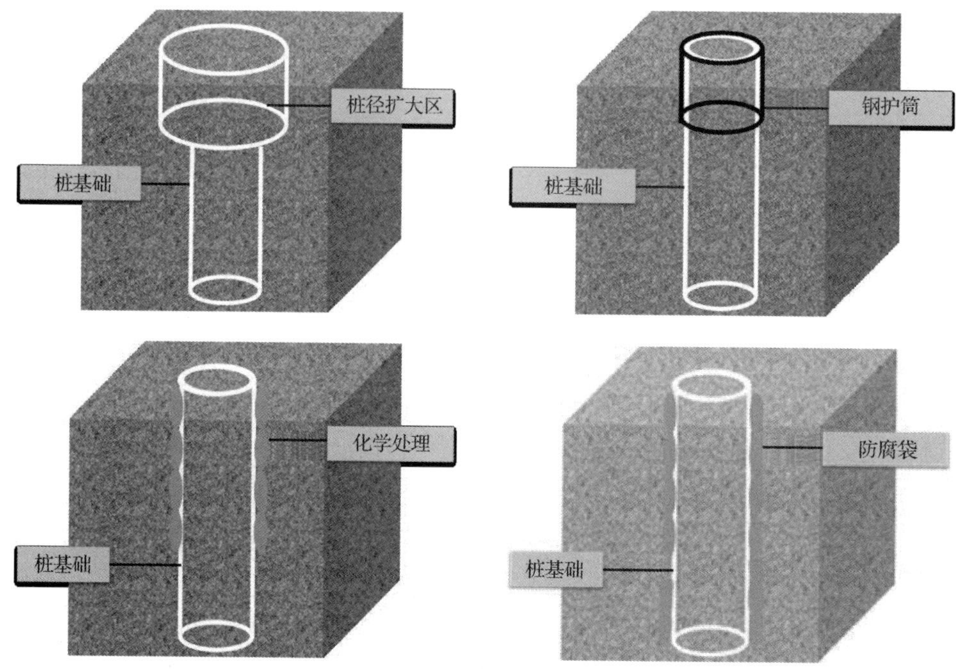

图 8-2　隔离防腐

8.5　小　　结

通过对高寒盐沼泽区桥梁桩基设计技术研究，得出如下结论。

（1）在桥梁桩基混凝土中掺入粉煤灰、硅灰和膨胀剂等掺合料，提高桥梁桩基混凝土密实性，提升桥梁桩基混凝土抗腐蚀性能，以保证桥梁桩基的长期承载性能。

（2）在桥梁桩基混凝土中添加阻锈剂、在配筋表面涂刷环氧树脂，减缓钢筋锈蚀，从而提升桥梁桩基中配筋的耐锈蚀性能。

（3）采用埋设钢护筒、布袋桩以及增大桩基腐蚀范围内的桩径等隔离措施，提升桥梁桩基抗腐蚀性能。

参考文献

[1] 王富春，姚贤华，冯忠居，等. 盐沼泽腐蚀对公路桥梁桩基础竖向极限承载力影响的数值模拟研究[J]. 公路，2017（1）：60-66.

[2] 姚贤华，冯忠居，王富春，等. 盐沼泽环境下公路桥梁桩基材料耐腐蚀试验[J]. 长安大学学报（自然科学版），2018，38（1）：49-58.

[3] 冯忠居，胡海波，王富春，等. 高海拔强盐沼泽区桥梁桩基损伤现场模拟试验[J]. 交通运输工程学报，2019，19（3）：46-57.

[4] 冯忠居，陈思晓，徐浩，等. 基于灰色系统理论的高寒盐沼泽区混凝土耐久性评估[J]. 交通运输工程学报，2018，18（6）：18-26.

[5] 赵元珍，郭振亮，傅云鹏. 青海察尔汗盐湖地区 ADSS 光缆腐蚀及解决方法的探讨[J]. 西北水电，2012（1）：53-55.

[6] 蒋卫东，尹正风，闰俊，等. 宁夏盐渍地区混凝土破坏模式与防治研究[J]. 混凝土，2006（6）：18-21，25.

[7] 姚贤华. 高寒盐沼泽区公路桥梁桩基的力学特性及其安全评价[D]. 西安：长安大学，2018.

[8] 冯忠居，成超，王廷武，等. 荒漠极干旱区板块状盐渍土微结构变化对其强度特性的影响分析[J]. 岩土工程学报，2011（7）：1142-1145.

[9] 余红发. 盐湖地区高性能混凝土的耐久性、机理与使用寿命预测方法[D]. 南京：东南大学，2004.

[10] 余红发，孙伟，王甲春，等. 盐湖地区混凝土的长期腐蚀产物与腐蚀机理[J]. 硅酸盐学报，2003（5）：434-440.

[11] 余红发，孙伟，刘连新，等. 在盐湖卤水环境中混凝土应力腐蚀行为[J]. 哈尔滨工业大学学报，2007（12）：1965-1968.

[12] 张雷. 德令哈盐沼泽区桥梁墩台混凝土损伤试验研究[D]. 西安：长安大学，2015.

[13] 孙红尧，傅宇方，陆采荣，等. 处于盐渍土和盐湖环境下建筑物的腐蚀与防护现状[J]. 腐蚀与防护，2012，33（8）：652-656，663.

[14] 宿晓萍，王清，王文华，等. 季节冻土区盐渍土环境下混凝土抗冻耐久性机理[J]. 吉林大学学报（地球科学版），2014，44（4）：1244-1253.

[15] 冯忠居，乌延玲，成超，等. 板块状盐渍土的盐溶和盐胀特性研究[J]. 岩土工程学报，2010，32（9）：1439-1442.

[16] 宿晓萍. 吉林省西部地区盐渍土环境下混凝土耐久性研究[D]. 吉林：吉林大学，2013.

[17] 余红发，华普校，屈武，等. 抗腐蚀混凝土电杆在西北盐湖地区的野外暴露实验[J]. 混凝土与水泥制品，2003（6）：23-26.

[18] 傅玉成. 盐渍土地基的现状与将来[J]. 石油工程建设，1993（2）：16-18.

[19] 张宏，解宏伟，张万珠. 盐湖地区混凝土腐蚀机理及防护措施[J]. 青海科技，2006（3）：47-49.

[20] 蒋卫东，陈啸，闫俊，等. 盐渍地区抗腐蚀混凝土耐久性试验研究 [J]. 东北大学学报（自然科学版），2008，29（2）：280-283.

[21] 戴剑锋，刘晓红，郑克宇，等. 盐湖地区混凝土的腐蚀和防治[J]. 甘肃工业大学学报，2002，28（2）：100-102.

[22] 乔頔，夏文俊，赵阳，等. 连云港盐渍土中混凝土耐久性研究[J]. 岩土工程学报，2010，32（S2）：611-614.

[23] 代红娟. 察格高速公路盐渍土填料特性试验研究[D]. 西安：长安大学，2011.

[24] 尹睿捷，张留俊，曹松傑．察尔汗盐湖地区盐渍土浸水溶陷对路基施工的影响及防排水措施[J]．公路，2013，58（12）：40-44.

[25] 王潘劳，张伟勤，杨幼坤，等．青海察尔汗盐湖地区水泥混凝土的腐蚀破坏调查分析[J]．青海大学学报（自然科学版），2003（6）：57-59.

[26] 顾锡峰．察尔汗盐湖卤水中钢材的腐蚀研究[J]．化学工程与装备，2009（6）：50，51.

[27] 蔡丽丽，高仁和，刘军勇．察格高速公路盐湖地区工程地质分区及路基阻盐技术[J]．路基工程，2015（4）：1-5.

[28] 祁学英．青海察格高速公路项目工程桥涵构造物砼盐渍土地区防腐技术的分析借鉴[J]．价值工程，2012，31（25）：58，59.

[29] 苏文财，黄明．在察尔汗盐湖地区应用防腐蚀混凝土裹体桩作用机理的分析[J]．勘察科学技术，2011（4）：30-33.

[30] 李镜培，李林，陈浩华，等．腐蚀环境中混凝土桩基耐久性研究进展[J]．哈尔滨工业大学学报，2017，49（12）：1-15.

[31] 李镜培，李鹤．海洋环境下混凝土方桩使用寿命预测模型[J]．同济大学学报（自然科学版），2016，44（9）：1371-1376.

[32] 吴瑾，吴胜兴．海洋环境下混凝土中钢筋表面氯离子浓度的随机模型[J]．河海大学学报（自然科学版），2004，32（1）：38-41.

[33] 邵伟，李镜培，岳著文．氯离子侵蚀混凝土管桩寿命预测理论模型[J]．硅酸盐学报，2013，41（5）：575-581.

[34] 付玉涛．察格高速公路强盐渍土地基处理技术研究[D]．西安：长安大学，2011.

[35] 金雁南，周双喜．混凝土硫酸盐侵蚀的类型及作用机理[J]．华东交通大学学报，2006，23（5）：4-8.

[36] 李林，丁士君，李镜培，等．不同环境条件下混凝土构件氯离子侵蚀试验[J]．哈尔滨工业大学学报，2006，48（12）：28-33.

[37] 金伟良，金立兵，延永东，等．海水干湿交替区氯离子对混凝土侵入作用的现场检测和分析[J]．水利学报，2009，40（3）：364-371.

[38] 马孝轩，仇新刚，孙秀武．钢筋混凝土桩在沿海地区腐蚀规律试验研究[J]．混凝土与水泥制品，2002（1）：23，24.

[39] 冯忠居，李维洲，王廷武，等．新疆板块状盐渍土工程特性[J]．交通运输工程学报，2010，10（6）：1-8.

[40] 冯忠居．特殊地区基础工程[M]．北京：人民交通出版社，2008.

[41] 邵伟，李镜培，陈海兵，等．锈蚀损伤混凝土管桩水平承载性状时变分析[J]．哈尔滨工业大学学报，2015，47（6）：78-81.

[42] 李镜培，赵高文，李林．夹泥引起的混凝土内部 SO_4^{2-} 扩散特性及破坏模式研究与分析[J]．混凝土，2017（3）：1-6.

[43] 施锦杰，孙伟．混凝土中钢筋锈蚀研究现状与热点问题分析[J]．硅酸盐学报，2010，38（9）：1753-1764.

[44] 刘赞群．混凝土硫酸盐侵蚀基本机理研究[D]．长沙：中南大学，2009.

[45] 李镜培，杨博，岳著文．氯离子在混凝土管桩中的扩散规律[J]．土木建筑与环境工程，2013（4）：79-83.

[46] SANTHANAM M. Studies on sulfate attack: mechanisms, test method and modeling[D]. West Lafayette: Purdue

University, 2001.

[47] ADAM N. Consideration of durability of concrete structures:past, present, and future[J]. Materials and Structures, 2001, 34(3): 114-118.

[48] HEKAL E E, KISHAR E, MOSTAFA H. Magnesium sulfate attack on hardened blended cement pastes under different circumstances[J]. Cement and Concrete Research, 2002(32): 1420-1427.

[49] PARK Y S, SUH J K, LEE J H, et al. Strength deterioration of high strength concrete in sulfate environment[J]. Cement and Concrete Research, 1999(29): 1397-1402.

[50] 叶先光．海工钢筋混凝土桩防腐蚀的基本途径与工程实践[J]．水运工程，2007，405（7）：38-42.

[51] 姚贤华，冯忠居，王富春，等．复合盐浸下多元外掺剂-混凝土抗干湿-冻融循环性能[J]．复合材料学报，2018，35（3）：690-698.

[52] SHANNAG M J, SHAIA H A. Sulfate resistance of high-performance concrete[J]. Cement&Concrete Composites, 2003(25): 363-369.

[53] HILL J, BYARS E A, SHARP J H,et al. An experimental study of combined acid and sulfate attack of concrete[J]. Cement&Concrete Composites, 2003(25): 997-1003.

[54] DULAIJAN S U Al, MASLEHUDDIN M, ZAHRANIM M Al,et al. Sulfate resistance of plain and blended cements exposed to varying concentrations of sodium sulfate[J]. Cement&Concrete Composites, 2003(25): 429-437.

[55] RAKESH K, BHATTACHARJEE B.Porosity, pore size distribution and in situ strength of concrete[J]. Cement and Concrete Research, 2003, 33(1): 155-164.

[56] IRASSAR E F, BONAVETTI V L, GONZALEZ M. Microstructural study of sulfate attack on ordinary and limestone Portland cements at ambient temperature[J]. Cement Concrete Research, 2003, 33(1): 31-41.

[57] CHINDAPRASIRT P, HOMWUTFIWONG S, SIRVIVATNANON V. Influence of fly ash fineness on strength drying shrinkage and sulfate resistance of blended cement[J]. Cement & Concrete Research, 2004, 34(7): 1087-1092.

[58] 范颖芳，张英姿，胡跃东，等．氯化钠侵蚀混凝土力学性能的试验研究[J]．大连海事大学学报，2008，34（1）：125-128.

[59] 韩霄羽，姚贤华，管俊峰，等．复合盐侵-冻融环境下混凝土的应力-应变关系试验研究[J]．混凝土，2017，336（10）：20-23.

[60] 李镜培，赵高文，李林，等．硫酸盐渍土中灌注桩竖向承载力演变规律[J]．哈尔滨工业大学学报，2017，49（6）：84-89.

[61] 焦楚杰，魏晓峰，钟海明，等．硫酸盐侵蚀混凝土的理论模型与数值仿真[J]．广州大学学报（自然科学版），2013，12（4）：38-42.

[62] 李悦，管忠正，王鹏．海洋环境下腐蚀混凝土力学性能研究进展[J]．武汉理工大学学报，2015，37（3）：83-89.

[63] 宿晓萍，张利，郭金辉．单盐侵蚀与冻融循环作用下混凝土耐久性能试验研究[J]．工业建筑，2014，44（9）：110-113.

[64] 张利，ZHU W Z，宿晓萍，等．盐浸条件下引气混凝土的盐类腐蚀破坏研究[J]．建筑科学，2015，31（5）：36-43.

[65] 宿晓萍，王清．复合盐浸-冻融-干湿多因素作用下的混凝土腐蚀破坏[J]．吉林大学学报（工学版），2015，

45（1）：112-120.

[66] 金祖权．西部地区严酷环境下混凝土的耐久性与寿命预测[D]．南京：东南大学，2006.

[67] 汤海昌．硫酸盐侵蚀下混凝土的耐久性分析[D]．南京：南京理工大学，2008.

[68] 陈晓斌，唐孟雄，马昆林．地下混凝土结构硫酸盐及氯盐侵蚀的耐久性实验[J]．中南大学学报，2012，7（7）：2803-2812.

[69] 王凤池，高寰，冯旭宁，等．酸性土腐蚀对钢桩基承载性能的影响[J]．岩土工程学报，2017，39（3）：408-416.

[70] 郑扬．盐沼泽腐蚀区桥梁桩基竖向承载特性分析及其防腐技术研究[D]．西安：长安大学，2015.

[71] PAWLAK Z. Rough sets[J]. International Journal of Computer and Information Sciences, 1982(11): 341-356.

[72] 姜安龙，戚玉亮．粗糙集-BP 神经网络组合方法及其应用[J]．中南大学学报（自然科学版），2011，42（10）：3189-3194.

[73] 李栋国．农安盐渍土冻胀及反复冻融强度衰减特性研究[D]．长春：吉林大学，2015.

[74] 南瑞芳．水工混凝土材料的抗冻耐久性能劣化规律研究[D]．郑州：华北水利水电大学，2015.

[75] 曹秀英，梁静国．基于粗集理论的属性权重确定方法[J]．中国管理科学，2002，10（5）：98-100.

[76] 周艾飞，陈治亚，刘力存．基于粗糙集的供应链合作伙伴选择[J]．物流技术，2007，26（8）：178-181.

[77] Liang J Y, Chin K S, Dang C, et al. A new method for measuring uncertain and fuzziness in rough set theory[J]. International Journal of General Systems, 2002, 31(4): 331-342.

[78] 鲍新中，张建斌，刘澄．基于粗糙集条件信息熵的权重确定方法[J]．中国管理科学，2009，17（3）：131-135.

[79] 徐存东，谢佳琳，田子荀，等．基于粗糙集理论的混凝土抗冻耐久性影响因素评价[J]．中国农村水利水电，2017（7）：131-136.

[80] 王国胤，于洪，杨大春．基于条件信息熵的决策表约简[J]．计算机学报，2002，25（7）：759-766.

[81] 尹双增．试论损伤力学在混凝土中的应用[J]．华北水利水电学院学报，1985（1）：91-102.

[82] 余寿文，冯西桥．损伤力学[M]．北京：清华大学出版社，1997.

[83] 冯忠居，谢永利，张红光，等．“滇西红层”区大直径公路桥梁桩基承载力影响因素综合研究[J]．岩土工程学报，2005，27(5)：540-544.

[84] 冯忠居，冯瑞玲，赵占厂，等．黄土湿陷性对公路桥梁桩基承载力的影响[J]．交通运输工程学报，2005，5（3）：60-63.

[85] 冯忠居，谢永利，李哲，等．大直径超长钻孔灌注桩承载性状[J]．交通运输工程学报，2005，5（1）：24-27.

[86] 冯忠居，谢永利，张宏光，等．地面水对黄土地区桥梁桩基承载力影响试验研究[J]．岩石力学与工程学报，2005，24(10)：1758-1765.

[87] 冯忠居，王航，魏进，等．黄土冲沟斜坡桥梁桩基竖向承载特性模型试验研究[J]．岩土工程学报，2015，37（12）：2308-2314.

[88] 冯忠居，邵平，付长凯，等．基于模糊层次法跨黄河桥梁桩基损伤评价与分析[J]．中外公路，2017，37（1）：129-134.

[89] 冯忠居，陈景星，付长凯，等．在役公路桥梁桩基受冲刷作用影响的安全评价与分析[J]．公路，2016，3（3）：205-210.